Kloster Bergen
bei Neuburg an der Donau
und seine Fresken von
Johann Wolfgang Baumgartner

Kunst in Bayern und Schwaben
Band 3

Kloster Bergen
bei Neuburg an der Donau und seine Fresken von Johann Wolfgang Baumgartner

Mit Beiträgen von
Bruno Bushart, Walter Pötzl
Reinhard H. Seitz, Erich Steingräber
Aufnahmen von Friedrich Kaeß

Anton H. Konrad Verlag

Zeichnungen von Georg Wörle

© 1981 Anton H. Konrad Verlag 7912 Weißenhorn
Herstellung Fotosatz Uhl + Massopust GmbH Aalen
Kunst- und Verlagsdruckerei Robert Abt Neu-Ulm
Leo-Druck KG Gundelfingen
ISBN 3 87437 183 2

Reinhard H. Seitz

Das Benediktinerinnenkloster Bergen und die Bergener Klosterkirche

Bergen im Naturpark Altmühltal

Ein ausgedehntes Waldgebiet, Buchenmischwald wechselnd mit Nadelwäldern, überzieht die Höhen der zwischen Altmühl und Donau nach Süden zu abdachenden Fränkischen Alb. Inmitten dieses den Südsaum des Naturparkes Altmühltal bildenden Waldgürtels liegt wie in einer Rodungsinsel das kleine Dorf Bergen[1].

Diese Lage teilt der Ort mit einer Vielzahl benachbarter Juradörfer, die dem Wald fruchtbaren, wenn auch mitunter steinigen Ackerboden abgerungen haben. Und Bergen würde sich kaum von diesen oft alten Rodungssiedlungen abheben, überragte nicht eine massige Kirche die relativ geringe Anwesenzahl; diese Kirche scheint rein von Anlage, Ausmaß, Proportionen in keinem rechten Verhältnis zum Dorf zu stehen und gibt sich schon vom Äußeren her als ursprünglich romanischer Bau zu erkennen. Dies ist um so auffallender, als Bergen heute etwas seitab vom Durchgangsverkehr der die Städte Neuburg an der Donau und Eichstätt verbindenden Straße liegt.

Eine weitere Merkwürdigkeit weist Bergen auch durch seine topographische Lage auf. Rein vom Namen erwartet man sich eine Siedlung auf einem Berge. Nähert man sich dem Ort aber von Südosten – von Neuburg und dem Donautal – oder auch von Westen – von Hütting im Wellheimer Trockental – her, so fallen Randhöhen talkesselartig zu einer Mulde ab, inmitten deren das Dorf Bergen liegt. Lediglich nach Nordosten zum Schuttertal hin fällt das Gelände weiterhin leicht ab, so daß also eine Namensdeutung als Siedlung auf einer Anhöhe oder auf einem Berge nicht vorzuliegen scheint. Anscheinend steckt in dem Ortsnamen Bergen ein anderer Begriff, auf den noch zurückzukommen ist, während die heutige mundartliche Form Baring, die urkundlich erst spät nachweisbar ist, bei der Lösung des Namensproblems offenbar keine Rolle spielt[2].

Von dem uns überkommenen Baubestand her läßt sich nicht sicher erkennen, in welchem Zusammenhang die mächtige Kirche von Bergen mit ihrem charakteristischen, seitlich gestellten und etwas gedrungenen Turm entstanden ist. Zu viele Veränderungen sind über sie und noch mehr über ihre Nachbargebäude hinweggegangen, als daß man daraus schließen könnte, daß sie bis zur Mitte des 16. Jahrhunderts Mittelpunkt einer klösterlichen Gemeinschaft war: des einstigen Benediktinerinnenklosters Bergen.

»WANN MENSCHLICH GEDECHTNUS ZERGENGLICH IST UND DER DINGE LEICHT VERGESSEN WIRDET, SO IST WOL BILLICH, DAS MAN REDLICH SACHE FLEISSIGLICH BESCHREIB«

Mit diesen Worten[3] beginnt die einzige Chronik, die aus diesem einstigen Kloster überliefert ist. Sie wurde aber nicht als solche geschrieben, sondern entstand als Niederschrift der Klostertradition zu einem Zeitpunkt, als Kloster Bergen um das Jahr 1359 in einem langwierigen, schweren Prozeß um seine Besitzrechte stand. Und selbst diese Chronik hat sich nicht im Original erhalten, sondern nur als Abschrift aus der ersten Hälfte des 16. Jahrhunderts.

Solch eine Aufzeichnung, die von den Klosteranfängen bis zur Mitte des 14. Jahrhunderts reicht, erscheint uns heute als wirklich altes Dokument. Man übersieht aber bei dieser Einschätzung leicht, daß zum Zeitpunkt ihrer Niederschrift schon nahezu vier Jahrhunderte seit der Klostergründung verflossen waren. Sicherlich gab es damals, zur Zeit der Regierung von Kaiser Karl IV., noch wesentlich mehr schriftliche Zeugnisse in dem Klosterarchiv als später, aber schon damals fehlte eine ausgesprochene Gründungsurkunde.

Auch die übrige Überlieferung dieses einstigen Klosters Bergen über seine Frühzeit kann nur als sehr lückenhaft bezeichnet werden. So lagen etwa im Jahre 1583, drei Jahrzehnte nach seiner Aufhebung während der Reformationszeit, im Klosterarchiv nur sieben Originalurkunden aus der Zeit vor dem Jahre 1300, die früheste davon aus dem Jahre 1007. Zwei weitere Urkunden aus dieser Frühzeit, darunter die noch im Jahre 1357 im Original vorhandene älteste mit der ersten Nennung des Klosters Bergen im Jahre 995, waren um das Jahr 1583 schon nur mehr aus späteren Beglaubigungen bekannt[4].

Diese nüchternen Fakten, Voraussetzungen und Gegebenheiten muß man kennen und sie auch berücksichtigen, will man sich mit der älteren Geschichte und besonders mit der Gründung dieses einstigen Benediktinerinnenklosters Bergen befassen. Daß man deshalb auch auf außerklösterliche Quellen zurückgreifen muß, versteht sich – so gesehen – eigentlich von selbst.

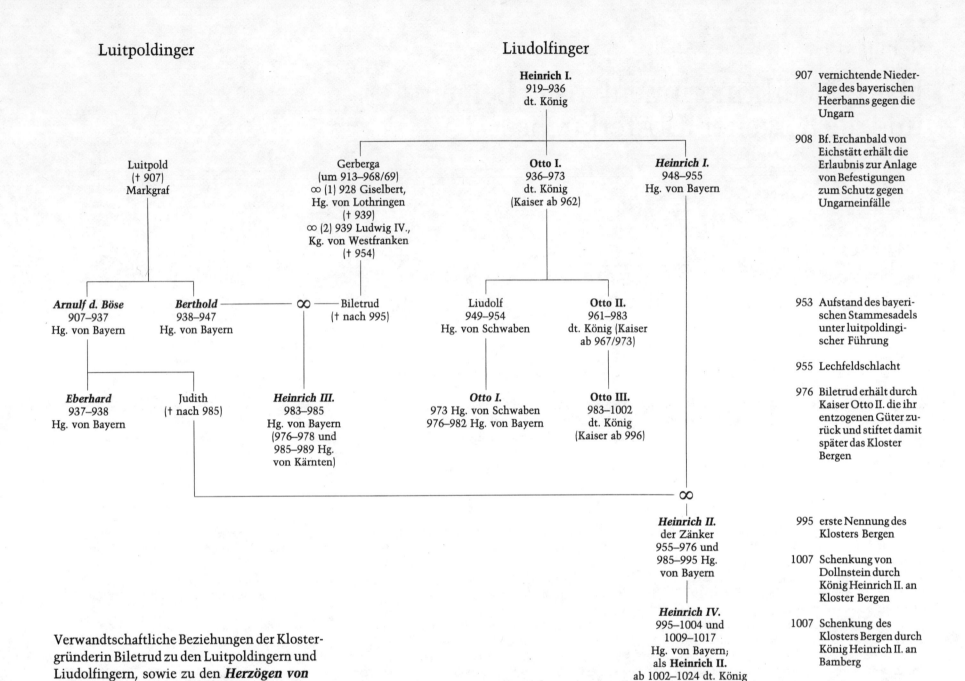

Verwandtschaftliche Beziehungen der Klostergründerin Biletrud zu den Luitpoldingern und Liudolfingern, sowie zu den *Herzögen von Bayern* und zum **deutschen Königshaus**

Biletrud – die herzogliche Klostergründerin

Die bereits genannte Bergener Klosterchronik berichtet uns, daß im Jahre 976 – unter der Regierung von Kaiser Otto II. und seiner Gemahlin Theophano – »begonte Giledrudis, die erwirdig Herzogin, die Pya« [= Pia, die Fromme]« ward zugedyent« [=zubenannt], »anzuheben, zu stiften und zu pauen das Closters zu Pergen uf irem Aygen, nach Herzog Bertholdes – irs Wirts« [= Ehegatten] – »Tod, auch mit Willen und Gonst des obgenannten, allerunuberwintiglichsten Fursten und Herr Keyser Otten des Andern, und begont dasselb Junckhfraucloster erwirdiglich stiften und wydem« [= bewidmen, ausstatten] »mit Reichthumb irer Eigenguth da umb Bergen gelegen und in andern Gegenten, als uf dem Nordga und in dem Sulzga und mit der Eigenschaft irer Guter zu Herßprugkh und da umb in der Gegent gelegen[5]«.

Stifterin des Klosters Bergen war also keine Geringere als Biletrud – in der Chronikabschrift ist ihr Name als Gildedrudis verlesen – oder Wiltrud, die Witwe des Herzogs Berthold von Bayern.

Dieser Herzog gehörte zum Geschlecht der (nach ihrem Stammvater Markgraf Luitpold benannten) Luitpoldinger[6], das durch die Kämpfe der seit etwa dem Jahre 900 nach Westen drängenden, und ihrerseits selbst wieder verdrängten Ungarn hochgekommen war. Als Markgraf Luitpold in der verlustreichen Schlacht bei Preßburg (907) fiel, folgte ihm sein Sohn Arnulf als unumschränkter Herzog in Bayern nach (907–937). Ein Jahr nach dessen Tod wurde die Nachfolge seinem Bruder, eben Herzog Berthold, übertragen, der während seiner kurzen Regierungszeit (938–947) ebenso in die Kämpfe gegen die Ungarn verstrickt war; sein Sieg über sie bei Wels (943) fand fast die gleiche Anerkennung durch die Zeitgenossen wie wenig später die bekanntere Schlacht auf dem Lechfeld (955), durch die die Ungarngefahr endgültig gebannt worden ist.

Wissen wir über den Gatten der Herzogin Biletrud relativ viel, so über sie selbst fast ebenso wenig. Möglicherweise war Biletrud eine Nichte von Kaiser Otto I. (936–973), denn im Jahre 939 bot dieser deutsche König seinem getreuen Gefolgsmann Herzog Berthold die Hand seiner Schwester Gerberga (913–968/69) – damals Witwe des Herzogs Giselbert von Lothringen (um 890–939), oder die von Gerbergas namentlich nicht genannter Tochter an. Gesichert ist, daß die Eheverbindung zwischen Berthold und Geberga nicht zustande kam, da diese noch im gleichen Jahre 939 den westfränkischen König Ludwig IV. (936–954) heiratete. Biletrud könnte aber durchaus eine Tochter von Gerberga und Giselbert gewesen sein, denn der zeitgenössische Chronist Liudprand (um 920 – um 972; seit 961 Bischof von Cremona) schrieb in seinem Werk »Antapodosis« über dieses Angebot von Otto:

»Quo audito Bertaldus inmenso est gaudio affectus elegitque potius nondum nubilem filiam expectare quam matrem, quae iam nupserat, tollere« (Nachdem Berthold dies vernommen, wurde er von großer Freude ergriffen und zog es vor, lieber auf die noch nicht heiratsfähige Tochter zu warten als die schon verheiratet gewesene Mutter zu nehmen)[7].

Daß Biletrud in der Tat eine Tochter von Gerberga und Giselbert gewesen sein kann, wird durch die Tradition des Klosters Bergen gestützt. Diese Tradition ist nicht nur durch das Werk des weitgereisten und an und für sich zuverlässigen Humanisten und Pfarrers Caspar Bruschius (1518–1559) über »die hundert vornehmsten und berühmtesten Klöster Deutschlands« (1551 in der Weißenhorn-Offizin zu Ingolstadt gedruckt) überliefert[8], sondern bereits durch die schon genannte Chronik des Klosters Bergen aus der Mitte des 14. Jahrhunderts. Hier heißt es über Biletrud (mit dem Zunamen Pia, die Fromme): »So was dieselb Pya ein Tochter Herzog Gyselbrechts von Pelgarn und von Lewtteringen« [von Belgien und Lothringen] »und Frauen Gerbygen, des ersten Keysers Otten Swester[9]«.

Bei der Verlobung mit Herzog Berthold im Jahre 939 war Biletrud höchstens 9–10 Jahre alt, war also noch ein Kind und tatsächlich »nondum nubilis«. Eine Heirat mit dem Herzog war kirchenrechtlich seit ihrem 12. Lebensjahr möglich. Und da Biletrud beim Tode ihres Gemahls (947) etwa 18 Jahre zählte, kann sie durchaus die Mutter des als Sohn von Herzog Berthold bezeugten Heinrich (geb. um 945) gewesen sein. Dieser seit 976 genannte Sohn war zuvor und später Herzog von Kärnten und zwischen 983 und 985 als Heinrich III. kurzfristig gleichfalls Herzog von Bayern; seinen Namen Heinrich hätte er demnach nach seinem Urgroßvater, dem König Heinrich I. (919–936), erhalten.

Erste Voraussetzungen: Biletruds Besitz als Gründungsgut

Weiß man um diese hier skizzierten dynastischen Zusammenhänge[10] zwischen Biletrud und den Liudolfingern, deren Haus die deutschen Könige der Zeit von 919 bis 1024 angehören, wie den Luitpoldingern, die längere Zeit und dabei abwechselnd mit den Liudolfingern die bayerische Herzogswürde innehatten, so wird es in manchem verständlicher, wie es zur Gründung des Klosters Bergen kommen konnte.

Bei der Heirat mit Herzog Berthold dürfte Biletrud eine Anzahl von Gütern zur Nutzung bekommen haben, die man ihr aber später wieder absprach. Wann dies geschah, wissen wir nicht. Denkbar wäre es, daß dieser Besitz als ursprüngliches Herzogsgut angesehen wurde und daß ihn der Nachfolger Bertholds im Herzogamt, der mit Biletruds Nichte Judith verheiratete Heinrich I., ein Bruder König Ottos I., wieder zum Herzogtum Bayern einzog. Es wäre aber auch ebenso denkbar, daß Biletrud diesen Besitz erst im Jahre 953 verloren hat. Damals schloß sich Biletrud, die als Herzogswitwe bei der Nachfolgefrage überspielt worden war, aus einer gewissen Verbitterung heraus dem Aufstand der Luitpoldinger gegen ihre Onkel, König Otto I. und Herzog Heinrich I., an, wenn auch ohne Erfolg.

Gesichert ist jedenfalls, daß dann im Jahre 976 Kaiser Otto II., allem nach ein Vetter der Herzogin Biletrud, auf Bitten seiner Gemahlin Theophano der »nobili matrone, Biledrut nominate« jenen Besitz zurückgab, den Biletrud von ihrem Gemahl Herzog Berthold erhalten hatte, der ihr aber später gerichtlich wieder entzogen und zum königlichen Gut eingezogen worden war. Dieser Besitz lag in den Gauen Sualafeld, Nordgau und Sulzgau.

Diese am Michaelstag, dem 29. September des Jahres 976 in dem Ort Frose (in der Nähe der liudolfingischen Pfalz Quedlinburg) ausgestellte Urkunde[12] ist die älteste, die wir sicher im einstigen Archiv des Klosters Bergen nachweisen können. Dort lag sie noch im Jahre 1357 im Original, das aber zwischen

1357 und 1530¹³ verloren ging. Wir kennen jedoch ihren Inhalt aus einer Bestätigung, die Bischof Berthold von Eichstätt in eben diesem Jahr 1357 im Zusammenhang mit dem bereits erwähnten Rechtsstreit erteilt hat. Und daß diese Urkunde überhaupt in das Klosterarchiv gelangt ist, hängt damit zusammen, daß Biletrud mit dem ihr im Jahre 976 zurückgegebenen Besitz ein Kloster begründet hat: das Benediktinerinnenkloster Bergen. Die Urkunde von 976 ist nicht die eigentliche Gründungsurkunde für das Kloster, aber doch die Basis, auf der diese Gründung aufgebaut werden konnte.

Wir wissen dann aus einer nur wenig späteren Urkunde, die am 31. März des Jahres 995 Papst Johannes XV. ausgestellt hat, »das Frau Biledrutt von irem Aigenthum, in der Gegend Norckew genannt und in der Grafschaft Graf Heinrichs gelegen, hat angefangen ein Closter zu pawen, Pärgen genannt, in den Eren der heiligen Junckfrauen Marie und des heiligen Sandt Johannsen Ewangelisten geweicht, und hat da ein Sammenung heiliger Closterfrauen gewidmet und ein Namen einer Abtey benennt«. Auch von dieser wichtigen Urkunde ist kein Original, das übrigens wie die bereits genannte Urkunde von 976 in Latein gehalten war, überliefert. Wir kennen von ihr nur spätere beglaubigte wie unbeglaubigte Abschriften, darunter auch die einer älteren deutschen Übertragung. Und einer solchen ist dieses vorstehende Zitat entnommen¹⁴.

Bergen als Klostersitz

Mit dem ihr im Jahre 976 zurückgegebenen Besitz begründete also die »matrona« Biletrud, als sie etwa 50 Lebensjahre zählte, zwischen 976 und 995 das Kloster Bergen und übertrug ihm ausgedehnte Besitzungen, vor allem im Nordgau. Darunter verstand man den Raum nördlich der Donau und etwa östlich der Linie Fürth – Fluß Rednitz – Roth – Neuburg a. d. Donau. Eine gewisse Konzentrierung Bergener Besitzes finden wir dabei zu und um Hersbruck auf der Hersbrucker Alb, aber auch Bergen selbst lag gerade noch im Nordgau, wenn auch an seiner Grenze zum westlich anschließenden Sualafeldgau. Daß aber nun gerade Bergen den Vorzug vor Hersbruck als Sitz des neuen Klosters erhalten hat, muß besondere Gründe gehabt haben.

Einen der Gründe darf man vielleicht in der Nähe zum Bischofssitz Eichstätt sehen. Bergen gehört noch zur Diözese Eichstätt, liegt aber unmittelbar an der südlichen Bistumsgrenze. Ein weiterer Grund ist ebenso offensichtlich: die Nähe zu Neuburg, das um diese Zeit gleich Eichstätt bereits urbane Züge aufwies und seit alters ein Zentrum herzoglich bayerischen Besitzes an der Donau war, der von einem Herzogshof aus verwaltet wurde. Neuburg war sogar Sitz einer Pfalz¹⁵, in der – gesichert zu Ende des 10. Jahrhunderts – Biletruds Verwandte als Herzoge von Bayern wenigstens zeitweise residierten: ab 985 Heinrich II. und nach ihm ab 995 sein Sohn Heinrich IV., der dann 1002 als Heinrich II. zum deutschen König gewählt wurde, die herzogliche Pfalz zu Neuburg in ein Benediktinerinnenkloster umwandelte und möglicherweise als Ersatz dafür die sog. Alte Burg bei Neuburg erbaute. Ob auch Biletruds Sohn, der Herzog Heinrich III., zwischen 983 und 985 in Neuburg residierte, ist ungewiß, aber denkbar.

Ein weiterer Grund, vielleicht sogar der ausschlaggebende für die Klostergründung in Bergen, erscheint heute so nicht mehr als sofort einsichtig, obwohl gerade er im Ortsbild – möglicherweise sogar im Ortsnamen – relativ deutliche Spuren und Zeichen hinterlassen hat.

Sehen wir uns dazu einmal die Gesamtsituation des Klosters Bergen selbst an. Schon beim Blick auf das Katasterblatt¹⁶ fällt auf, daß die Kirche als bedeutendster Rest der Klosteranlage inmitten eines ovalen Grundstückskomplexes von rd. 150 zu 125 m liegt. Auf älteren Ausgaben des Ortsblattes von Bergen ist dieser Bereich sogar durch Schraffierung gekennzeichnet, die auf eine Geländemodellierung hinweisen.

Umschreiten wir den Komplex – beginnend im Süden am Platz vor der Kirche – im Gegenuhrzeigersinn, so erscheint die heutige Situation zunächst durch neuere Bauten gestört, jedoch ist die Fluchtlinie gut erkennbar. Ab der Mitte der Südseite setzt eine deutlich sichtbare Wallanlage ein, die heute noch den gesamten Bereich vom übrigen Gelände absetzt. Diesem auf der Nordseite besonders gut ausgeprägten Wall ist hier nach außen zu ein Trockengraben vorgelegt, der an der Nordwestecke stark eingetieft ist, um den umfriedeten Raum vom flach nach Westen zu anschließenden Gelände zu trennen. Im Bereich der Südwestecke ist das Wall-Graben-System durch spätere Bauten gestört, im Verlauf von Grundstücksgrenzen aber noch gut erkennbar; hier liegt übrigens heute auch ein Fischweiher, in dem wir wohl sicher die ursprüngliche und für die auf der Albhochfläche gelegenen Juradörfer typische Hühle oder Hüll sehen dürfen, ein meist aus Schnee- oder Regenwasser gespeister natürlicher Himmelsweiher, oft Wasserreservoir und Viehtränke zugleich. Sie bestehen meist schon lange, wie möglicherweise auch die Bergener Hüll, in deren Nähe sich Steingeräte und Steinabschläge aus der Mittelsteinzeit (ca. 10000–4000 v. Chr.) fanden.

Der Wall trägt im Südost- und Ostabschnitt sowie nahe der Nordwestecke eine bis nahezu mannshohe Kalkbruchsteinmauer mit Pfeilervorlagen, ebenso ist auch der Bereich der Hüll durch Bruchsteinmauern geschützt. Ein Zusammenhang zwischen dem Wall- und Grabensystem und der nur flach der Wallkrone aufgesetzten spätmittelalterlichen Mauer besteht offenbar nicht, auch scheint es keine unmittelbaren Zusammenhänge zwischen der Klosteranlage selbst und der Befestigungsanlage zu geben. Diese zeigt vielmehr Parallelen zu Burganlagen, die im 10. Jahrhundert im Zusammenhang mit den Ungarneinfällen als Fliehburgen angelegt worden sind¹⁷.

Wie wir oben sahen, stammt Bergen ganz offensichtlich aus dem Besitz von Herzog Berthold, der sowohl als Beauftragter seines Bruders Arnulf in Karantanien wie später selbst als Herzog von Bayern des öfteren in Auseinandersetzungen mit den Ungarn gestanden hat. So wäre es durchaus denkbar, daß Berthold auf seinem Besitz zu Bergen – nur zwei Kilometer von der auch im Früh- und Hochmittelalter als »Hochstraße« weiter benutzten Römerstraße nach Regensburg entfernt – eine kleine Landesburg anlegen ließ. Diese Anlagen dienten sowohl als militärischer Sammelpunkt wie – im Ernstfalle – als Fliehburgen für die Bevölkerung umliegender Siedlungen. Sie waren in der Regel mit Wall und Graben sowie mit einer der Wallkrone aufgesetzten Palisadenreihe geschützt, eine Befestigungsart, die bei den damaligen Angriffswaffen ausreichte. Trotz einer relativen Tallage hatte die Burg von Bergen strategische Bedeutung, konnte man doch von hier aus das teils ansteigende, teils abflachende Gelände überblicken. Möglicherweise hängt mit dieser Burg gar der Name Bergen selbst zusammen, der dann zum Begriff bergen = (ver)bergen, in Sicherheit bringen, zu stellen wäre und damit zu einem Wort, das z. B. auch in dem Begriff Wimperg enthalten ist¹⁸.

Daß derartige Überlegungen keineswegs aus der Luft

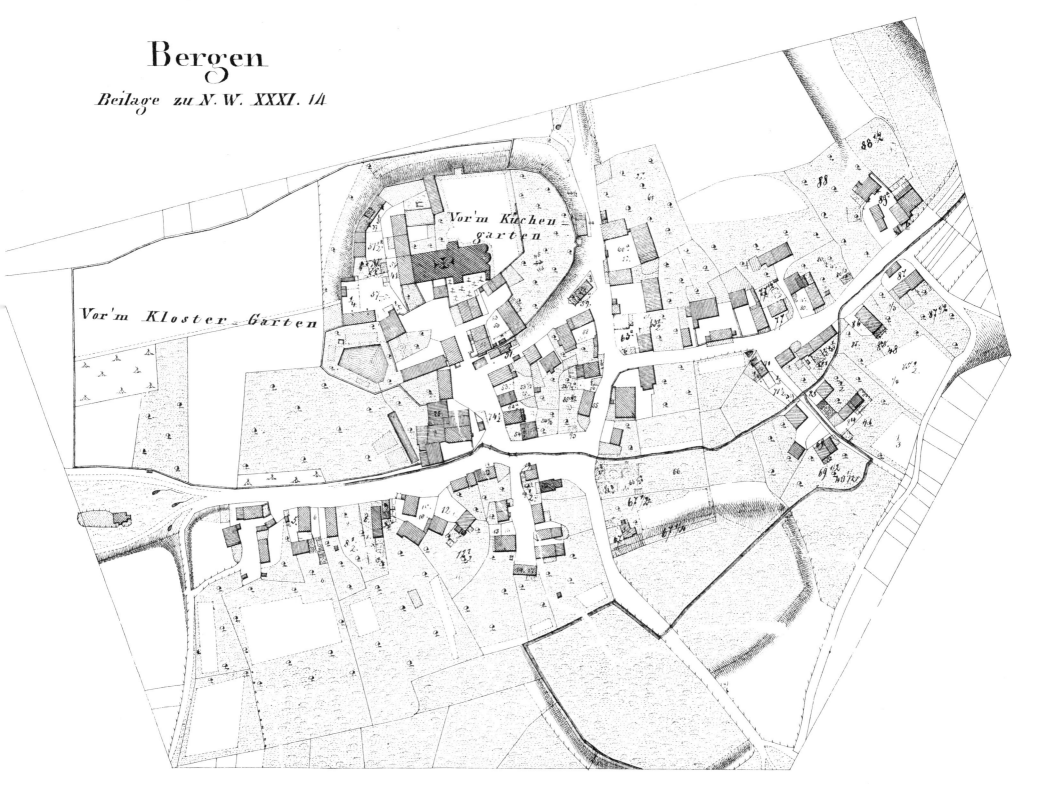

Bergen um die Mitte des 19. Jahrhunderts (Ausschnitt aus dem Ortsblatt Nr. CXCII von 1813 nach der Umgravur von 1868. – Maßstab 1:2500). Deutlich erkennbar ist das Oval der vermuteten Ungarnfliehburg durch die Geländeschraffierung, ebenso die Lage der um die Jahrhundertmitte noch vorhandenen Klostergebäude mit Kirche sowie der Verlauf der inneren, ovalen wie der äußeren, rechteckig nach Westen ausgreifenden Klostermauer (»Vor'm Klostergarten«)

gegriffen sind, wissen wir für den Bereich des Bistums Eichstätt aus einer Urkunde vom Jahre 908. Damals bat Bischof Erchanbald von Eichstätt König Ludwig III. um Erlaubnis, »aliquas munitiones contra paganorum incursus moliri«, also einige Befestigungen gegen die Einfälle der »Heiden« errichten zu dürfen[19]. Für die Anlage einer solchen »munitio« war der Standpunkt Bergen nahezu prädestiniert, lag es doch im Schnittpunkt zweier Interessenbereiche: durch die Lage an der südlichen Bistumsgrenze in dem der Bischöfe von Eichstätt, und durch die Lage am Rande des ausgedehnten, ursprünglich wohl zur Pfalz in Neuburg gehörenden Forstes zwischen Schutter und Donau in dem der Herzöge von Bayern.

Als nach der Schlacht auf dem Lechfeld (955) die Ungarngefahr endgültig gebannt war, erschien die kleine Landesburg zu Bergen als überflüssig. Man pflegte aber solche Wehranlagen oft weiterzuverwenden, indem man in sie Klöster einpaßte wie etwa wenig später bei der herzoglichen Pfalz in Neuburg oder bei der wittelsbachischen Burg zu Scheyern, um nur einige von vielen Beispielen zu nennen; in größeren Wehranlagen konnte auch eine größere Siedlung entstehen. Dieser Vorgang geschah offenbar auch unter der Herzogswitwe Biletrud in Bergen, so daß es sich schlüssig erklärt, weshalb es zur Gründung des Benediktinerinnenklosters zu Bergen und nicht etwa zu Hersbruck kam.

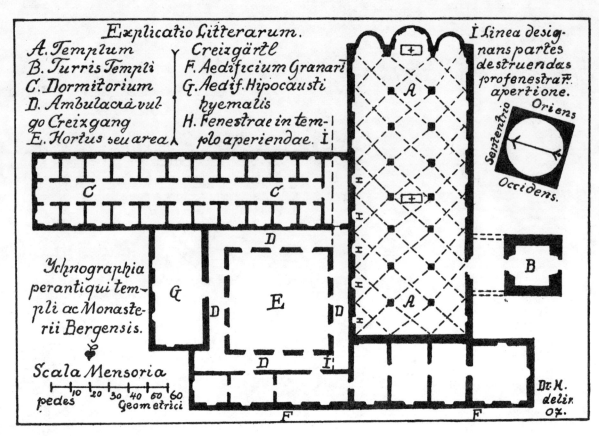

Anfänge des Klosters Bergen

Über die erste Zeit des neuen, im Jahre 995 erstmals genannten Frauenklosters Bergen wissen wir nur wenig, so gut wie nichts aber über die erste Klosteranlage und die erste Klosterkirche. Vor allem ist uns unbekannt, ob die ersten Klostergebäude noch Holz- oder schon durchgehend Steinbauten waren.

Sollte die Gruppierung der späteren Baukörper auf eine möglicherweise schon zu Ende des 10. Jahrhunderts getroffene Anordnung zurückgehen, so war bereits das älteste Kloster entsprechend dem benediktinischen Bauschema um einen quadratischen Innenhof mit dem Kreuzgärtlein und dem außen umlaufenden Kreuzgang angeordnet. An diesen Kreuzgang schloß nach Süden zu die westostgerichtete mächtige Klosterkirche an, im Osten das im rechten Winkel zur Kirche stehende Dormitorium, der eigentliche Klosterbau mit den Zellen der 40 Nonnen, für die das Kloster begründet wurde, im Norden ein heizbares Gebäude – hauptsächlich für den Winteraufenthalt – mit dem Refektorium, und im Westen das Kastnergebäude[20]. Auffallend an dieser Anordnung wäre, daß die Kirche an der Südseite des Kreuzgangs, also im wärmeren Geviertbereich lag und nicht im kälteren Nordabschnitt, wodurch sie zugleich mehr Schutz für die gesamte Klosteranlage gegen die kalten Nordwinde geboten hätte. Mit einer Geländemodellierung hat diese Einteilung nichts zu tun, vielleicht aber mit Eigenheiten der vermuteten Vorläuferin, der Fliehburg aus der Ungarnzeit. Dieser Gedanke drängt sich vor allem bei der Situierung des Kirchturms auf, der campanileartig an der Südwestecke des Langhauses steht.

Im Jahre 995 wurde Bergen durch Papst Johannes XV. in päpstlichen Schutz genommen und von bischöflicher, priesterlicher wie weltlicher Gewalt befreit. Solange die Klostergründerin Biletrud lebte, sollte sie Einfluß sowohl auf die Wahl der Äbtissin wie auch des Vogtes haben, die das Kloster in geistlichen bzw. weltlichen Belangen leiteten und vertraten; nach dem Tod von Biletrud hingegen sollte dieses freie Wahlrecht auf die Klosterfrauen selbst übergehen[21]. Daß Biletrud selbst die erste Äbtissin des Klosters war, wie dies die Klostertradition behauptet[22], läßt sich nicht beweisen. Die Bulle von Papst Johannes XV. spricht fast dagegen.

Lage der Klostergebäude von Bergen aus einem handgezeichneten geosteten Plan (»Ichnographia«) aus der zweiten Hälfte des 17. Jahrhunderts
Der im Original verschollene Plan ist hier nach der Nachzeichnung von Alois Hämmerle von 1907 wiedergegeben

Bergen und Bamberg: Zwischen Bestandskrisen und Reform

Durch die Person der Klostergründerin Biletrud stand das Kloster Bergen von Anfang an – und dies auch über das päpstliche Privileg von 995 hinaus – in einem durch die Herzöge von Bayern wie durch das regierende Königshaus bestimmten Spannungsfeld. Die Beziehungen zu den führenden Dynasten wurden nach dem – wohl gegen das Jahr 1000 anzusetzenden – Tode Biletruds noch enger, besonders nach dem Jahre 1002. Damals bestieg der Herzog Heinrich IV. von Bayern, der sicher zeitweise in Neuburg residiert hatte, als Heinrich II. den Königsthron und behielt auch als König zeitweise das Herzogtum Bayern[23]. So kam es zur Vermischung von herzoglichem und königlichem Besitz, und manchen betrachtete Heinrich II. gar als persönliches Eigentum.

Sehr deutlich wurde dies bei der Gründung des Bistums Bamberg durch König Heinrich II. Dieses aus dem Sprengel des Bistums Würzburg herausgeschnittene neue Bistum sollte kirchlich gesehen die Christianisierung der »terra sclavorum« in Oberfranken abschließen, andererseits sollte es das Erbe des kinderlosen Königs antreten[24]. Heinrich II. stattete deshalb Bamberg mit einer Fülle von Besitzungen aus, die weit verstreut über die Mitte des damaligen Reiches lagen. Unter den an Bamberg geschenkten Orten finden wir neben manch anderem auch die beiden Benediktinerinnenklöster Neuburg und Bergen.

Das Kloster Neuburg entstand wohl aus der Vergänglichkeits- und Weltuntergangsstimmung der Jahrtausendwende heraus und war sicher eine Gründung Heinrichs als Herzog von Bayern, er konnte also über dieses Kloster verfügen. Unklar ist dagegen, wie Bergen in seine Verfügungsgewalt kam. Möglicherweise hatte er nach dem Tode Biletruds Ansprüche an das Erbe dieser seiner entfernten Verwandten gestellt. Denkbar wäre aber auch, daß Heinrich II. zum Klostervogt gewählt worden wäre und daß er dadurch in besondere Beziehungen zu Bergen trat.

In der Schenkungsurkunde vom 1. November 1007 bezeichnete jedenfalls Heinrich II. die im Nordgau und in der Grafschaft des Peringer gelegene Abtei Bergen als sein Eigen[25].

Diese Schenkung änderte nichts an der kirchlichen Zugehörigkeit von Bergen zu Bistum und Diözese Eichstätt, wohl aber schuf sie durch eine gewisse Oberaufsicht des Bischofs von Bamberg ein Spannungsfeld im geistlichen Bereich.

Ganz deutlich wurde dies bereits bei Vorgängen um die Mitte des 11. Jahrhunderts. Damals ließ Bischof Hartwig von Bamberg (1047–1053) einer neuen Äbtissin von Bergen bei ihrem Amtsantritt den Kirchenschatz des Klosters übergeben. Diese namentlich nicht genannte Äbtissin führte aber in den etwa zehn Jahren ihrer Regierung eine derartige Mißwirtschaft, daß Bischof Gunther von Bamberg (1057–1065) einschreiten mußte und diese Äbtissin absetzte. Sie hatte die seit Klostergründung mit 40 festgesetzte Zahl der Nonnen auf die Hälfte herabgesetzt, nicht für die nötige Kleidung und Nahrung gesorgt, so daß innerhalb dieser kurzen Frist eine sittliche Verwilderung im Bergener Konvent eintrat. In einem Brief an ihren gerade nicht am Bischofssitz Bamberg anwesenden Bischof schreiben die Bamberger Domherren, daß »dieser gottgeweihte Ort [Bergen] aus einer Heimstatt religiösen Lebens zur öffentlichen Lasterhöhle geworden sei«. Den als »recht ansehnlich und in jener Beziehung einzigartig reichhaltig« bezeichneten Kirchenschatz hatte die abgesetzte Äbtissin derart zu gottlosem Gebrauch verschwendet, daß der zugefügte Schaden die Summe von 150 Pfund (Pfennigen) übersteige[26]. Daß hier Bischof Gunther und das Domkapitel von Bamberg einschreiten mußten, versteht sich von selbst, nur wissen wir nicht genau, welche Lösung getroffen worden ist.

Noch Bischof Gunthers Nachfolger, Bischof Hermann I. von Bamberg (1065–1075), mußte sich gleich bei seinem Amtsantritt mit dem Problem Bergen befassen, denn Bischof Gundekar II. von Eichstätt (1057–1075) hatte auf einer sofortigen Rückkehr der Nonnen in das Kloster Bergen bestanden, und das trotz der rauhen Jahreszeit. Ferner hatte er Kritik an der Form der Strafe geübt, die Bischof Gunther über die Äbtissin verhängt hatte[27].

Wir wissen um diese Vorgänge nicht nur aus zwei authentischen Briefen. Das Ungeheuerliche, das Biletruds Gründung nicht einmal einhundert Jahre danach einer schweren Belastungs- und Bewährungsprobe aussetzte, hat sich tief in das Gedächtnis der späteren Nonnen eingeprägt und so auch einen Niederschlag in der Klosterüberlieferung gefunden. Die bereits genannte Chronik aus der Mitte des 14. Jahrhunderts berichtet, daß die Existenz des Klosters dreifach bedroht gewesen war:

»Einsmals von Prunst [=Brunst, Brand] und Versaumnus wegen. Zu dem andern Mal von Widerteyls wegen, den die Closterfrauen gein einander hetten und zwen [=zwei] Conventh machten: der grosser was [=war] zu Herßprugh, der mynder zu Pergen, und dieselb Wandlung geschach ... in etwan vill Jaren und werdt [=währte] als lang, das [=daß] das Closter nahent zumal verdorben was.

Zu dem drytten nam das Closter huslichen [=an Gebäuden] ab und ward mit grossen Urleug [=Krieg, Streit, Fehde] zumal verderbet und mit Prunst[28]«.

Die Nachricht vom Auseinanderfallen des Klosters Bergen in einen kleineren, zu Bergen gebliebenen Konvent und in einen größeren zu Hersbruck, als dem wirtschaftlichen Schwerpunkt der Klostereinkünfte, bestätigt die Briefstellen. Diese Spaltung konnte das Interesse von Bischof Gundekar II. nicht teilen, denn Hersbruck gehörte nicht mehr zur Diözese Eichstätt, sondern lag – wenn auch direkt an der Grenze – schon im Bistum Bamberg und zudem in jenem Bereich des bayerischen Nordgaus, den das Bistum Eichstätt nach dem Tode Bischof Megingauds (991–1015) auf Druck und Drängen von Kaiser Heinrich II. an das Bistum Bamberg abtreten mußte, wenn auch nicht ohne Widerstand seitens Eichstätt. Die Gefahr, daß jetzt gar noch ein Kloster mit ursprünglichem Sitz im Bistum Eichstätt damit in das Bistum Bamberg abwandern sollte, macht das empfindliche Verhalten Bischof Gundekars II. verständlich, auch seinen harten, in diesem Zusammenhang gegen seinen Nachbarbischof erhobenen Vorwurf, den Besitz des hl. Willibald [=Bistum Eichstätt] beraubt und den Raub behalten zu haben[29].

Diese Vorgänge hatten für das Kloster Bergen letztendlich den Effekt einer Rückbesinnung auf den Gründungsauftrag und führten zu einer Anspannung aller Kräfte. Die durch Kriegsläufe und Brand verwüsteten Klostergebäude wurden wiederhergestellt und an den Kalenden des Juli, also dem 1. Juli des Jahres 1095, von Bischof Ulrich I. von Eichstätt (1075–1099) geweiht[30]. Daß damals die Klosterkirche geweiht und damit vorher auch neu gebaut worden sei, wie dies Bruschius überliefert[31], ist nicht gesichert; die authentische Aussage der Klosterchronik aus der Mitte des 14. Jahrhunderts spricht nämlich nur im Zusammenhang mit dem Kloster von einer Weihe. Es wäre aber durchaus möglich, daß damals die dreischiffige Krypta unter dem Chor der heutigen Kirche nach einem Neubau mit den Klostergebäuden neu geweiht wurde.

Der Gedanke der Spaltung war aber trotz dieses Zusammenstehens noch lange nicht im Keime erstickt, sondern lebte im frühen 12. Jahrhundert neu auf. Die Klosterchronik fährt nämlich nach dem Bericht über die Weihe vom Jahre 1095 mit dem lapidaren Satz fort:

»Darnach was [=war] die Abtey etwo vill Jar ledig und unbesessen³².«

Bischof Eberhard II. von Bamberg (1146–1170) fühlte sich deshalb zur Abhilfe verpflichtet. Er beriet sich mit Papst Eugen III. (1145–1153), der bekanntlich im zweiten Jahr seines Pontifikats Kaiser Heinrich II. heiliggesprochen hatte. Beide kamen überein, die anstehende Aufgabe Abt Gottfried von Admont (1138–1165) zu übertragen, welcher Auftrag wenig später von Papst Hadrian IV. (1154–1159) bestätigt und bekräftigt wurde: »das [=daß] ein getrewe Abtissin dem Closter zu Paring erwelt und gesetzt wurde, danen die heilig Sambnung [=Sammlung, Kloster] seliglich behut, besorgt und bewarth wurde³³«.

Daß man hier den Abt eines weitentlegenen Benediktinerklosters einschaltete, hatte seinen besonderen Grund, hatte doch das steierische Admont damals den Ruf eines der führenden Reformklöster. Diese Reform klösterlichen Lebens hatte seit dem 10. Jahrhundert vor allem die Benediktinerklöster erfaßt und war richtungsmäßig unterschiedlich bestimmt von zwei Ausgangspunkten, einerseits dem lothringischen Gorze, andererseits dem burgundischen Cluny und in seinem Gefolge dem Kloster Hirsau im Schwarzwald. Das im Jahre 1074 begründete Admont hatte sich der cluniazensisch-hirsauischen Richtung angeschlossen, weshalb dem Männerkloster um 1120 ein Frauenkloster angegliedert wurde, so daß es auch in Admont zu dem für die Cluniazenser typischen Doppelkloster kam. Im 12. Jahrhundert war Admont Sitz einer berühmten Schreibschule und Zentrum monastisch-gelehrter Bildung, die die aus ihm in andere Klöster berufene Reformäbte dorthin weitertrugen³⁴.

Abt Gottfried nahm Verhandlungen auf mit den Nonnen zu Hersbruck, wo – wie schon hundert Jahre zuvor – der größere Teil des Konvents saß, wie mit denen zu Bergen. Beide wollten sich der von Abt Gottfried zu treffenden Entscheidung des künftigen Klostersitzes unterwerfen – »ewiglich on alle Wandlung«. Die Chronik aus der Mitte des 14. Jahrhunderts berichtet dann weiter: »Und da der erwirdig Abt Gotfryd die Stet bed [= beide Stätten] zu Herßprugkh und zu Bergen weyßlich erfaren het, do benant er Pergen, das [= daß] daselben die Abtey und bed Conventh von Herßprugkh und der ander Stat [= Stätte], was ewiglich solten beleyben und nymermer geenderth werden³⁵«.

Bischof Eberhard übertrug Abt Gottfried auch die schwierige Aufgabe, eine neue Äbtissin für das Kloster Bergen zu benennen, um so die begonnene Reform abzuschließen. Sein Vorschlag fiel auf eine der sehr gebildeten Nonnen aus Kloster Admont, auf Reginlind³⁶. Diese nahm die Berufung an und machte sich mit sechs Mitschwestern auf den Weg nach Bergen. Am 5. September 1156 trafen sie zusammen mit Abt Gottfried und seiner Gesellschaft ein, trafen sich auf freiem Feld mit den Bischöfen Eberhard II. von Bamberg und Konrad I. von Eichstätt (1153–1171) und mit den Konventen von Hersbruck und Bergen und »giengen all mit einer ersamen ordenlicher Procession bis für [den] Fronalthar [= Hauptaltar mit dem Allerheiligsten] in dem Münster zu Paring, und mit loblichem Gesang wurden die Äbtissin und die Gesameleten des Convents eintrechtiglich miteinander verayneth als getrewen Glider irem Hawbt«. Reginlind wurde bestätigt und konfirmiert und erhielt von dem einen Bischof »das Besorgen der Seel und geistlichen Gewalt«, von dem anderen »werntlichen [= weltliche] Gewalt und Richtigung³⁷.«

Diese Textstelle zeigt uns sehr gut, wie wir uns das Nebeneinander und die Gewaltenteilung zwischen den Bischöfen von Bamberg und Eichstätt vorzustellen haben: ersterer dürfte aufgrund der Schenkung vom Jahre 1007 die weltliche Gewalt, letzterer aufgrund der Lage Bergens im Bistum Eichstätt die geistliche Gewalt ausgeübt und an die neue Äbtissin Reginlind verliehen haben.

Der romanische Kirchenneubau: Zeugnis der ersten Reform

Mit Durchführung der Reform und des erneuten, diesmal erfolgreichen Versuchs der Schaffung stabiler Verhältnisse hat das Kloster Bergen einen neuen Aufschwung genommen. Gleich anderen Reformklöstern entwickelte sich auch in Bergen eine rege Bautätigkeit. Wohl noch unter der Äbtissin Reginlind wurde mit einem Kirchenneubau begonnen, der – wenn auch um die Mitte des 18. Jahrhunderts stark verändert – heute noch steht, sozusagen als Schale der jetzigen Kirche³⁸.

Aus den barocken Umbauplänen³⁹ wissen wir, daß die Bergener Kirche eine dreischiffige gewölbte Hallenkirche war mit einem breiteren Mittelschiff, die Kirchenschiffe im Osten mit drei ursprünglich gleich hohen Apsiden als Chorraum abgeschlossen, eine Kirche ohne Querschiff und mit einem Innenmaß von rd. 15 × 30 Metern. Die nahezu gleichhoch angesetzten Gewölbe ruhten im Mittelschiff auf zwei Reihen von Pfeilern, an den Innenwänden auf diesen vorgelegten Pilastern. Die Kirche hatte zwei Eingänge, einen in der Mitte der schmalen Westseite und einen im westlichen Drittel der südlichen Längswand in Höhe des Turmes, der vor dieses zweite Portal gestellt war.

Bei dem barocken Umbau blieben die aus Hausteinen gefügten Umfassungsmauern stehen, in sie wurden damals die jetzigen Fenster eingebrochen und teilweise neu aufgemauert bzw. ausgefüttert. An der Stelle der heutigen Querarme zwischen Langhaus und Chorraum wurde die südliche und nördliche Längswand ausgebrochen. Das umlaufende Rundbogenfries unter der Dachtraufe wurde (bis auf heute nicht mehr frei sichtbare Reste in der Westwand) abgeschlagen. Das südliche Rundbogenportal mit durch den Wechsel von Pfeilern und Säulen mehrfach gestufter Laibung und einem leeren Tympanon blieb im Bestand erhalten, wurde jedoch zugemauert (und erst 1906 wieder freigelegt); das Westportal hingegen wurde ausgebrochen und neu ausgefüttert. Romanisch sind heute noch die drei Apsiden, von denen – wenn man von den barock geformten Abdeckungen absieht – nur die breitere mittlere durch Aufstockung verändert wurde. Unter der Dachtraufe und einer umlaufenden Zahnschnittleiste (die allerdings bei der mittleren Apsis heute fehlt) läuft ein Rundbogenfries, der auf abgeschrägten, mit Menschenköpfen belegten Konsolen ruht; in die Rundbogenfelder selbst sind weitere Menschenköpfe sowie zwei Stierköpfe gesetzt. Im Bildprogramm, nicht aber in seiner Ausführung gleicht der Bergener Apsidenschmuck dem benachbarter, gleichzeitiger, wenn auch wesentlich kleinerer Kirchen wie vor allem dem zu Tholbath oder auch dem zu Weißendorf (beide nordöstlich Ingolstadt)⁴⁰.

Im Inneren können wir uns von der einstigen romanischen Hallenkirche so gut wie kein Bild mehr machen, da die romanischen Gewölbe bei der Barockisierung herausgebrochen wurden, ebenso auch die Tragpfeiler (bis auf die drei ersten Paare im Chor, die aber gleichfalls barock verändert und neu

1   Ansicht der Kirche von Süden mit dem vorgesetzten campanileartigen Glockenturm

2
Ehemaliges Kirchenportal mit
gestuftem Gewände

3
Ursprünglicher Kirchenzugang
durch den romanischen Turm

4 Bogenfries an der südlichen Apside
5 Ostansicht der Kirche mit den drei Apsiden

6 Romanische Krypta unter dem Chor

7 Doppelfenster in der südlichen Zwischenwand der Krypta

8–9
Profilierte Kapitelle an Stützsäulen der Krypta

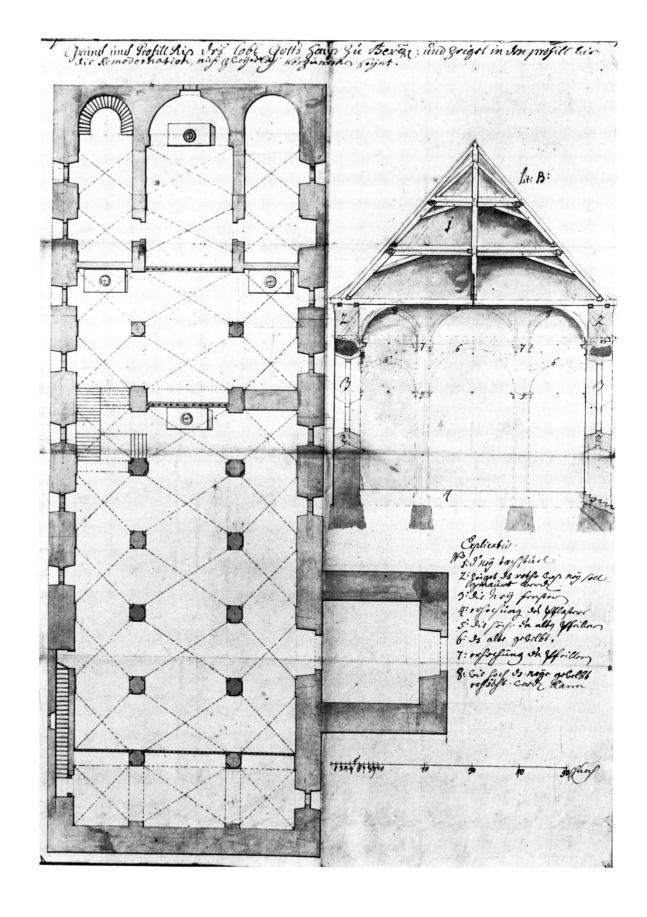

10
Grundriß und Schnitt der romanischen
Kirche (nach Umbauplan von Dominikus Barbieri,
um 1754)

11
Reste eines gotischen Klosterflügels
(Kreuzgang?) um 1825. Zeichnung von
Joseph Benedikt Graßegger

12–14
Gotische Bauplastik vom ehemaligen
Kreuzgang

15
Ältestes Siegel des Klosters Bergen von 1318

16–17
Siegel des Seminars zum Hl. Kreuz in Neuburg von 1676

ummantelt wurden). Beim Bau dieser romanischen Hallenkirche wurde möglicherweise auch die heutige unter dem Chor der Kirche gelegene Krypta, die im Kern doch wohl auf einen älteren Vorgängerbau zurückgehen dürfte, umgestaltet. Im kleinen gibt sie aber auch heute noch ungefähr einen Eindruck davon, wie die Bergener Kirche insgesamt wohl ursprünglich ausgesehen hat.

Die gewölbte romanische Hallenkirche verkörpert einen Sondertypus im Rahmen des romanischen Kirchenbaus in Bayern, der sonst im wesentlichen vom dreischiffigen Basilikatyp geprägt war. Hallenkirchen dagegen finden wir hauptsächlich in Regensburg und wahrscheinlich davon ausstrahlend in der Oberpfalz[41].

Über die Errichtung der neuen Klosterkirche in Bergen haben wir so gut wie keine Nachrichten, wir kennen aber ein Abschlußdatum der Bauarbeiten: die neue Kirche wurde von Bischof Otto von Eichstätt (1182–1196) geweiht und zwar wahrscheinlich in der Spätzeit seiner Regierung (wohl nach 1192), nur wenige Jahre nach der Weihe der bereits genannten Kirche zu Tholbath, die – obwohl bereits in der Nachbardiözese Regensburg gelegen – auch durch denselben Eichstätter Bischof vorgenommen wurde[42].

Die Bauleute mögen wohl aus dem Raum Regensburg gekommen sein, wofür auch der Typus der Hallenkirche allein schon spricht. Beziehungen zwischen Bergen und Regensburg sind übrigens noch rd. hundert Jahre nach dem Baubeginn zu Bergen greifbar, zwar nicht auf dem Bausektor, so doch in einer auffallenden Richtung. Um das Jahr 1264 mußte sich das Kloster Bergen gegen die Entfremdung von seinem Klosterbesitz wehren. Mit der Wiederbeschaffung verlorener Güter beauftragte Papst Urban IV. (1261–1264) nicht etwa den Bischof von Eichstätt oder Bamberg oder den Abt eines nahegelegenen Benediktinerklosters, sondern im Jahre 1264 ausgerechnet den Abt des Schottenklosters St. Jakob von Regensburg[43]; dieses Kloster war um 1090 durch schottische Benediktinermönche begründet worden, gehörte aber nicht – wie etwa Bergen oder andere Benediktinerklöster zu und um Regensburg – der Cluny-Hirsauer Reformordnung an, weshalb der 1264 gegebene Auftrag noch mehr auffällt. Das Schottenkloster war zum gleichen Zeitpunkt wie Bergen eine Großbaustelle gewesen. Damals entstand dort eine dreischiffige Basilika, gleichfalls ohne Querschiff und gleichfalls mit dem gewöhnlichen Dreiapsidenschluß, nur war diese Kirche wesentlich größer als die zu Bergen[44]; bekannt wurde sie vor allem durch das prachtvolle Schottenportal, ein Hauptwerk bayerischer romanischer Bauplastik. Direkte stilistische Beziehungen zwischen den Kirchen von Bergen und St. Jakob lassen sich nicht herstellen; vielleicht gab es aber doch solche auf dem Gebiet der Bauberatung, die dann in dem 1264 an den Abt des Schottenklosters gegebenen Auftrag nachschwingen könnten.

Möglicherweise wurde bei der Reform von Bergen dem Frauenkloster ein Männerkloster angeschlossen, da für das Jahr 1160 neben der Äbtissin ein Prior zu Bergen bezeugt ist (wir wissen davon aus einem Brief von Irimbert, dem Bruder von Abt Gottfried von Admont, als er auf der Reise nach Bamberg zur Übernahme der Abtswürde des Bamberger Klosters Michelsberg hier längere Zeit Station machte[45]). Es könnte also auch in Bergen kurzfristig ein für die Cluniazenser Richtung typisches Doppelkloster bestanden haben. Und es wäre auch denkbar, daß in diesem Männerkloster Mönche wie Laienbrüder (Konversen) wohnten, die auch als Bauleute beim Neubau der Bergener Klosterkirche mitgewirkt haben könnten. Wie lange aber ein solches Doppelkloster in Bergen bestanden hat, wissen wir nicht.

Irimbert von Admont schreibt in seinem bereits genannten Brief begeistert, daß er in Bergen »unseren Ordensgeist in so herrlicher Blüte erblickte, daß mein Gemüt sich wunderbar getröstet fühlte, weil ich darin die Früchte meiner eigenen Bemühungen wiedergefunden habe[46]«. Reginlind, der man später die Ehrenbezeichnung die Große zuteil werden ließ, kümmerte sich nämlich auch um die Klosterwirtschaft; die Klosterchronik aus der Mitte des 14. Jahrhunderts sagt, daß »sie das Closter wieder [empor]bracht und pessert es an sechsunsechzigkh Huben, an Weingarten, an Wysen und ander Notdorft und an etlich Gepew, die sie in dem Closter gethun het[47]«. Auffallend ist hier die ausdrückliche Nennung von Weingärten, wobei wir aber nicht wissen, wo diese lagen; möglicherweise stellte aber Reginlind Weinbauversuche in unmittelbarer Klosternähe an, da der Südhang nördlich von Bergen zwischen dem Kloster und der Schutter heute noch den Flurnamen »Weingarten« trägt[48].

Der Ruf der gelehrten Nonne – und lateinischen Dichterin – Reginlind aus Admont, seit 1156 Äbtissin von Bergen, verbreitete sich derart, daß Kaiser Friedrich I. Barbarossa (1152–1190) sie nach dem Jahre 1163 mit einer neuen Aufgabe betraute: der Reform des Klosters Hohenburg oder Ottilienberg (Sainte Odile) südwestlich von Straßburg am Ostrand der Vogesen, »zu widerbringen und zu bessern auch dasselb Closter an geistlicher Ordnung und an leiblichem Besorgen[49]«, wie dies die Chronik aus der Mitte des 14. Jahrhunderts schreibt. Ähnlich wie im Jahre 1156 von Admont aus, so nahm auch diesmal wieder Reginlind einige Nonnen aus ihrem Konvent mit, diesmal also aus dem Kloster Bergen. Sie meisterte auch diese ihr übertragene Aufgabe und starb schließlich als Äbtissin von Hohenburg am 4. April 1169[50].

Erneute Beziehungen zum Herzogtum Bayern

Die Erinnerung, daß das Kloster Bergen von der Witwe eines Herzogs von Bayern begründet wurde, ist niemals abgerissen und dies auch nicht trotz der Tatsache, daß es als Eigenkloster durch einen Herzog von Bayern (und deutschen König zugleich) im Jahre 1007 an das Bistum Bamberg geschenkt worden war. Sie verstärkte sich verständlicherweise, als um das Jahr 1200 die Herzöge von Bayern erneut die Vogtei, also den weltlichen Schutz über das Kloster und seinen Besitz, übernahmen, darin den Bischof von Bamberg in der Klosterherrschaft ablösten und dadurch wieder an die Verhältnisse der Gründungszeit anknüpften. Nicht umsonst spricht Herzog Heinrich XIV. der Reiche von Bayern-Landshut in einem Privileg für das Kloster Bergen vom Jahre 1449 davon, daß »das benant Gotzhaus von unsern Vordern löblicher Gedechtnus in den Eren des heiligen Creucz wirdiklich gstift, begabt und gewidembt ist« worden[51].

Wie es zu diesem erneuten Beziehungswechsel gekommen ist, wissen wir nicht. Das Land um Neuburg war von den deutschen Königen in der Nachfolge Heinrichs II., den Saliern (1024–1125) ebenso wie (ab 1138) von den Staufern, als königliches Hausgut betrachtet worden, obwohl es anfänglich bayerisches Herzogsgut gewesen war. Diese Stauferherrschaft über den Neuburger Raum kann, wie wir oben sahen, sogar indirekte Einflüsse auf die Bergener Geschichte gehabt haben mit der Berufung der Reformäbtissin Reginlind von Bergen nach Hohenburg.

Die Wittelsbacher, die im Jahre 1180 als Nachfolger der Welfen mit dem Herzogtum Bayern belehnt worden waren, hatten zunächst so gut wie keinen Besitz zu Neuburg und seinem Umland, da die Staufer diesen im Jahre 1197 an Heinrich v. Kalendin und dann an seine Nachfolger, die Pappenheimer, ausgegeben haben. Erst im Jahre 1247 konnte Herzog Otto II. von Bayern (1231–1253) in der sog. Andechs-Meranier-Fehde (1246/47) den Pappenheimern – Verbündeten der Andechser – Neuburg abnehmen, so daß die Stadt und ihr Umland seitdem wieder herzoglich-bayerisch waren. Die Wittelsbacher hatten aber bereits um das Jahr 1230, also noch vor der Eroberung Neuburgs, die Vogtei über Bergen ausgeübt. Für diese Vogtei, die Ausübung des Schutzes für das Kloster wie dessen Untertanen, bezogen die Wittelsbacher vom Kloster eine gewisse Abgabe, die um das Jahr 1230 vom wittelsbachischen Amt Bayerdilling (bei Rain) vereinnahmt wurde[52]. Sie betrug damals 16 Mutt Haber, eine Getreideabgabe, die auch später noch so angegeben wird (etwa im Jahre 1449 mit 3 Schaff 3 Viertel [= 15 Viertel?] Haber in Ingolstädter Maß). Um das Jahr 1230 hatten die Wittelsbacher noch weitere Klostervogteien im Neuburger Umland, so – außer der über das Kloster Bergen – die über das Neuburger Benediktinerinnenkloster wie etwa die über das Benediktinerkloster Thierhaupten[52]. Wie sie aber diese Klostervogteien, vor allem die über die beiden, zuvor seit 1007 Bamberger Eigenklöster Bergen und Neuburg, erworben haben und wann dies erfolgte, wissen wir nicht.

Die Wittelsbacher benutzten diese verschiedenartigen Rechts- und Besitztitel, um in den Jahren nach 1247 im Zuge des Ausbaus des Herzogtums Bayern zu einem Flächenstaat auch im Umkreis um Neuburg und damit zu Bergen selbst die Landeshoheit durchzusetzen. In der gleichen Zeit vollzog sich auch der Wechsel in der Zugehörigkeit Bergens: weg vom ursprünglichen Nordgau hin zum jetzt bayerischen Landvogtamt Neuburg, das in der Folgezeit zunächst zum Teilherzogtum Oberbayern (–München), ab 1392 zum Teilherzogtum Bayern-Ingolstadt und – mit dessen Vereinnahmung durch das Teilherzogtum Bayern-Landshut in den Jahren 1445/47 – zu Bayern-Landshut gehörte.

Im Kloster setzte im Innern eine relativ ruhige Entwicklungsphase ein, die durch ein Beharren auf dem im Jahre 1156 erreichten Reformstand bestimmt war. Die Klostergeschichte selbst wird jetzt klarer und überschaubarer, da sich die überlieferte Quellenbasis stark verbreitet. Die älteste, heute noch im Original erhaltene Urkunde aus dem Klosterarchiv stammt aus dem Jahre 1264; es ist dies der bereits genannte Auftrag Papst Urbans IV. an den Abt des Regensburger Schottenklosters. Mit diesen Urkunden wird zugleich auch die Basis leichter erkennbar, auf die das Kloster begründet war und auf die im folgenden Abschnitt etwas eingegangen werden soll[53].

Zur Wirtschaftsgeschichte und Grundherrschaft des Klosters Bergen

Das Kloster Bergen war von Anfang an auf Grundbesitz gegründet, der hauptsächlich von der Klostergründerin Biletrud herrührte und der, wie bereits gesagt, im Nordgau, im Sualafeldgau und im Sulzgau lag. Diesen Grundbesitz bewirtschafteten die Bergener Nonnen nicht persönlich, sondern verliehen ihn in einer bestimmten Rechtsform an die Bauern als die Grundholden. Diese mußten dafür an das Kloster Bergen als den Grundherrn zu bestimmten Terminen ebenso bestimmte Abgaben – teils in Geld, teils in Naturalien – geben. Diese Abgaben wurden, da sich die Besitzungen auf der Hersbrucker Alb wie im Raum zwischen Altmühl und Donau massierten, sowohl von Hersbruck wie von Bergen aus verwaltet. Diese zwei Verwaltungsschwerpunkte hatten indirekt auch zur Folge, daß sich der Konvent – wie wir oben sahen – in der Klostergeschichte zweimal gespalten hat: während ein Teil der Nonnen in Bergen zurückblieb, errichtete der andere Teil in Hersbruck einen zweiten Konvent: eine Spaltung, die erst im Jahre 1156 mit der Einsetzung der Reformäbtissin Reginlind endgültig überwunden wurde.

Aufzeichnungen über die klösterliche Wirtschaft in Form von Büchern über Einkünfte aus Gütern, die durch die »sal« (rechtliche Übergabe) einem Grundherrn gehörten (sog. Salbücher), in Form von Verzeichnissen von »urbaren«, d.h. ertragbringenden Grundstücken (sog. Urbare) oder in Form von Zinsbüchern, haben wir für das Kloster Bergen nur sehr wenige, und dies auch nicht für den Gesamtbereich, sondern hauptsächlich für den Raum Hersbruck; das älteste Klosterurbar für diesen Raum datiert aus der Zeit um 1275, hat sich aber auch nur als Abschrift (aus der Zeit um 1525) eines Bestätigungsbriefes des Eichstätter Bischofs Berthold (1351–1365) von 1357 erhalten[54].

Wichtige Einblicke in das Wirtschaftsleben geben uns aber auch die Urkunden über die grundherrlichen Rechtsgeschäfte wie die Verleihung von Höfen, Sölden (= kleinere bäuerliche Betriebe), Tafernen (= Wirtschaften), Fischwassern, Einzelgrundstücken, Ziegeleien, da diese Urkunden meist die Abgaben nennen (wenn sie sich nicht ausdrücklich auf – seither meist verloren gegangene – ältere Urbare oder Salbücher beziehen). Hinzu kommen Urkunden über Erwerbungen von Liegenschaften, Renten und Rechten durch Kauf, Tausch oder Schenkung.

Einen Überblick über die tatsächlichen Einnahmen des Klosters aus den von den Grundholden entrichteten Abgaben gibt uns erst eine Aufzeichnung aus dem Anfang der Regierungszeit der Äbtissin Sabina Pirckheimer (1521–1529), wobei sich aber allein schon aus den unterschiedlichen Maßbezeichnungen ein Hinweis auf eine Schwierigkeit ergibt, die damals – bedingt durch das von Ort zu Ort unterschiedliche Maß wie auch seine Bezeichnung und Unterteilung – gang und gäbe war. In Bergen rechnete man damals beim Getreide nach dem Eichstätter Maß (Schaff mit der Unterteilung Metzen), in Hersbruck und auf der Hersbrucker Alb aber nach dem Hersbrucker Maß, wobei es wiederum ein unterschiedliches Hersbrucker Stadt- und Hersbrucker Kastenmaß gab.

An Naturalabgaben von den Höfen nahm das Kloster damals zu Bergen (für Bergen und sein Umland) und zu Hersbruck folgende Getreideabgaben ein:

	Bergen	Hersbruck
Korn	66 Schaff	85 Meß
Haber	41 Schaff	40 Meß
Gerste	3½ Schaff (weniger 2 Metzen)	3 1/2 Viertel
Weizen	7½ Schaff	9 Meß[55].

Von den kleineren bäuerlichen Betrieben, den sog. Sölden, aber auch von den Höfen mußten dann noch die sog. Küchendienste (für die Küche des Grundherrn) gereicht werden, ursprünglich meist Naturalien wie Hennen (nach dem Abgabetermin Fastnacht oft auch Fastnachthennen genannt), Hühner (auf gleiche Weise oft auch Herbsthühner genannt), Gänse, Eier, Käse. Diese jährlichen Reichnisse wurden aber im Laufe des Spätmittelalters häufig mit Geldbeträgen abgegolten, die neben weiteren Geldreichnissen wie Wiesgült (Abgaben von Wiesen), Zinsen usw. zu bestimmten Terminen fällig waren. An Geld nahm das Kloster Bergen so um das Jahr 1521 zu Bergen 150 Gulden und zu Hersbruck 146 Gulden ein[55].

Zu den Naturaleinnahmen gehörten auch die von Zehnten, die das Kloster aus vier Orten bezog. Dieser zehnte Teil der Getreideernte brachte jährlich ungefähr 37½ Schaff Korn, 37 Schaff Haber, 9 Schaff Dinkel (eine Weizenart), 35 Metzen Kern und Weizen und 2½ Schaff Gerste[55].

Aus Weinbergen bezog das Kloster Bergen um 1521 insgesamt 7 Fuder weniger 10 Eimer. Diese Weinberge waren aber nicht identisch mit den wahrscheinlich von der Äbtissin Reginlind um das Jahr 1156 bei Bergen angelegten, die über ein Versuchsstadium wohl nicht hinausgekommen sind (saurer Donauwein wurde im 16. Jahrhundert in der Nachbarschaft des Klosters an den Südhängen zur Donau hin unmittelbar nördlich von Neuburg bei Bittenbrunn und Ried zwar noch gebaut), sie lagen vielmehr in Franken bei Kitzingen und Buchbrunn (nördlich von Kitzingen) am Main und waren 1514 von der Äbtissin Euphemia v. Mur (1498–1521) erworben worden[56]. Der Wein wurde von den Winzern um Martini geliefert und genoß Zollfreiheit zumindest durch das Gebiet der Markgrafen von Brandenburg-Ansbach[57]. Kloster Bergen hatte auch einige Fischwasser, vor allem in der Altmühl bei Dollnstein und (etwas flußabwärts) bei Breitenfurt, die übrigens auch mit Grundbesitz ausgestattet waren und – gleich den bäuerlichen Anwesen – an Fischer als Grundholden verliehen wurden. Von diesen Fischwassern bezog das Kloster Fischdienste, so etwa von dem zu Breitenfurt jeweils auf den Weihnachts- und Osterabend ein »Gesech« (Inhalt einer »sege« = eines großen Zugnetzes) mit wenigstens 15 Pfund Hechten, und während der Fastenzeit – in der bekanntlich Genuß von Fleisch nicht erlaubt war – wöchentlich einen Dienst mit wenigstens 5 Seidel »swartzer Visch genandt Groppen[58]«. Die Groppe (Cottus gobio L.), ein kleiner schuppenloser Süßwasserfisch mit großem Kopf, heute als Fischbrutschädling weniger gern gesehen, war damals hoch eingeschätzt: »Hat feist und mürb Fleisch / ist lieblich zu essen« und wurde »unter den fürnemsten besten Fischen zur Speise geachtet[59]«.

Das Kloster Bergen hatte nicht all seinen Grundbesitz an die Grundholden – Untertanen und Hintersassen – verliehen, sondern bewirtschaftete in Bergen und Forsthof (älter: Forst) einen Teil in Eigenregie mit einem Baumeister und Ehalten (Gesinde). Der Klosterhof in Bergen war der sog. Bau-, auch Mayerhof, der auch noch nach der Veräußerung nach 1808 die Verpflichtung hatte, den Gemeindestier und Gemeindeeber zu halten. Der Hof zu Forst hingegen war der Rest eines großen Dorfes mit 48 Hofstellen, das wohl von den bayerischen Herzögen um das Jahr 1300 oder wenig später als planmäßige Rodungssiedlung in dem ihnen gehörenden Pfalzforst angelegt wurde, das sich aber nicht halten konnte, wüst fiel und veröedete und 1449 durch Herzog Heinrich XIV. von Bayern-Landshut an Kloster Bergen überlassen worden war. (Der Forsthof verschwand erst in unserer Zeit, 1965, durch Abbruch.) Das Kloster Bergen betrieb auf beiden Höfen zu Bergen und Forst eine ausgedehnte Land- und Viehwirtschaft, von deren Erträgnissen wir aber nichts wissen, jedoch gibt der stattliche gemeinsame Viehbestand (um 1521: 17 Pferde, 90 Kühe, 89 Schweine, 496 Schafe) wie auch das Vorhandensein von zehn Wägen gewisse Hinweise[60]. Hinzu kam noch die Eigenbewirtschaftung des ausgedehnten Klosterforstes um Bergen, der von einem Klosterförster zu Bergen betreut wurde: aus diesem Forst bezogen die Klosteruntertanen von Bergen auch ihr Bau- und Brennholz.

Aus diesen Abgaben und Reichnissen bestritten die Bergener Nonnen ihren Unterhalt, sie mußten davon aber auch die Abgaben (Steuern) an den Landesherren entrichten und außerdem den Bauunterhalt der Klostergebäude bezahlen. Eine nicht unwesentliche Voraussetzung dafür war auch das Vorhandensein eines Ziegelstadels in Bergen, der allerdings erst im Spätmittelalter hinzugekommen ist; ihn bewirtschaftete das Kloster nicht in Eigenregie, sondern verlieh ihn – wie andere Güter – an einen Ziegler. Das Kloster behielt sich aber das Recht vor, die Fabrikate (Ziegelsteine, Dachplatten, Kalk) zu einem günstigeren Preis zu erwerben, als sie der Ziegler an die Dorfbewohner von Bergen verkaufte[61]. Eine eigene Mühle besaß das Kloster nicht, es ließ sein Korn gleich den Untertanen in der Bauchenbergermühle, wenn auch mit bevorzugter Bedienung mahlen[62]. (Die Bauchenbergermühle ist heute abgegangen; sie lag an der Schutter nördlich von Bergen oberhalb der Sächenfartmühle, welche übrigens 1459 durch Tausch gleichfalls an Bergen gekommen war[63].)

Die Untertanen zu Bergen waren dem Kloster auch mit der sog. niederen Gerichtsbarkeit unterstellt; Bergen bildete so mit der Bauchenbergermühle die geschlossene Hofmark Bergen, einen Niedergerichtsbezirk, der als Immunitätsbereich vor den Zugriffen des Landesherrn geschützt war. Diese Hofmark brachte dem Kloster Bergen – gleich anderen Hofmarksherren wie den Adeligen oder Städten und Märkten – Sitz und Stimme im herzoglichen Landtag, der Ständevertretung des jeweiligen Teilherzogtums.

Zur Verwaltung der Hofmark hatten die Äbtissinnen von Bergen jeweils einen Propst als weltlichen Beamten eingesetzt, der im 15. Jahrhundert als Richter erscheint.

In anderen Orten, wo das Kloster Bergen nur Grundbesitz hatte, hatte es einen schwierigeren Stand. Die von mehreren Päpsten an andere Klöster erteilten Aufträge, Bergen in seinem Grundbesitz zu schützen, sprechen für sich[64]. Besonders schwer hatte es das Kloster Bergen in seinem entferntesten, aber auch geschlossensten Besitzkomplex Hersbruck, der von einem Propst oder Ammann in Hersbruck verwaltet wurde. Vor allem von den Schenken von Reicheneck wurde Bergen schwer bedrängt. 1354 wurde es zwar von König Karl IV. in Schutz genommen, jedoch bedurfte es noch eines weiteren Schutzprivilegs dieses Kaisers von 1359, um Bergen wieder in seine alten Rechte einzusetzen[65].

Es konnte sogar vorkommen, daß auf Bergener Klostergrund planmäßige Siedlungen – Märkte oder Städte – anderer lokaler Grundherren entstanden oder daß bei solchen Vorgängen klösterlicher Grundbesitz zumindest berührt wurde. Dies war der Fall bei Hersbruck, wo bereits König Heinrich IV. im Jahre 1057 dem Bischof Gunther von Bamberg (1057–1065) die Errichtung eines Marktes gestattet hatte[66]; dies war umso leichter, als Bergen damals bekanntlich Eigenkloster von Bamberg war. Als hier dann nach der Erwerbung des Marktes (1353) Kaiser Karl IV. daranging, den Markt zur Stadt auszubauen, löste er im Jahre 1359 die Bergener Rechte innerhalb der neuen Stadt ab[67]. Bergen blieb nur mehr der Propsteihof außerhalb der Stadtmauer von Hersbruck. – Einen ähnlichen Vorgang können wir bei Dollnstein im Altmühltal beobachten, wo im Anschluß an eine ältere Burg wohl um die Mitte des 13. Jahrhunderts von den Grafen von Hirschberg ein Markt auf Klostergrund gegründet wurde; Dollnstein war ja bereits 1007 durch König Heinrich II. an Bergen geschenkt worden[68]. Als dann die Herren von Heideck (Ortsherren von 1360–1440) um das Jahr 1400 den Markt mit einer Mauer umgaben, kam es zu einem Grundaustausch mit Bergen (1401, 1421), das auf seinen Grund innerhalb der Marktmauer verzichtete[69]. Bergen behielt sich nur die außerhalb des Mauerrings auf dem jenseitigen Flußufer gelegenen Besitzungen wie den Mayerhof, der übrigens auch zum Unterhalt der Altmühlbrücke beitragen mußte[70], einige Hofstätten und das Fischwasser in der Altmühl.

Einen Überblick über einen Teil des Grundbesitzes des Klosters Bergen gibt die Karte auf Seite 37.

Die Melker Reformbewegung und die zweite Reform des Klosters Bergen

Ähnlich wie das 11./12. Jahrhundert, so standen auch das 14. und 15. Jahrhundert im Zeichen einer großen geistigen Erneuerung des klösterlichen Lebens, die nicht nur von den neuen – seit dem 12. Jahrhundert entstandenen – Bettelorden in den Städten getragen und geprägt war, sondern auch die alten Orden – Benediktiner und Augustinerchorherren – erfaßte. Diese Bewegung war im süddeutschen Raum von zwei Zentren bestimmt: den Benediktinerklöstern Kastl in der Oberpfalz und Melk in Niederösterreich. Die Melker Reform wurde durch den Reformabt Nikolaus Seyringer (1418–1425) initiiert. Sie war veranlaßt durch die authentische Interpretation der Regel des hl. Benedikt, die Seyringer bei seinem Eintritt in den Benediktinerkonvent von Subiaco östlich von Rom kennengelernt hatte, jenem durch den hl. Benedikt berühmt gewordenen Ort, wo dieser zeitweise in einer Höhle lebte und seine Ordensregel niedergeschrieben hatte. Letztendlich zielte diese Reform auf die Ursprünglichkeit des Ordenslebens. In Bayern verschaffte ihr der Benediktinermönch Petrus von Rosenheim (um 1380–1433), der mit Abt Seyringer zeitweise in Subiaco gewesen war, Eingang, indem er die bayerischen Abteien visitierte. Petrus von Rosenheim wurde übrigens 1431 als Reformprior nach St. Peter in Salzburg berufen, wo er außer dem Benediktinerkloster auch das Benediktinerinnenkloster auf dem Nonnberg reformierte[71].

Zur gleichen Zeit war in Bergen Anna v. Gailsheim Äbtissin (1388–1430). Sie war der Reform, möglicherweise der Melker Reform, aufgeschlossen, jedoch verhinderte ihr Tod deren Durchführung[72]. Ihre Nachfolgerin Elisabeth Steurer (Steyrer) aus Regensburg (1430–1458) war dagegen offenbar für einen Reformgedanken nicht so zugänglich. Bei einer Visitation im Jahre 1453 nahm der für Klosterreform sehr aufgeschlossene Eichstätter Bischof Johann III. (1445–1464)[73] den Klosterfrauen Schmuck und Modekleidung ab und schärfte ihnen dafür die Einhaltung der Ordensregel und Klausur ein[74].

Die Visitation hatte im Beisein der Räte und des Rentmeisters im sog. (Landshuter) Oberland von Herzog Ludwig IX. dem Reichen von Bayern-Landshut (1450–1479) stattgefunden, der gleichfalls ein Vertreter des Reformgedankens war; Ende 1454 schlug Bischof Johann III. Herzog Ludwig dem Reichen vor, den Erzbischof von Salzburg um Mithilfe bei dem Reformwerk anzugehen[75]. Einige Nonnen, denen die Einhaltung der bei der Visitation von 1453 vorgeschriebenen Benediktusregel schwer fiel und die deshalb befürchteten, in Ungnade und Ungunst zu fallen, planten Anfang 1456 für eine Zeitlang einen Aufenthalt in Gempfing bei Rain, bis sie wieder in Gnaden an- und aufgenommen würden[76]. Ob es dazu kam, wissen wir nicht. Sicher ist dagegen, daß der Tod der Äbtissin Elisabeth im Jahre 1458 in Bergen den Weg frei machte, die Melker Reformideen auch hier in die Tat umzusetzen. Die neue Äbtissin Barbara Ekkerin (Eckherin) kam jedenfalls aus dem Benediktinerinnenkloster auf dem Nonnberg in Salzburg, ob direkt oder aber auf dem Weg über das Augsburger, bereits im Jahre 1443 von Nonnberg aus reformierte Benediktinerinnenkloster St. Nikolaus[77], ist nicht klar. Die Bemühungen Herzog Ludwigs des Reichen hatten auch hier Erfolg und die Chronik von Bruschius vermerkt zu diesem Jahr 1458: »reformatum est coenobium iuxta regulam Divi Benedicti[78]«. Einige alte Klosterfrauen zeigten sich zwar ungehorsam und wollten zu ihren Verwandten ziehen, wurden aber vom Bischof von Eichstätt angehalten zu bleiben[79]. Die Melker Reformidee führte allgemein zu einem Aufleben der Liturgie, zu einer Zunahme von Eintritten in die Klöster, zu einer besseren Verwaltung und großer Bautätigkeit in den Klöstern wie auch zur Förderung wissenschaftlichen Lebens und guter Schulen. Mancher dieser Punkte läßt sich auch bei Bergen beobachten.

Offenbar wurde unter der Reformäbtissin Barbara wenigstens ein Teil des Kreuzgangs (unter Umständen gar mit anschließenden Gebäuden) neu gebaut, da sich früher in seinem Westteil ein Schlußstein mit dem Wappen dieser Äbtissin befand und auch die erhaltenen Reste spätgotische Züge aufweisen[80]. Die Äbtissin Barbara kam damit einer Auflage der Visitation von 1453 nach, »etliche Gebew [= Gebäude] zue Versperrung zue machen«, womit sie gleichzeitig auch die Arbeiten ihrer Vorvorgängerin fortsetzte (Äbtissin Anna v. Gailsheim hatte den größeren Teil des Klosters mit einer Mauer umgeben[81], womit offenbar jene Ringmauer gemeint ist, die heute auf die Wallkrone der einstigen Fliehburg Bergen aufgesetzt ist).

Das im Jahre 1461 vom Prior von Tegernsee, Bernhard von Waging auf Einladung des Bischofs von Eichstätt nochmals visitierte Kloster Bergen[82] nahm anscheinend einen guten Aufschwung. So war es möglich, daß von Bergen aus – ähnlich wie im 12. Jahrhundert unter der Äbtissin Reginlind – erneut ein Frauenkloster reformiert werden konnte: das Benediktinerinnenkloster Geisenfeld. Bei einer Visitation durch den Abt von Tegernsee war die dortige Äbtissin abgesetzt und aus Bergen die Nonne Barbara Snäckler als neue Äbtissin (1483–1495) berufen worden[83]. Sie verzichtete im Jahre 1484 mit ihrem Konvent gegenüber dem Kloster Bergen auf alle Ansprüche an Hab, Gut und Erbschaft, die den von dort her in das Kloster Geisenfeld aufgenommenen Schwestern zustanden (mit Ausnahme von dem der Nonne Elisabeth Heubeck)[84].

Die durchgeführte Reform bewirkte auch eine engere Fühlungsnahme mit anderen Klöstern, was sich vor allem daran zeigte, daß Kloster Bergen in deren Bruderschaften aufgenommen wurde. Diese Bruderschaften bezweckten u.a., daß man in den verbrüderten Klöstern der verstorbenen Konventsmitgliedern auch des Klosters Bergen im Gebet gedachte; die Namen der Verstorbenen wurden den verbrüderten Klöstern in Form von Totenzetteln oder sog. Totenroteln mitgeteilt, dort in Gedächtnisbücher eingetragen und bei den Seelengottesdiensten verlesen. Vor der zweiten Reform war Kloster Bergen offenbar nur mit den Augustinerchorherren von Schamhaupten verbrüdert (seit 1340[85]), nach diesem Zeitpunkt nahmen diese Verbrüderungen schlagartig zu:

1459 Tegernsee (Benediktiner)
1464 Indersdorf (Augustinerchorherren)
1472 Münsterschwarzach (Benediktiner)
1473 Langenzenn (Augustinerchorherren)
1474 Plankstetten (Benediktiner)
1476 Eichstätt-St. Walburg (Benediktinerinnen)
1483 Mariamey = Maihingen (Birgitten und Birgittinnen; Doppelkloster)
1486 Geisenfeld (Benediktinerinnen)
1491 Scheyern (Benediktiner)
1498 Neuburg a.d. Donau (Benediktinerinnen)
1502 Mainz-St. Viktor (Augustinerchorherren)[86].

Bei dieser Übersicht fällt auf, daß Bergen besonders mit altbayerischen Klöstern – vor allem solchen der »alten Orden«, Benediktiner und Augustinerchorherren – verbrüdert war, daß aber schwäbische Klöster – wie etwa das Benediktinerkloster St. Ulrich und Afra oder aber das Benediktinerinnenkloster St. Nikolaus, beide in Augsburg – oder österreichische Klöster – wie etwa Nonnberg – fehlen. Ein Verbrüderungs- oder Bruderschaftsbuch von Kloster Bergen hat sich nicht erhalten.

Für das Aufleben der Liturgie hatte offenbar schon die Äbtissin Anna v. Gailsheim gesorgt, von der überliefert ist, daß sie liturgische Bücher (cantionalia) schreiben ließ[87]. Ob auch die Äbtissin Barbara Ekkerin weitere Handschriften beschaffte, wissen wir dagegen nicht. Wohl aber kennen wir den Bestand an liturgischen Handschriften um das Jahr 1521, da für den Anfang der Regierungszeit der Äbtissin Sabina Pirckheimer ein Inventar der zur »Custerey« gehörigen Gegenstände überliefert ist. Damals besaß Kloster Bergen u. a. 7 Meßbücher, 2 Graduale, 8 Antiphonare (davon 5 kleine), ein mit Silber beschlagenes Plenar, 2 Obsequiale und 1 Offizial[88].

Kloster und Pfarrei Bergen

In diesem Zusammenhang sei auch ein kurzer Blick auf das Verhältnis des Klosters zur Pfarrei Bergen geworfen, wobei wir nicht wissen, seit wann Bergen Sitz einer Pfarrei ist und wer anfangs das Patronatsrecht an der Pfarrkirche und das Präsentationsrecht für den Pfarrer besaß. Ein »dechant« von Bergen wird erstmals 1344 genannt, ein Kaplan dagegen bereits 1291[89].

Unklarheiten bestehen auch über die Pfarrkirche, da es in Bergen zwei Kirchen gab und gibt. Die eine ist die Klosterkirche, die ursprünglich Maria und Johann Evangelist geweiht war (so schon 995 und 1028 bezeugt[90]). Erst im Hochmittelalter änderte sich das Patrozinium der Klosterkirche, nachdem dem Kloster Bergen ein Kreuzpartikel geschenkt worden war. Wann und von wem es allerdings diesen Partikel erhalten hat, ist unbekannt. Bislang brachte man diese Schenkung in Zusammenhang mit einer Legende, daß Judith, die Nichte der Klostergründerin Biletrud und Ehefrau des Herzogs Heinrich I. von Bayern, diesen Partikel und weitere Reliquien aus dem Heiligen Land mitgebracht und der Stiftung ihrer Tante überlassen habe. Von dieser Judith-Legende findet sich aber auffallenderweise kein Wort in der bereits mehrfach genannten ältesten Chronik von Kloster Bergen aus der Mitte des 14. Jahrhunderts, obwohl gerade eine solche Schenkung ausgezeichnet in den Rahmen dieser Aufschreibung gepaßt hätte, die sich bemühte, »allermaist die Sache, die zu dem Dinst und Lob des almechtigen Gotz ordenlich mit irem wesenlichen Bleiben geschicht und geacht sind[91]«, festzuhalten. Andererseits hätte eine solche Legende auch gut zu der weiteren Motivation der Chronik gestimmt, die die Förderung des Klosters durch Kaiser und Könige immer wieder betont, war doch Herzog Heinrich I. der Sohn von König Heinrich I. und Bruder von Kaiser Otto I. Auch Bruschius erwähnt die Judith-Legende mit keinem Wort, so daß anzunehmen ist, daß sie erst in nachreformatorischer Zeit, also nach 1616, entstanden ist. Gesichert ist jedenfalls eine erste Benennung des Klosters nach dem hl. Kreuz für das Jahr 1291[92].

Die andere Kirche in Bergen wird erst sehr spät genannt (1480)[93]. Sie wird heute gerne als alte Pfarrkirche angesehen – obwohl dies urkundlich nicht gesichert ist, möglicherweise aber deswegen, weil sie 1523 als capella antiqua bezeichnet wird[94]. Sie hatte ursprünglich ein Salvator-Patrozinium. Hätte sie jemals Pfarrechte gehabt, so hätte sie diese aber vor dem Jahre 1350 an die Klosterkirche Heilig Kreuz verloren, denn damals einigten sich Pfarrer und Kaplan in Bergen darauf, sich mit Lesen und Singen der Messe (in der Klosterkirche) wöchentlich abzulösen; unabhängig davon sollte aber das von den Pfarrkindern oder anderen Leuten gegebene Opfer der Pfarrer, das von den Klosterfrauen gegebene dagegen der Kaplan einnehmen, gleichgültig, ob dieser nun »Wochner« war – den kirchlichen Wochendienst versah – oder nicht. Die bei einem Begräbnis einer Klosterfrau anfallenden Gefälle sollten sich nach der Vereinbarung von 1350 Pfarrer und Kaplan teilen, während der Kaplan zur Austeilung des Abendmahls an die Nonnen berechtigt war[95].

Das Begräbnisrecht auch für die Bergener Pfarrgemeinde hatte und hat die Klosterkirche, was für deren altes Pfarrecht spricht. 1480 wird die Klosterkirche Heilig Kreuz eindeutig als Pfarrkirche bezeichnet, deren Pfleger der Äbtissin Rechnung legen mußten, die Pfleger der Salvatorkapelle dagegen dem Pfarrer[96]. Die Salvatorkapelle wurde um 1522 von der Äbtissin Sabina Pirckheimer erneuert, wobei es zu einem Patroziniumswechsel kam: der Salvator-Titel wurde durch Anna, Sebastian und Eustach sowie Allerheiligen abgelöst; 1523 wurde diese Kapelle, die in der Folgezeit das Sebastianspatrozinium behielt, durch Bischof Gabriel von Eichstätt (1496–1535) mit einem Ablaß ausgestattet[97].

Die Kaplanei in der Klosterkirche war von der Äbtissin Elisabeth als Ewigmesse neu dotiert worden, was Bischof Albert I. von Eichstätt im Jahre 1431 bestätigte[98]. In den Jahren 1483 und 1484 inkorporierte Papst Sixtus IV. (1471–1484) die Kaplanei dem Kloster Bergen, ebenso auch im Jahre 1483 das pfarrliche Einkommen[99]. Nachdem der Pfarrer Peter Eysenfest freiwillig von der Pfarrei Bergen abgetreten war, erneuerte Papst Alexander VI. (1492–1503) im Jahre 1494 die Inkorporation auch der Pfarrei Bergen, wozu Bischof Wilhelm von Eichstätt (1464–1496) im gleichen Jahre seine Zustimmung gab[100]. Diese Inkorporation bedeutete, daß Kloster Bergen die Einkünfte – vor allem den Zehnten –, aus denen die Geistlichen bislang ihren Unterhalt bezogen, voll nutzen durfte, dafür aber jetzt selbst für den Unterhalt von Pfarrer und Kaplan aufkommen mußte; es hatte aber damit auch das Patronats- und Präsentationsrecht und damit einen unmittelbaren Einfluß auf die Person der Geistlichen bei der Neubesetzung beider Ämter.

Bergen war übrigens nicht die einzige Pfarrei, die dem Kloster Bergen inkorporiert war. Vorausgegangen waren 1397 die Inkorporation der benachbarten, allerdings schon in der Diözese Augsburg gelegenen Pfarrei Hütting durch Bischof Burkhard von Augsburg (1373–1404)[101], und im Jahre 1407 die der Pfarrei Breitenbrunn in der oberpfälzischen Herrschaft Breitenegg nahe dem Ostrand der Diözese Eichstätt; der Auftrag zu dieser Inkorporation war durch Papst Gregor XII. (1406–1409) ergangen und 1419 von Papst Martin V. (1417–1431) erneuert worden[102]. Breitenbrunn gehörte zum älteren Besitz von Kloster Bergen und wird als solcher bereits 1289 genannt[103]. Die Pfarrei Hütting dagegen war dem Kloster von Herzog Stephan III. von Bayern-Ingolstadt (1375/92–1413) geschenkt worden. Obwohl Hütting und Bergen in verschiedenen Diözesen lagen, waren sie seither oft in Personalunion verbunden, was auch heute wieder der Fall ist.

Aus dem bereits genannten Inventar der »Custerey« von 1521 wissen wir übrigens auch, welche liturgischen Geräte und Gewänder damals bei der Klosterkirche Bergen vorhanden waren. An erster Stelle wird dabei »das heylig Creiz, eingefast« genannt. Es werden dann aufgezählt eine vergoldete und eine kleine silberne Monstranz, 2 silberne Kapseln (»kebsen«), 7 Kelche, 2 Paar silberne und 7 Paar zinnerne Opferkännchen, dann an Meßgewändern: 5 aus Samt, 6 aus Damast, 2 aus Atlas und 1 aus Satin sowie weitere 14 für den täglichen Gebrauch; dann 2 »schlechte« (=schlichte) Chormäntel und Levitenröcke, 25 Corporale, 12 Corporale- und 5 weitere Taschen, 8 Chorröcke, 57 Altartücher, 14 »fürhäng« (wohl zur Verhängung der Altarmensa), 8 Weihwasserwedel (»handtswählen«) und 7 paar Messingleuchter[104].

Zwischen Reform und Reformation: Klosterleben in den letzten hundert Jahren

Einen lebendigen Einblick in das Klosterleben nach Durchführung der zweiten Reform gibt uns die »reglisch carte« – charta hier im Sinne von Urkunde – mit der Klosterregel, die Reformbischof Johann III. von Eichstätt am 5. April 1458 für die Äbtissin Barbara und den Konvent des Klosters Bergen erlassen hat[105]. Sie beruft sich auf die Observanz des Benediktinerordens, vor allem aber auf die der beiden Benediktinerklöster zu Subiaco: S. Scolastica (»Sublach«) und S. Benedetto oder Sacro Speco (»Specu«), sowie auf die anderer reformierter deutscher Klöster, ausdrücklich aber immer wieder auf die Lehre und Regel des heiligen Vaters St. Benedikt. Da diese Klosterregel – im Gegensatz zum Visitationsbescheid von 1453[106] – bislang noch nicht publiziert ist, wird sie im Anhang (S. 35–38) im Wortlaut abgedruckt (in den nachstehenden Ausführungen ist auf sie durch Zahlenzusätze in [] hingewiesen).

Der Tagesrhythmus des Klosters wurde – entsprechend dem Auftrag »ora« des benediktinischen Grundsatzes »ora et labora« – bestimmt von den Festzeiten des Offiziums, des Pflichtgebets der Nonnen. Dieses wurde als Chorgebet »in choro«, also in Gemeinschaft, gebetet, wovon sich auch der Name jenes Kirchenteils ableitet, in dem dieses Offizium gebetet wurde: der Chor. Dieser konnte der Chor, also der Ostteil der Kirche sein, aber auch eine ins Kirchenschiff ragende Empore – meist im Westteil der Kirche – konnte gerade bei Frauenklöstern als Nonnenchor gestaltet sein. Welche Lösung bei der Kirche in Bergen, die ja Kloster- und Pfarrkirche zugleich war, getroffen war, wissen wir nicht genau, wahrscheinlich die Chor-Lösung. Jedenfalls hatten auch die Nonnen von Bergen ein Gestühl [1], das offenbar in zwei einander gegenüberliegenden Reihen von Stallen angeordnet war. Das Chorgebet wurde großenteils stehend gebetet, die Ausnahmen des Niedersitzens, auch des chorweise abwechselnden Stehens und Sitzens, wurde deshalb besonders geregelt [1].

Den Hauptbestandteil dieses Offiziums bildete das gemeinsam im Chor gebetete sog. Stundengebet (horae canonicae). Es gliederte sich in sieben Abschnitte zu festgelegten Zeiten, die sich – nur durch die Jahreszeit wie die Form der vorgeschriebenen Liturgie bedingt – zeitlich etwas verschieben konnten. Das Stundengebet begann um Mitternacht mit der Mette, der am frühen Morgen die Prim, die Terz und die Sext folgten; gegen Mittag schloß sich die Non an, nachmittags folgte die Vesper, und abgeschlossen wurde es vor Sonnenuntergang durch die sog. Collatio (erbauliche Lesung) und Komplet (Nachtgebet) [2].

Dieses Stundengebet war das Grundgerüst, in das der Tagesablauf eingebunden war: die Zeit für privates Gebet und Betrachtung [6], die Zeit für die Arbeit an den Werktagen [6], die Zeit für die Einnahme der Mahlzeiten, bei denen das Fleischessen nicht erlaubt war [9], und die Zeit der Ruhepausen und des Schlafes [6, 13]. Aus der Klosterregel lernen wir auch die Namen der einzelnen Teile des Klosters kennen: das »refent« (eingedeutschter Begriff »refectorium«), also der Versammlungs- und Speisesaal, das Schlafhaus mit den Zellen [13], das Siechhaus für die kranken Schwestern [11], das Gewandhaus [12]; die Klausur entsprach 1458 noch nicht den Vorschriften [14], das Redefenster an der Pforte war aber schon vorhanden [15] und auch die innere Klostermauer [14].

Besonders geregelt wurde die Klosterleitung durch die Äbtissin [23] mit einem Rat aus zwei oder drei Schwestern. Die Äbtissin war auch für die Verwahrung von Klostersiegel und Urkunden zuständig; allerdings standen diese wichtigen Unterlagen unter Verschluß und konnten nur im Beisein von zwei weiteren Schwestern geöffnet werden, da die Truhe mit drei verschiedenen Schlössern versperrt war [19]. Eingehend geregelt waren die Aufgaben der Priorin als Stellvertreterin der Äbtissin [20], das Amt der Kellerin, die für die Hauswirtschaft zuständig war [21] und das Amt der Küsterin als Verwalterin der kirchlichen Gewänder [22]. Die Amtfrauen mußten jährlich an Lichtmeß Rechenschaft ablegen [24] und konnten abgelöst werden. Weitere Aufgaben waren anderen Schwestern übertragen, so etwa das Amt der Novizenmeisterin [17].

Die Regel des hl. Benedikt wurde täglich im Kapitel, der regelmäßigen Versammlung der Nonnen, in deutscher Übersetzung gelesen, die von Bischof Johann III. gegebene Klosterregel vierteljährlich.

Als die Reformäbtissin Barbara eingesetzt wurde, war nicht absehbar, daß damit das letzte Säkulum des Klosters anbrechen sollte. Die jetzt einsetzende reichere Überlieferung erlaubt es uns, einige Aussagen über die Herkunft der Bergener Nonnen zu treffen. Vorher war dies nur bei Angehörigen von Adelsfamilien möglich, wobei das Überwiegen der mittelfränkischen mit der Lage Bergens im Bistum Eichstätt zusammenhängen mag. Adelsfamilien, die die Erbämter des Hochstifts Eichstätt innehatten, benutzten auch das Kloster Bergen zur Versorgung von Töchtern wie etwa die Schenke v. Arberg, deren Familie die Äbtissin Adelheid (genannt 1344/82) angehört. Ein besonders enges Verhältnis entwickelte die Familie v. Mur, die das Erbküchenmeisteramt ausübte, zu Bergen; sie stellte nicht nur zwei der namentlich bekannten Äbtissinnen (Margaretha, genannt 1385/88; Euphemia, 1498–1521) und zwei weitere Nonnen im 16. Jahrhundert (Margaretha, 1544/45 Verwalterin; Brigitta, 1555 Verwalterin), sondern der letzte seines Geschlechts, Wilhelm v. Mur († 30. 9. 1536), ließ sich – wie schon zuvor sein Vater Gilg v. Mur (1512) – in Bergen begraben[107]. Sein (für ihn und seine erst nach 1555 verstorbene Ehefrau Walburga Schenk v. Geyern) aus der Werkstatt des Eichstätter Bildhauers Loy Hering[108] stammendes Epitaph ist in der südlichen Innenwand des Kirchenschiffs eingelassen, der Jahrtag für Wilhelm v. Mur wurde ab 1537 im Kloster bis zu seiner Aufhebung gehalten.

Stark waren auch die Beziehungen von Bergen zur Reichsstadt Nürnberg. 1490 ist eine Ursula Ketzl (Kelzel) aus Nürnberg Nonne in Bergen[109]. Von den Bergener Äbtissinnen sind besonders die beiden Schwestern des Nürnberger Humanisten Willibald Pirckheimer (1470–1536) bekannt: Sabina, die von 1521/22 bis 1529 Äbtissin war, und ihre Schwester und Nachfolgerin im Amt, Euphemia (1530–1547); die nach ihrer Tante, der bekannten Nürnberger Äbtissin Charitas Pirckheimer (1466–1532) benannte Tochter von Willibald Pirckheimer war (ab 1518) gleichfalls Nonne in Bergen[110]. Nürnbergerinnen waren um 1545 z. B. auch die Nonnen Christina Ketzl, Rosina Rosenzweig, Justina v. Watt (auch: de Batt), Beatrix Creusin und Sabina Steurer[111].

Daß die Nonnen auch aus Eichstätt selbst und aus der Diözese Eichstätt kamen, liegt bei der schon mehrfach erwähnten Bistumszugehörigkeit Bergens auf der Hand. So stammte die letzte Äbtissin Catharina Haberrain (1547–1553, Nonne seit 1529, † 1561) aus der hochstift-eichstättischen Stadt Berching[112].

Von den durch die Reform von 1458 eingeleiteten Beziehungen erklärt sich wohl, daß wir auch Augsburgerinnen im Bergener Konvent finden, so etwa 1526 die Tochter Magdalena des Augsburger Bürgermeisters und Hauptmanns des Schwäbischen Bundes Ulrich Artzt (um 1460–1527)[113] oder 1539 Felizitas Mayer, Stieftochter eines Augsburger Ratsherren[114]. Dagegen sind die Beziehungen des Konvents zur benachbarten Stadt Neuburg a. d. Donau anscheinend nicht so stark ausgeprägt, da die dortigen Bürgerstöchter wohl mehr in das Neuburger Benediktinerinnenkloster eintraten.

Ein neuer Landesherr: Das Fürstentum Pfalz-Neuburg

Am 1. Dezember 1503 starb in Ingolstadt im Alter von nur 48 Jahren Herzog Georg der Reiche von Bayern-Landshut, der Landesherr und – wenn auch in dieser Eigenschaft wahrscheinlich weniger präsent – der Vogt des Klosters Bergen, der seinerzeit bald nach dem Regierungsantritt im Jahre 1479[115] auch dem Kloster Bergen seine Privilegien bestätigt hatte. Dieser unvermutete Tod des Herzogs warf schwerwiegende Probleme auf und leitete auch in der Geschichte des Klosters Entwicklungen ein, die entscheidend werden sollten[116].

Herzog Georg hatte nämlich aus seiner Ehe mit der Polenprinzessin Hedwig/Jadwiga keine männlichen Nachkommen, die nach Reichsrecht allein die Erbfolge antreten konnten – das reiche Landshuter Herzogtum wäre somit an die Münchner Vettern gefallen. Um dem entgegenzuwirken, hatte der Herzog bereits im Jahre 1499 seine Tochter Elisabeth (1478–1504) mit einem pfälzischen Wittelsbacher, dem Pfalzgrafen Ruprecht (1481–1504) aus der Heidelberger Kurlinie verheiratet; sie hatten zwei Söhne: Ottheinrich, 1502 in Amberg, und Philipp, 1503 in Heidelberg geboren.

Beim Tode Herzog Georgs brach der Streit um das Landshuter Erbe aus zwischen den pfälzischen Wittelsbachern – Pfalzgraf Ruprecht und sein Vater Kurfürst Philipp – und den bayerischen Wittelsbachern – Herzog Albrecht IV. und sein Bruder Wolfgang –, auf deren Seite sich König Maximilian I. wie auch etwas später die Reichsstadt Nürnberg schlugen: der Landshuter Erbfolgekrieg (1503–1505), der durch den Kölner Spruch vom 30. Juli 1505 beendet wurde. Dieser königliche Schiedsspruch sah die Schaffung eines eigenen Fürstentums für die beiden verwaisten Prinzen vor, welches sowohl aus Landshuter Erbe wie Münchner Besitz geschaffen werden sollte. Dieses Fürstentum, nach seiner Haupt- und Residenzstadt als Pfalz-Neuburg benannt, bestand aus unzusammenhängenden Landteilen mit Schwerpunkt in der heutigen Oberpfalz, die sich wie ein Puffer am Nordrand des jetzt wiedervereinigten Herzogtums Bayern entlang von der schwäbischen oberen Donau bis zur böhmischen Grenze hinzogen[117]. Mit dem Landvogtamt Neuburg wurde dem Fürstentum Pfalz-Neuburg auch das Kloster Bergen zugeteilt, dem Pfalzgraf Friedrich als Vormund der beiden Prinzen im Jahre 1508 seine Privilegien bestätigte[118].

Der Landshuter Erbfolgekrieg berührte zwar Kloster Bergen nicht direkt, jedoch hatte er Auswirkungen auf seine wirtschaftliche Basis. Wie wir bereits sahen, bezog das Kloster Bergen etwa die Hälfte seiner Einkünfte aus dem Gebiet zu und um Hersbruck, unterschieden als Propstei Hersbruck und Güter auf dem Eigen. Wie schon zeitweise im Hochmittelalter, so hatte dieses Gebiet von 1268–1329 und von 1373–1503 den selben Landesherrn, dem auch das Kloster Bergen unterstand. Die zuletzt zu Bayern-Landshut gehörenden Ämter Lauf und Hersbruck an der Pegnitz oberhalb der Reichsstadt Nürnberg wurden 1504 von dieser besetzt und anschließend ihr zugeschlagen; so wuchs ihr Territorium zum größten Reichsstadtgebiet im alten Reich und der Bergener Besitz um Hersbruck kam unter Nürnberger Landeshoheit. Bergen hatte deshalb unmittelbar nach dem Ende des Landshuter Erbfolgekriegs um den Bezug seiner Einkünfte zu kämpfen, konnte sich aber mit Nürnberg einigen.

Im Jahre 1527 nahm die Reichsstadt Verhandlungen mit Pfalz-Neuburg auf mit dem Ziel, die Bergener Besitzungen um Hersbruck zu erwerben. Warum diese so und nicht direkt mit dem Kloster Bergen – dem damals mit Sabina Pirckheimer eine Nürnbergerin als Äbtissin vorstand – geführt wurden, ist nicht klar. Man vermutete, daß die Reichsstadt dem Kloster keinen Ersatzbesitz anbieten konnte, was sicher richtig ist. Offenbar wollte aber Pfalz-Neuburg bei diesen Verhandlungen bestimmte Ziele durchsetzen – die noch stärkere Einbindung des Klosters in das Fürstentum –, und zugleich auch daran verdienen, waren doch die Jahreseinkünfte der beiden Neuburger Fürsten mit 24000 Gulden nicht so üppig bemessen, um damit auch noch die Ausgaben des Kunstsammlers, Mäzens und Bauherrn Ottheinrich zu bestreiten.

Die Verhandlungen waren 1529 abgeschlossen: Kloster Bergen trat am 14. Januar seine Propstei Hersbruck und die Güter auf dem Eigen an die Neuburger Fürsten ab, erhielt dafür die Hofmark Gansheim im Landgericht Graisbach (oberhalb Rennertshofen im Usseltal), einen Hof zu Hennenweidach (bei Bergheim nördlich Neuburg) und 500 Gulden. Ottheinrich und Philipp hingegen gaben diesen Besitz an Nürnberg weiter und erhielten dafür lt. Vertrag vom 13. April 1529 den stattlichen Betrag von 14537 Gulden, die Urkunde über die Abtretung selbst wurde auf den 14. Januar 1529 zurückdatiert[119].

Damit sind aber die Grundbesitzgeschäfte von Ottheinrich und Philipp mit dem Kloster Bergen keineswegs abgeschlossen, denn sie vermittelten ihm auch noch die gleichfalls im Landgericht Graisbach gelegene Hofmark Gosheim (am Ostrand des Rieses, südlich von Wemding). Es wurde eine neue Urkunde ausgestellt und gleichfalls auf den 14. Januar 1529 zurückdatiert. Für die Abtretung der Hersbrucker Besitzungen sollte Kloster Bergen jetzt die Güter Gosheim und Gansheim erhalten, mußte aber dafür noch an die Neuburger Fürsten 3400 Gulden Aufgeld bezahlen und bekam schließlich »auß genedigem Willen« das Schloß Gansheim mit Zugehörungen, die unterhalb Gansheims gelegene Mittermühle und den Zehnt zu Hennenweidach, die bislang Lehen vom Fürstentum Pfalz-Neuburg waren, zu vollem Eigen[120].

Rechnen wir nach, so war diese Hersbrucker Sache für Ottheinrich und Philipp gewiß kein Verlustgeschäft (17937 Gulden Einnahmen standen nur 9300 Gulden Ausgaben gegenüber, denn Gansheim hatten sie am 5. April 1529 um 3000 Gulden von den Herren v. Albersdorf[121], und Gosheim am 24. Juni 1530 um 6300 Gulden von den Herren v. Hürnheim gekauft)[122], selbst wenn sie bei Gansheim auf die Lehenschaft zugunsten Bergens verzichtet hatten. Vielleicht finanzierte Ottheinrich damit sogar einen Teil der Kosten seiner Hochzeit mit Susanna von Bayern (1502–1543), der Tochter Herzog Albrechts IV. von Bayern und Witwe des Markgrafen Kasimir von Brandenburg-Ansbach-Kulmbach-Bayreuth (1481–1527, reg. ab 1515). Diese Hochzeit wurde am 16. Oktober 1529 gefeiert; Bergen verehrte dazu dem Brautpaar eine »vergulte Scheuren« (vergoldeten Pokal) im Wert von 48 Gulden, ähnlich wie es seinerzeit – nach der Regierungsübernahme durch Ottheinrich und Philipp – seinen Landesherren am Michaelstag 1522 eine vergoldete Scheuer (im Wert von 30 Gulden) und ein silbernes Kännchen (im Wert von 12 Gulden) verehrt hatte[123].

Durch dieses Ringgeschäft hatte Kloster Bergen einen wohl annähernden Ersatz für sein Gründungsgut Hersbruck bekommen. Der neue Besitz lag zudem wesentlich näher zu dem Kloster und war voll im Fürstentum Pfalz-Neuburg verankert.

Es stellt sich noch die Frage, wie Bergen die Aufgeldzahlung von 3400 Gulden verkraftete, denn zur damaligen Zeit liefen mehrere größere Bauvorhaben am Klostersitz selbst: die Klosterkirche wurde von 1526 bis 1536 mit neuen Taschen (Dachziegeln) gedeckt, ebenso der Bauhof, die Häuser und Städel (Kosten: 1500 Gulden), und von 1529 bis 1534 wurde die noch heute stehende (äußere) Hofgartenmauer errichtet (Kosten: 800 Gulden)[124].

In der fraglichen Zeit stieß Bergen zwei Zehnten zu

Schweinkofen und Perletzhofen (zwischen Riedenburg und Breitenbrunn) ab (1530)[125], die es erst kurz zuvor (1523)[126] im Austausch gegen alten Besitz zu Irsching und Knodorf bei Vohburg – eine Schenkung Kaiser Konrads II. aus dem Jahre 1028 – erworben hatte[127]. Im Jahre 1529 bereinigte das Kloster auch die Besitzverhältnisse im Sulzgau – wie Hersbruck ein Gründungsgut; es verkaufte dort die Gülten aus mehreren, um den Markt Sulzbürg (zwischen Neumarkt i.d.OPf. und Berching) gelegenen Höfen (zu Rocksdorf, Oberndorf, Kruppach, Bachhausen) und Streubesitz an den Bauern Conz Schlirff zu Rocksdorf, behielt sich aber noch die Lehenschaft[128]. Ferner verkaufte es im gleichen Jahr 1529 ein Fischwasser in der Donau bei Stepperg[129] sowie im Jahre 1534 ein unrentables Lehen zu Unterstall[130], wobei in allen Fällen die relativ geringen Erlöse ausdrücklich für Gansheim und Gosheim angelegt wurden. All diese Besitzbewegungen vollzog die Äbtissin mit Zustimmung des Konvents, teils auch mit der des Landesherrn zu Neuburg und des Bischofs zu Eichstätt.

Bergen mußte also in keinem nennenswerten Umfang seinen Grundbesitz angreifen, denn das Kloster hatte offenbar gute Einnahmen durch die Erbverzichtsverträge der Nonnen; so erhielt etwa die Nonne Sibilla Schenk v. Geyern im Jahre 1523 dafür 200 Gulden[131], Magdalena Artzt im Jahre 1526 300 Gulden[132].

Die gute Finanzlage zeigt sich auch daran, daß die Äbtissin Euphemia Pirckheimer, der im Jahre 1536 Bischof Christoph von Eichstätt (1535–1539) zwei mit jeweils 5% verzinsliche Hypotheken in Höhe von 2000 Gulden zurückzahlen wollte, ihn – wenn auch vergeblich – gebeten hat, das Kapital doch weiter zu verzinsen[133]; sie brauchte also dieses Geld nicht für andere Zwecke. Einen gleich hohen Betrag legte sie übrigens im darauffolgenden Jahr bei Nürnberger und Leipziger Handelsleuten, den Gebrüdern Hans, Lukas und Franz Straub, verzinslich an, von denen Hans Straub bereits vorher (1532) die 1100 Gulden väterliches Erbe der Charitas Pirckheimer gleichfalls zur Verzinsung übernommen hatte[134].

Auch sonst wirtschaftete das Kloster gut. Abrechnungen der Äbtissin Katharina Haberrain für die Jahre 1547/48 bis 1550/51 schlossen stets mit einem Überschuß zwischen 115 und 394 Gulden bei Ausgaben bis zu 2893 Gulden (1550/51).[135] Der Statthalter von Pfalzgraf Ottheinrich in Neuburg lobte die Nonnen im Jahre 1552 als bekannt tüchtige Wirtschafterinnen, die eine eigene Bäckerei und Bierbrauerei hatten, Köchinnen, Schneiderinnen, Weberinnen, Kürschnerinnen hätten und auch andere Handwerke betrieben, und die die Hausarbeit und Viehzucht durch Laienschwestern besorgen ließen[136].

Das Kloster stand also ganz anders da als etwa die dem gleichen Orden angehörenden und gleichfalls in Pfalz-Neuburg gelegenen Frauenklöster zu Monheim und Unterliezheim, die keine Kraft zum Überleben mehr hatten. Sie wurden deshalb im Jahre 1530 durch Papst Clemens VII. (1523–1534) als Aussterbeklöster bestimmt, deren Vermögen dann anderen Klöstern zufallen oder für karitative Zwecke bestimmt werden sollte[137].

Die Einführung der Reformation im Fürstentum Pfalz-Neuburg und die Aufhebung des Klosters Bergen

Wie wir am Beispiel von Kloster Bergen sahen, gab es im Laufe der Jahrhunderte immer wieder Reformen kirchlicher Mißstände: auf Zeiten von Stagnation oder gar Rückschritten folgten stets Epochen von Reform und Fortschritt.

An kirchlichen Mißständen entzündete sich letztendlich auch der Reformwille Martin Luthers zu Beginn des 16. Jahrhunderts, was aber diesmal von der Kirche nicht mehr aufgefangen und verkraftet werden konnte: es kam zur Kirchenspaltung, so wurde das 16. Jahrhundert zum Jahrhundert der Reformation.

Dieser Bewegung schloß sich auch der Landesherr des Fürstentums Pfalz-Neuburg, Pfalzgraf Ottheinrich (1502–1559, reg. ab 1522) an[138]. Welche Gründe ihn dazu veranlaßten, mag hier dahingestellt bleiben. Sicher spielte aber auch eine gewisse praktische Überlegung mit, da das Fürstentum in kirchlicher Hinsicht sich nicht mit einer Diözese deckte, sondern seine Lande sich sogar über drei Bistümer erstreckten: Augsburg und Eichstätt (beide in der Kirchenprovinz Mainz) sowie Regensburg (Kirchenprovinz Salzburg). Durch die Reformation, deren Einflüssen das räumlich zerrissene Fürstentum von Anfang sowieso offenstand, wurde Ottheinrich außer der obersten Instanz in politicis auch zu der in ecclesiasticis.

Die Reformation wurde in Pfalz-Neuburg durch das Mandat vom 22. Juni 1542 eingeführt, verglichen mit anderen Territorien also relativ spät, und die erste neue lutherische Kirchenordnung am 25. April 1543 publiziert. Ottheinrich achtete zunächst auf die Einsetzung von neuen Pfarrern oder die Verpflichtung bisheriger Pfarrer auf die neue Kirchenordnung vor allem bei den Pfarreien, bei denen er das Patronatsrecht hatte. Gegenüber den Klöstern nahm Ottheinrich eine unterschiedliche Haltung ein. Sehr früh kümmerte er sich um das vor den Toren seiner Residenz Neuburg gelegene Bergen, vielleicht auch aus einer Erinnerung an die einstige wittelsbachische Vogtei über dieses Kloster heraus.

Am 20. Februar 1543 schickte er seinen Erbhofmeister und seinen Sekretär nach Bergen, die ein Inventar des Klosters aufnahmen, Rechnungen überprüften und einen Propst zur Überwachung der Äbtissin aufstellten. Am 29. Mai 1543 wurden die neue Kirchenordnung und eine Bibel übersandt und am 7. Juni ein weiteres Exemplar der Kirchenordnung, deren Einführung Ottheinrich am 18. Juni 1543 anordnete. Gleichzeitig wurde der Pfarrer durch einen evangelischen Geistlichen ausgewechselt. Im Juli 1543 wurden die Nonnen durch eine Abordnung aus Neuburg verhört. Nach einer Bedenkzeit erklärten sich nur sechs Nonnen zu einer Annahme der Kirchenordnung Ottheinrichs bereit, während der Hauptteil des Konvents hinter der Äbtissin Euphemia Pirckheimer und damit hinter dem alten Glauben standen.

Die Sache spitzte sich dann im Mai des Jahres 1544 zu: am 18. Mai wurden die Äbtissin und die Priorin durch eine Abordnung aus Neuburg (unter Leitung des Statthalters) abgesetzt und in Einzelzellen gesperrt, die Nonne Margaretha v. Mur – eine Anhängerin der neuen Kirchenordnung – als Verwalterin aufgestellt. Der Protest von Bischof Moritz von Eichstätt (1539–1552) fruchtete nichts. Ottheinrich erwiderte ihm, daß er in seinem Fürstentum Pfalz-Neuburg eine christliche Ordnung einführen und dabei ebensowenig Befehle empfangen wolle, als er dem Fürstbischof in seinem Bistum hineinrede.

Zunächst wollte Ottheinrich die Nonnen ohne Abfindung entlassen, wogegen sie am 22. Mai einen Protest einlegten. Drei Tage später ließ er die Äbtissin und vier weitere Nonnen aus Bergen in das Benediktinerinnenkloster Neuburg verlegen, offenbar um den standhaften Teil des Konvents einzuschüchtern. Am 28. Mai erschien schließlich erneut eine Abordnung aus Neuburg im Kloster Bergen, die versuchte, die

Nonnen zur Annahme der Kirchenordnung zu überreden; da aber dies nicht gelang, ließ man sie gegen Zahlung einer geringen – oder gar keiner – Abfindung auf ihre Forderungen an das Kloster ihren Verzicht aussprechen und erklären, daß sie »frei und ungezwungen aus dem Kloster begehren« und die verbleibenden Nonnen – Anhängerinnen der Kirchenordnung – als wahren Konvent betrachteten. Die Verzichturkunden wurden auf den 18. Mai zurückdatiert, die Geldbeträge von der Verwalterin ausbezahlt. Die Priorin Anna Grünbacher verzichtete am 5. Juni, weitere 14 Tage später die Äbtissin Euphemia und ihre Nichte Charitas Pirckheimer; die Priorin erhielt übrigens 150 Gulden und eine Schuldverschreibung in Höhe von 400 Gulden, die Äbtissin 1200 Gulden, dazu 100 Gulden für Zehrung und 200 Gulden für Kleidung und Fahrnis. Am Tag zuvor, dem 18. Juni 1544, hatte Ottheinrich die Äbtissin aus ihrer Pflicht entlassen und sie ihrerseits die Nonnen entpflichtet. Die letzten fünf, gleichfalls dem alten Glauben anhängenden Nonnen leisteten am 6. September 1544 ihren Verzicht und verließen Bergen.

Die meisten Nonnen wandten sich ins Eichstättische und fanden im Augustinerchorfrauenkloster Marienstein vor den Toren Eichstätts Aufnahme bei der Äbtissin Charitas Langenmantel, einige kamen auf dem Umweg über das Zisterzienserinnenkloster Niederschönenfeld (im herzoglich-bayerischen Landgericht Rain) dorthin. Im Spätsommer 1544 hatten sich so in Marienstein 25 Nonnen aus dem Bergener Konvent gesammelt, darunter auch die Priorin und die Äbtissin mit ihrer Nichte. Zwei weitere Klosterfrauen aus Bergen fanden Aufnahme im Franziskanerinnenkloster Gnadental in der herzoglich-bayerischen Stadt Ingolstadt, während der Aufenthaltsort von fünf weiteren Nonnen unbekannt ist.

Ein Jahr lang bestritt Bischof Moritz von Eichstätt den Aufenthalt des Hauptteils des Bergener Konvents in Marienstein, jedoch mußten sich dann die Nonnen trennen, offenbar, weil die Räumlichkeiten dieses Klosters für eine so große Zahl von Klosterfrauen nicht ausreichten. Einige blieben, die Mehrzahl verteilte sich aber auf die Benediktinerinnenklöster Eichstätt-St. Walburg, Holzen (südlich von Donauwörth) und Hohenwart (im herzoglich-bayerischen Landgericht Pfaffenhofen), während die Äbtissin Euphemia zunächst nach Niederschönenfeld ging und dann privat in der herzoglich-bayerischen Stadt Rain lebte.

In Bergen selbst verblieben sieben Nonnen, die 1543/44 die Neuburger Kirchenordnung anerkannt hatten, und zu denen dann 1545 eine weitere stieß; so kann man erschließen, daß der Gesamtkonvent bei Einführung der Reformation aus 39 Nonnen bestanden hatte[139].

Auch in Neuburg waren in der Zwischenzeit große Veränderungen vorgegangen. Ottheinrich, der Mäzen der Künste und bedeutende Kunstsammler, der große Bauherr am Neuburger Schloß und am Jagdschloß Grünau, hatte sich dadurch – wie auch durch die Übernahme der enormen Schulden seines Bruders Philipp (rd. 416000 Gulden) – finanziell übernommen; mit einer Schuldenlast von über einer Million Gulden (die im Verhältnis zur 1505 festgelegten Einnahmensumme aus dem Fürstentum mit 24000 Gulden zu sehen ist), mußte er seinen Bankrott erklären. Am 20. August 1544 – dem gleichen Jahr, in dem die Mehrzahl der Bergener Nonnen das Kloster »frei und ungezwungen« verließen – übergab er das Fürstentum Pfalz-Neuburg den pfalz-neuburgischen Landständen – Klöstern, Adel, sowie Städten und Märkten – als der Vertretung des Landes. Ottheinrich zog sich in die Kurpfalz zurück, wo gerade sein Onkel (und früherer Vormund) als Friedrich II. Kurfürst von der Pfalz geworden war.

Die Landstände versuchten sofort, den übernommenen Schuldenberg abzubauen, einerseits durch ein sparsames Wirtschaften, andererseits durch den Verkauf von Gütern und Mobiliar. In diese Schuldentilgung wurde auch das Kloster Bergen einbezogen, nicht aber dadurch, daß es enteignet wurde. Vielmehr tauschte die Landschaft die Hofmark Gansheim von dem durch Verwalterin und Restkonvent vertretenen Kloster Bergen zurück und verkaufte sie um 4720 Gulden an den Burgheimer Richter Simprecht Lenck. Als Ausgleich erhielt Bergen am 25. Februar 1546 Besitz in dem Markt Pöttmes (in dem herzoglich-bayerischen Landgericht Rain) zugesprochen; dieser Besitz hatte zuvor dem bereits aufgelösten Benediktinerinnenkloster Monheim gehört[140].

Ottheinrich befand sich zwar außer Lande, ein Ereignis wirkte aber weiter: sein Beitritt zum Schmalkaldischen Bund, in dem sich die evangelischen Reichsstände gegen den katholischen Kaiser Karl V. gesammelt hatten. Bei Ausbruch des Schmalkaldischen Krieges (1546/47) wurde das Fürstentum Pfalz-Neuburg von kaiserlichen Truppen besetzt – Neuburg selbst am 18. September 1546 – und die Regierungsgeschäfte einem kaiserlichen Statthalter übertragen. Damit änderten sich erneut die Religionsverhältnisse, da der kaiserliche Statthalter verständlicherweise das katholische Bekenntnis förderte und es durch Mandat vom 6. Januar 1549 als das allein gültige im Fürstentum wieder in Kraft setzte.

Dies hatte auch Auswirkungen auf die Wiederherstellung des Klosters Bergen, wo in der Zwischenzeit Benigna von Leonrod das Amt der Verwalterin übernommen hatte; die dort verbliebenen Nonnen hatten zwar nach außen hin die neue Lehre anerkannt, sich ihr aber – bis auf die erste Verwalterin Margaretha von Mur – nicht angeschlossen. Am 16. April 1547 kam der Generalvikar Dr. Willibald Frankhmann aus Eichstätt zu einer Visitation nach Bergen, wobei sich die verbliebenen Klosterfrauen für eine Rückkehr der Äbtissin Euphemia Pirckheimer aussprachen, obwohl sie mehrfach Einwendungen gegen ihr bekannt strenges Regiment vorbrachten. Die Äbtissin, die sich damals mit ihrer Nichte Charitas, der Catharina Haberrain und einer weiteren Bergener Nonne in Nürnberg aufhielt, sagte zu, nach Pfingsten wieder nach Bergen zu kommen; selbst wenn sie sich alt und schwach fühle, so wolle sie doch das Amt in Gehorsam antreten. Dies geschah dann tatsächlich am 15. Juni 1547, als sie von Bischof Moritz von Eichstätt sowie dem Neuburger Statthalter Jörg Zorn von Bulach in Bergen feierlich eingeführt wurde.

Alle Nonnen, die früher in Bergen gelebt hatten, kehrten nicht mehr dorthin zurück, so z.B. fünf Klosterfrauen, die im Kloster Hohenwart Aufnahme gefunden hatten. Spannungen ergaben sich auf jeden Fall aus dem Zusammenleben der Zurückgekehrten mit den 1544 verbliebenen Nonnen, was sich aus einer am 6. und 8. August 1547 vom Generalvikar und Weihbischof von Eichstätt abgehaltenen Visitation deutlich ergab.

Die zweite Amtszeit der Äbtissin Euphemia dauerte nur fünf Monate, da sie bereits am 15. November 1547 starb und wie ihre Vorgängerinnen im Kreuzgang zur letzten Ruhe bestattet wurde. Als ihre Nachfolgerin wurde dann am 6. Dezember 1547 die aus Berching stammende Catharina Haberrain, eine enge Vertraute von Äbtissin Euphemia, einstimmig gewählt.

Am 9. Juli 1549 fand eine erneute Visitation durch den Generalvikar sowie durch den Propst Jungwirt statt; damals lebten im Kloster 13 Schwestern und 5 Laienschwestern, jedoch waren die früheren Spannungen noch lange nicht abgebaut. Das Kloster nahm jetzt wieder neue Nonnen auf. Äbtissin Catharina kümmerte sich besonders auch um die Wiedergewinnung von Gansheim, was sie tatsächlich erreichte und deshalb am 23. Dezember 1551 gegenüber dem Fürstentum Pfalz-Neuburg auf alle Ansprüche aus dem Tauschvertrag von 1546 verzichtete[141].

In der Zwischenzeit hatten sich die protestantischen Fürsten unter Führung von Moritz von Sachsen erneut zusammengetan und schlugen im März überraschend gegen Karl V. los. Ottheinrich hatte sich ihnen von Anfang an angeschlossen mit dem Erfolg, daß er Mitte April 1552 wieder im Besitz des Fürstentums Pfalz-Neuburg war. Die Kirchenordnung von 1543 wurde sofort wieder in Kraft gesetzt, die Pfarreien des Fürstentums visitiert und Pfarrer, die sich dieser Ordnung nicht anschließen wollten, durch evangelische Pfarrer ersetzt. Bereits Mitte Mai 1552 verlangte Ottheinrich von Äbtissin und Konvent zu Bergen, daß sie »von irn bäbstlichen Misbräuchen und Ceremonien absteen und sich angeregter Kirchenordnung gemes halten« sollten. Die Äbtissin Katharina sagte daraufhin zu, einen Prädikanten zu halten und keiner Konventualin eine Vorschrift wegen Einhaltung des Stundengebets machen zu wollen.

Ottheinrich beharrte offenbar auf der Gültigkeit der Verzichturkunden von 1544, so daß die Nonnen, die bereits seinerzeit als Anhängerinnen des alten Glaubens auf Forderungen an das Kloster Verzicht geleistet hatten, darunter auch die neue Äbtissin Katharina, gezwungen waren, Bergen erneut zu verlassen. Mit den Nonnen wurde darüber abgerechnet, was sie seit 1547 zusätzlich in das Kloster eingebracht hatten. Wann dies genau geschah, wissen wir nicht, wahrscheinlich aber Mitte Juli 1552, also noch vor Inkrafttreten des Passauer Vertrags. Dieser Vertrag vom 2. August 1552 beendete die Streitigkeiten zwischen den protestantischen Fürsten und dem Kaiser; durch ihn wurde die im Schmalkaldischen Krieg gemachten Eroberungen an die früheren Besitzer zurückgegeben und eine Nichteinmischung in die Religionsverhältnisse anderer Reichsstände vereinbart.

Die sieben Nonnen, die 1543/44 die Neuburgische Kirchenordnung anerkannt hatten, durften in Bergen bleiben, allerdings wurden im August 1552 auf dreißig Wagen Waren aus Bergen abgeholt. Die weltliche Verwaltung wurde, wie schon zwischen 1544 und 1547, erneut einem weltlichen Propst übertragen. Wohin sich die vertriebenen Nonnen wandten, wissen wir nicht genau. 1556 lebten von ihnen noch 15, sechs davon – unter ihnen die Äbtissin – im Kloster St. Walburg in Eichstätt. Sie hatte im November von dort aus noch mehrere Vorstöße nach Neuburg gerichtet, ihr und ihrem Konvent die Rückkehr nach Bergen zu gestatten, jedoch ohne Erfolg. Ihre Anträge unterstützten im Januar 1553 Bischof Eberhard von Eichstätt (1552–1560) sowie erstaunlicherweise Margaretha von Mur, die jetzt erneut das Verwalterinamt des in Bergen lebenden Restkonvents übernommen hatte, jedoch auch sie ohne Erfolg[142].

Das Fortwirken des Bergener Kloster- und Reformgeistes

Die letzte Äbtissin Catharina Haberrain des Klosters Bergen starb am 27. März 1561 im Kloster St. Walburg in Eichstätt. Ihr Tod war so etwas wie ein äußeres Zeichen für das Erlöschen des traditionsreichen Benediktinerinnenklosters Bergen, das in den 570 Jahren seines Bestehens abwechselnd von Reform und Beharren geprägt war. Als Institution hatte damit das Kloster zwar aufgehört, der Bergener Reformgeist lebte aber weiter, sozusagen in der Diaspora, und dies trotz der Reformationszeit.

Wie wir sahen, sind nicht alle der im Jahre 1544 aus Bergen vertriebenen Nonnen in das Mutterkloster zurückgekehrt, sondern verblieben in den Klöstern, die ihnen in der schweren Zeit Aufnahme geboten hatten, wie etwa im Jahre 1547 fünf Nonnen im Benediktinerinnenkloster Hohenwart: Scholastika v. Pappenberg (Pappenberger), Cordula Burckhart, Christina Gartner, Regina Herbst und Apollonia Franckh. Sie übten dort bald sehr wichtige Ämter aus, ja majorisierten sozusagen den Konvent. Scholastika v. Pappenberg wurde im März 1545 zur Äbtissin von Hohenwart gewählt und starb am 28. März 1563. Ihre Nachfolgerin wurde Cordula Burckhart, die bereits um 1560 Priorin des Klosters Hohenwart war und am 11. Mai 1568 starb. Christina Gartner war um 1551 Kantorin (1560: Küsterin), während Apollonia Franckh um 1551 Pförtnerin und Kellerin war[143].

Auch nach 1552 fanden deshalb Bergener Nonnen Aufnahme in den Hohenwarter Konvent wie etwa Anna Mantlacher, die im Jahre 1544 Verzicht geleistet hatte, 1547 in den alten Konvent nach Bergen zurückkehrte und 1552 erneut von dort vertrieben wurde; sie war 1585 Priorin in Hohenwart und wurde am 3. Dezember 1590 als Nachfolgerin der Äbtissin Barbara Brenzinger (1568–1590) zur Äbtissin von Hohenwart gewählt, welches Amt sie bis zu ihrem Tod am 4. März 1613 ausübte[144]. Die Beziehungen des alten Bergener Konvents zu Hohenwart waren derart eng, daß im Jahre 1558 sich die alte Bergener Äbtissin Catharina Haberrain von Eichstätt aus für die Aufnahme von drei aus dem oberpfälzischen Birgittinnenkloster Gnadenberg vertriebenen Nonnen in Hohenwart einsetzte[145].

Bei Kenntnis dieser Fakten überrascht es dann nicht, daß im Jahre 1591 bei der Visitation des Klosters Hohenwart die Bergener Reformstatuten als Ordnung des Klosters Hohenwart vorgelegt wurden, zwar nicht in der Originalfassung von 1458, wohl aber in einer inhaltsgleichen Fassung, die Bischof Wilhelm von Eichstätt (1464–1496) dem Kloster Bergen im Jahre 1484 gegeben hat (dem Jahr, in dem das Kloster Geisenfeld von Bergen aus reformiert worden war und auch dort die Bergener Statuten von 1458 Eingang fanden). Diese Statuten wurden etwas umgearbeitet und fanden dann als sog. Kühbacher Statuten im Jahre 1592 Eingang in die drei Benediktinerinnenklöster Kühbach, Hohenwart und Holzen und blieben dort bis zur Säkularisation von 1803 in Geltung. Durch die Einführung der ursprünglich Bergener Reformstatuten gewann dann das Kloster Kühbach ein derartiges Ansehen, daß sich im Jahre 1630, also mitten im Dreißigjährigen Kriege, Fürstabt Johannes Bernhard von Fulda um die Abstellung einiger in Klosterzucht und Regel erfahrener Nonnen für den jungen Benediktinerinnenkonvent in Fulda erbat – wenn man will, eine Fernwirkung des einstigen Klosters Bergen noch rd. 80 Jahre nach seiner Aufhebung[146].

Landesherrliche Bildungspolitik und das »Corpus Bergen« in der Zeit von Reformation und Gegenreformation

Die These mag etwas paradox klingen, aber das im Zuge der Reformation im Jahre 1552 endgültig aufgehobene Kloster Bergen überstand als »Corpus«, als Vermögensmasse, gerade durch die Hinwendung zur Reformation ungeschmälert die Fährnisse, die sich in den ersten Jahren nach 1542 aus der Ein- und Durchführung der Reformation im Fürstentum Pfalz-Neuburg gerade für kirchliche und klösterliche Institutionen ergaben.

Wie wir sahen, blieben 1552 sieben Nonnen, die sich 1543/44 für die Neuburger Kirchenordnung von 1543 ausgesprochen hatten, als Restkonvent in Bergen zurück, an dessen Spitze wie zwischen 1544 und 1547 eine Verwalterin stand. Nur so konnte aber das Corpus Bergen einem Ausverkauf entgehen, wie er z.B. besonders kraß das einstige Benediktinerkloster Echenbrunn (bei Gundelfingen a.d. Donau) in den Jahren 1553–1557 betroffen hat, da sich dieses Kloster 1552 als nicht mehr lebensfähig erwiesen hatte[147].

Der Besitz der Hofmark Gansheim konnte zwar für Bergen nicht behauptet werden: sie mußte an Simprecht Lenckh zurückgegeben werden. Dafür hatte aber das Corpus Bergen am 9. Februar 1554 aus der Vermögensmasse des einstigen Benediktinerinnenklosters Monheim als Ersatz erhalten: das Kastenamt Waltersberg (im Tal der Weißen Laber, annähernd halbwegs zwischen Neumarkt i. d. OPf. und Berching) mit Besitz zu Waltersberg und seiner Umgebung (Bäcker-, Sippel-, Labermühle; Sternberg), dazu noch einen Hof und zwei Sölden zu Mailing und einen Hof zu Feldkirchen (beide im heutigen Stadtbereich von Ingolstadt). Zu diesem Tausch gab übrigens Bischof Eberhard II. von Eichstätt (1552–1560) am 29. September 1556 seine Zustimmung[148]. – Ein weiterer Gutstausch erfolgte mit den Herren v. Gumppenberg zu Pöttmes im Jahre 1562, die an Bergen einen Hof und eine Sölde zu Ehekirchen gaben gegen den Bergener Besitz zu Unterbachern (zwischen Pöttmes und Inchenhofen[149]).

Der Bergener Restkonvent hatte den »üblichen« Status eines Aussterbeklosters und schrumpfte damit immer mehr zusammen. Am 14. September 1555 verzichtete Brigitta v. Mur – seit 1552 Verwalterin des Klosters Bergen – auf alle Ansprüche gegenüber Landesherrn wie Kloster und erhielt eine Abfertigung von 220 Gulden, und 1556 waren ihre Schwester Margaretha von Mur sowie Benigna von Leonrod schon tot[150].

1558 wird ein Erbrechtsbrief über einen Hof des Klosters zu Hessellohe noch vom Konvent Bergen mitbesiegelt[151], so daß damals zumindest noch eine Nonne des Restkonvents in Bergen gelebt haben muß, doch dann verlieren sich die Spuren. Bergen hätte jetzt den Status von Echenbrunn erreicht und hätte gleichfalls voll für die pfalz-neuburgische Landesschuldentilgung eingesetzt werden können, wenn sich in der Zwischenzeit – trotz Beibehaltung der lutherischen Lehre – die Verhältnisse in Neuburg nicht grundlegend geändert hätten.

Pfalzgraf Ottheinrich hatte aus seiner Ehe mit Susanna von Bayern († 1543) bekanntlich keine Kinder, sein Bruder Philipp war 1548 unverheiratet gestorben. Somit bestand die Gefahr, daß mit dem Tode Ottheinrichs das Fürstentum Pfalz-Neuburg zu bestehen aufhören würde. Da zudem abzusehen war, daß Ottheinrich – als letzter aus der sog. Kurlinie – nach dem Tode seines Onkels Friedrich II. das Heidelberger Erbe als Kurfürst von der Pfalz antreten würde, so übertrug er im Jahre 1555 das Fürstentum Pfalz-Neuburg seinem Vetter Pfalzgraf Wolfgang von Pfalz-Zweibrücken (aus einer pfälzischen Nebenlinie der Wittelsbacher, die – wie die Kurlinie – bei der pfälzischen Landesteilung von 1410 entstanden war). Diese Schenkung geschah nicht ganz uneigennützig, war doch Pfalzgraf Wolfgang einer der Hauptgläubiger Ottheinrichs und brachte damit einen großen Beitrag zur Landesschuldentilgung ein.

Der voraussehbare Tod von Kurfürst Friedrich II. trat bereits im folgenden Jahre ein, die Bindung Pfalzgraf Wolfgangs zu Pfalz-Neuburg wurde damit enger.

Nach dem Tode Ottheinrichs (12. 2. 1559) übernahm Pfalzgraf Wolfgang das Fürstentum Pfalz-Neuburg zu vollem Eigentum. Er war von Haus aus gleichfalls Lutheraner, hatte bereits 1557 für sein anderes Fürstentum Pfalz-Zweibrücken eine Kirchenordnung erlassen, welche er jetzt auch in Pfalz-Neuburg einführte[152]. Da Wolfgang ein Anhänger Melanchthons war, hatte er in dieser Kirchenordnung bestimmt, die Vermögen von Klöstern und Pfründen nicht mehr zu zerreißen, sondern sie für kirchlich-karitative-schulische Zwecke zu verwenden. Unumwunden gab er beim pfalz-neuburgischen Landtag von 1559 auch zu, daß Klostergüter und andere geistliche Güter, Gefälle und Einkommen bis dahin zu Abtragung der Schuldenlast verwendet wurden; er hingegen wollte sie »wiederumb zur Kirchen, Seelsorgen, Consistorien, Schulen, Hospitalen, Underhaltung der Armen und andern milten Sachen und Gebreuchen« verwendet sehen und fand dabei die volle Unterstützung durch die pfalz-neuburgische Landschaft[153].

Pfalzgraf Wolfgang hatte bereits im Jahre 1558 (Eröffnung 1559) nach dem Vorbild des Straßburger Gymnasium illustre in dem einstigen Benediktinerkloster Hornbach (bei Zweibrücken) eine fürstliche Schule für sein eines Fürstentum Pfalz-Zweibrücken gegründet und plante sofort auch eine gleichartige Schule für sein anderes Fürstentum Pfalz-Neuburg. Als Standort wurde nicht Neuburg, sondern das wirtschaftliche Zentrum des Landes, Lauingen gewählt. Wie die Hornbacher Schule, so war auch die fürstliche Schule zu Lauingen bestimmt für die Heranbildung des Nachwuchses an evangelischen Pfarrern und juristisch gebildeten (höheren) Verwaltungsbeamten für das Fürstentum Pfalz-Neuburg. Sie war also eine ausgesprochene Landesschule. Ihr Unterhalt wurde bestritten aus den Einkünften der aufgehobenen pfalz-neuburgischen Klöster – neben Bergen waren dies Adlersberg/Pettendorf, Echenbrunn (Restbesitz), Maria Medingen, Neuburg, Obermedlingen und Pielenhofen; die meisten dieser Klöster standen damals unter der Leitung eines Propstes als eines landesherrlichen weltlichen Beamten. Wie schon Hornbach, oder etwa die württembergischen Landesschulen, so wurde auch die Lauinger Schule in einem Kloster eingerichtet: dem einstigen Lauinger Zisterzienserinnenkloster St. Agnes, das zum Zeitpunkt der Schulplanung noch mit einem Konvent besetzt war; dieser wurde zwar aus den angestammten Klosterräumlichkeiten ausquartiert, aber nicht vertrieben, und in ein Lauinger Bürgerhaus umquartiert – auch dies ein Zeichen für den Einstellungswandel innerhalb von zwanzig Jahren. Daß übrigens Lauingen als Schulsitz gewählt wurde, hatte sicher auch darin einen Grund, daß in der Nachbarstadt Dillingen eine katholische, unter Leitung der Jesuiten stehende Universität ihren Sitz hatte; Lauingen war somit ein protestantischer Gegenpol, verstärkt durch eine gleichzeitig errichtete Landesdruckerei im einstigen Augustinereremitenkloster.

Die neue Landesschule lag ihrem Gründer Pfalzgraf Wolfgang († 1569) derart am Herzen, daß er sie und ihren Unterhalt in seinem Testament vom Jahre 1568 absicherte – übrigens im fünften von insgesamt 35 Punkten[154].

Das Corpus Bergen trug aber nicht nur zum Unterhalt dieser Landesschule bei, vielmehr bot das Kloster Bergen ihr Aufnahme für eine kurze Frist, als in Lauingen in den Jahren 1596/98 eine »böse Seuch« eingerissen war[155]. Sichere Nachweise verdanken wir u.a. dem Papierbedarf durch Prorektor und Professores zu Bergen (25. Januar 1598), und der Anschaffung eines Uhrwerks, nach dem sich die Kollegiaten richten konnten – »weil die an der Kirchen nicht khan hinein gehört werden« (15. Februar 1598[156]). Dies blieb jedoch nur eine Episode in der Geschichte von Bergen, da die Landesschule auf Lätare (26. März) 1598 nach Lauingen, dem geistigen Zentrum des Fürstentums Pfalz-Neuburg und auch der Grablege des Fürstenhauses, zurückverlegt wurde[156].

Noch vor dem Tode von Pfalzgraf Philipp Ludwig (reg. 1569–1614) trat im Jahre 1613 sein ältester Sohn und designierter Nachfolger, Pfalzgraf Wolfgang Wilhelm (1614–1653) zunächst heimlich, im Jahr darauf öffentlich zum katholischen Glauben über. Dies brachte dem Fürstentum Pfalz-Neuburg einen erneuten Glaubenswechsel, der aber nicht überall widerspruchslos hingenommen wurde.

An einigen Dingen änderte sich mehr oder weniger nur das konfessionelle Vorzeichen. So wurde die evangelische Landesschule in Lauingen im Jahre 1616 aufgehoben und durch eine katholische Landesschule mit gleicher Zielsetzung in der Residenzstadt Neuburg unter Leitung der zur Rekatholisierung ins Land gerufenen Jesuiten ersetzt, wobei die Neuburger Schule an eine ältere Lateinschule anknüpfte. Die Bibliothek der Lauinger Landesschule mit einem guten Grundstock an humanistischer wie religiöser Kontrovers-Literatur wurde den Neuburger Jesuiten überlassen und zum Kern der Neuburger Jesuitenbibliothek. Auch die evangelische Landesdruckerei wurde von Lauingen nach Neuburg verlegt und einem katholischen Drucker überlassen.

Von den landsässigen pfalz-neuburgischen Frauenklöstern, die vor der Reformation bestanden hatten, schaffte lediglich das Dominikanerinnenkloster Maria Medingen, von dessen altem Konvent im Jahre 1616 noch eine Nonne lebte, seine Wiederherstellung als Nonnenkloster. Was den neuen Landesherrn bewogen hat, die Frauenkonvente sonst nicht mehr in der ursprünglichen Form zu restituieren, sondern höchstens als Männerklöster und dies auch nur mit erheblichen zeitlichen Verzögerungen, wissen wir nicht. Somit bestand keine Chance, daß ein neues Frauenkloster Bergen oder ein Benediktinerinnenkloster Neuburg wiederentstehen konnten. Die Gebäude dieses Neuburger Klosters wurden vielmehr zum Jesuitenkolleg umgestaltet, die einstige Klosterkirche, seit 1607 als evangelische Hofkirche von Grund auf neu gebaut und 1618 eingeweiht, wurde zur Kollegiatskirche, und Teile der Einkünfte der einstigen Klöster Neuburg und Bergen den Jesuiten übertragen (weitere Anteile an den Einkünften bezog das im Jahre 1622 von Pfalzgraf Wolfgang Wilhelm ausdrücklich für die Krankenpflege begründete Neuburger Kloster der Barmherzigen Brüder[157]). In Bergen selbst trat an die Stelle des evangelischen ein katholischer Propst als Verwalter des Klostergutes, und an die Stelle des evangelischen Geistlichen wurde ein katholischer Pfarrer gesetzt. Selbst im Bereich der Kirchenpolitik trug sich Wolfgang Wilhelm mit ähnlichen Gedanken wie sein dritter Vorgänger Pfalzgraf Ottheinrich, wollte er doch um das Jahr 1624 ein eigenes, von den Bistümern Augsburg, Eichstätt und Regensburg unabhängiges Bistum Neuburg für das Fürstentum Pfalz-Neuburg errichten[158].

Wie es schon bei der Lauinger Landesschule, dem fürstlichen Gymnasium illustre, ein Collegium für die Unterbringung der von auswärts – aus dem Fürstentum selbst wie auch anderen protestantischen Staaten – kommenden Studenten, vor allem der landesherrlichen Stipendiaten gab, so war auch dem Neuburger Gymnasium von Anfang an ein Institut zur Unterbringung auswärtiger Schüler angeschlossen, die sog. Präbende im einstigen Benediktinerinnenkloster zu Neuburg, das ja 1616 zum Jesuitenkolleg geworden war.

Im Jahre 1624 regte der Jesuitenpater Anton Welser die Gründung eines eigenen Seminars an, ein Gedanke, der bei Pfalzgraf Wolfgang Wilhelm sofort Zustimmung fand. Zu seiner Realisierung kam es jedoch zunächst nicht, da das Fürstentum Pfalz-Neuburg durch den Einfall der Schweden unter König Gustav Adolf mitten in die Wirren des Dreißigjährigen Krieges hineingezogen war, ja unter schwedischer Besatzung für kurze Zeit (1632–1634) nochmals protestantisch wurde. Erst im Jahre 1638 kam es dann zur förmlichen Errichtung des Neuburger Seminars für 12 Alumnen (Internatsschüler). Zum Unterhalt dieses Seminars wurde den Neuburger Jesuiten zunächst auf zwei Jahre ein Drittel der Einkünfte aus dem Corpus Bergen angewiesen, was sich in der Folgezeit auf ein Viertel mindern sollte; den Jesuiten wurde die Inspektion über Bergen wie das Seminar übertragen, die eigentliche Gutsverwaltung zu Bergen dagegen einem weltlichen Propst.

Da die Jesuiten 1200 Gulden vorgeschossen hatten, um Kriegsschäden in Bergen zu beseitigen, wurde ihnen 1641 die Nutzung des Corpus Bergen völlig übertragen. Im Jahre 1649 trat eine Änderung dadurch ein, daß die Güter an den Pfennigmeister (der pfalzneuburgischen Landschaft) Niklas Müller, einen der bedeutendsten Neuburger Finanzfachleute des 17. Jahrhunderts, verpachtet wurden unter Oberinspektion der Jesuiten, die jedoch 1653 die direkte Verwaltung erhielten; Müller blieb damals als Propst weiterhin örtlicher Verwalter und wurde 1657 erneut voll als Administrator eingesetzt. Im Jahre 1659 sollte das Corpus Bergen dem Jesuitenkolleg inkorporiert werden, ähnlich wie damals der Restbesitz des ehemaligen Benediktinerinnenklosters Monheim dem Kloster der Barmherzigen Brüder in Neuburg einverleibt wurde. Der päpstliche Auftrag für die Inkorporation Bergens wurde aber nicht vollzogen, offenbar weil er vom Gremium des pfalz-neuburgischen Kirchenrats hintertrieben wurde. Damit hing auch die Erneuerung der Fundation des Neuburger Seminars durch Pfalzgraf Philipp Wilhelm (1653–1690) vom Jahre 1664 juristisch gesehen in der Luft, ein Umstand, auf den man erst zehn Jahre später gestoßen war, als die Jesuiten von Philipp Wilhelm unabhängig von Bergen das Gut Forsthof erworben hatten. Da zwischenzeitlich Papst Alexander VII. (1655–1667) gestorben war, so hatte die Inkorporationsurkunde wegen Nichtvollzugs ihre Rechtskraft verloren. In Neuburg befürchtete man sogar, die Benediktiner könnten mit ihrem starken Einfluß an der päpstlichen Kurie das Corpus Bergen für den Orden zurückfordern; Bergen wäre so als Kloster wohl erneuert worden, während dem Neuburger Seminar seine Basis entzogen und damit sein Fortbestand ernsthaft gefährdet gewesen wäre.

Die kirchliche Konkurrenz um das Corpus Bergen entschieden schließlich Pfalzgraf Philipp Wilhelm und die Neuburger Jesuiten zu ihren Gunsten: Papst Klemens X. (1670–1676) stellte am 22. Dezember 1674 eine erneute Inkorporationsurkunde aus, am 24. Oktober 1675 übergab Philipp Wilhelm dem Rektor des Neuburger Jesuitenkollegs – als Vorsteher des Seminars – von neuem das Seminar Neuburg und das Corpus Bergen, jedoch mit der Auflage, die Bergener Güter nicht mit denen des einstigen Benediktinerinnenklosters Neuburg zu vermischen, sondern jeden Besitzkomplex durch einen eigenen Propst verwalten zu lassen. Der Augsburger Generalvikar stimmte am 12. Februar 1676 der Inkorporation zu, so daß im Mai des Jahres 1676 Niklas Müller – bekannter unter seinem (nach der Nobilitierung geführten) Adelsnamen Müller von Gnadenegg –, pfalz-neuburgischer geheimer Rat und Kammerdirektor, als Administrator von Bergen am 27. Mai 1676 mit den Neuburger Jesuiten abrechnen konnte. Damit wurde auch das Corpus Bergen den Jesuiten übergeben und der Rektor des Neuburger Jesuitenkollegs konnte fast hundert Jahre lang – bis zur Aufhebung des Jesuitenordens im

18 Blick in den Chor der Kirche, von Nordwesten

19
Nördliche Chorempore

20–21
Nebenaltäre vor den Choremporen

22–23 Bistumspatrone am Hochaltar: Hl. Willibald und Hl. Ulrich,
von Johann Michael Fischer, Bildhauer in Dillingen

24–25 Hl. Walburga und Hl. Barbara am linken Seitenaltar (Frauenaltar)

26
Sitzender Engel mit Leidenswerkzeugen
am Hochaltar

27
Auszug des Hochaltars (über dem Altargemälde des
Gekreuzigten) mit Gottvater und Hl. Geist
als Gnadenstuhl

28–29 Hl. Wendelin und Hl. Rochus am rechten Seitenaltar (»Männeraltar«)

30–31 Hl. Franz von Borgia (am linken Nebenaltar, dem Jesuitenaltar)
und Hl. Magnus (am rechten Nebenaltar, dem Benediktineraltar)

32
Hl. Mutter Anna im Gesprenge des Frauenaltars

33
Hl. Joachim im Auszug des »Männeraltars«

34–35
Jesuitenaltar und Benediktineraltar in den Seitenkapellen

36
Einer der zahlreichen Putti aus der Werkstatt
des Bildhauers Johann Michael Fischer

37
Hl. Ignatius von Loyola im Gesprenge
des »Jesuitenaltars«

38
Bekrönung des Schalldeckels der Kanzel
mit Gerichtsengel und Putten, Arbeiten
aus der Werkstatt von Johann Michael Fischer

39 Putti vom Gesprenge der Bergener Altäre von Johann Michael Fischer

40 (Seite links)
Auszug des »Benediktineraltars« mit Statue
des Ordensgründers St. Benedikt

41
Ausdrucksstarke Schmerzensmutter –
ein eigenhändiges Werk
von Johann Michael Fischer

42
Kanzel, aus der Werkstatt
des Johann Michael Fischer

43 Stuck unter Orgelempore
44 Stuckvasen auf Kapitellen der Wandpfeiler

45 Beichtstuhl, von Simon Ster
46 Paramentenschrank beim Nebenaltar, von Jakob Steinle

47–48
Sakristeitüren, von Jakob Steinle

49–50 Abschlußgitter unter der Orgelempore, das ursprüngliche
Umfassungsgitter des Bergener Gnadenaltars

51 Der heute verschwundene Forsthof im Seminarwald bei Bergen, Bauzustand um das Jahr 1900

Jahre 1773 – den Titel eines Administrators von Bergen führen[159].

Der Bestand des Neuburger Seminars war also gesichert. Wie eng diese Institution sich mit Bergen verbunden fühlte, zeigt sich an ihrem 1664 festgelegten Titel: Seminar zum Heiligen Kreuz[160]. Der Leiter des Seminars führte im Siegel ein auf einem Dreiberg stehendes Kreuz, unten beseitet von zwei Wappenschilden mit dem pfälzischen Löwen bzw. den bayerischen Rauten, zwischen sie und den Querbalken des Kreuzes gestellt das Jesuitenzeichen IHS in der Gloriole, dazu die Umschrift: RECTOR. SEMIN[A-RII]: PALAT[INI]: S[ANCTI]: CRVCIS. NEOBVRGI (= Leiter des pfalzgräflichen Seminars Hl. Kreuz zu Neuburg) mit der Jahreszahl 1676.

Die bereits erwähnte Bestätigungsurkunde von 1664 führt genau aus, wie die Zusammensetzung der Seminaristen gedacht war: bis zu fünf sollten dem Adelsstand entstammen, von denen die Besseren an der Universität Ingolstadt Jura weiterstudieren sollten, bis zu sieben dagegen dem »gemeinen« Stand angehören, die dann ebenso im Anschluß an Neuburg an der Universität Dillingen Theologie studieren sollten[161].

Das Neuburger Seminar wurde im Jahre 1638 im ehem. Pfarrhof für die zweite Neuburger Stadtpfarrei zu Unserer Lieben Frau eingerichtet; diese Pfarrei war seinerzeit im Anschluß an die einstige Pfalzkapelle und dann Klosterkirche auf dem Neuburger Stadtberg entstanden, ihr Pfarrecht wurde aber mit Baubeginn der neuen Kirche zu Anfang des 17. Jahrhunderts zunächst provisorisch und nach der Überlassung dieser 1618 eingeweihten Kirche als Kollegiatskirche an die Jesuiten endgültig auf die Heilig-Geist-Kirche in der Vorstadt übertragen. Der Pfarrhof stand jetzt leer, er wurde deshalb im ersten Drittel des 17. Jahrhunderts als geistliche Kanzlei verwendet und dann – wie gesagt – für das Seminar. 1684 wurde das Haus abgerissen, die Grundfläche durch Zukauf einer Hausstelle erweitert und 1685 ein Neubau errichtet – heute bekannt als Nordflügel des Harmoniegebäudes –, der für 24 Zöglinge bestimmt war. Er wurde etwas später durch den Anbau eines Ost- und Südflügels erweitert, so daß das Neuburger Seminar – wie etwa 1773 – bis zu 80 Alumnen aus dem Fürstentum wie angrenzenden Staaten aufnehmen konnte[162]. Dies alles war aber nur möglich durch eine letztendlich gute Verwaltung des Corpus Bergen durch die Neuburger Jesuiten. In der oberen Stadt verblieb das Seminar übrigens bis zum Jahre 1816 und zog dann in das Gebäude des einstigen, im Jahre 1813 aufgelösten Ursulinerinnenklosters um, während das alte Seminargebäude durch Tausch in den Besitz des Ursulinenfonds überging[163].

Das Seminar Neuburg und die Heilig-Kreuz-Kirche zu Bergen: Die Umgestaltung der romanischen Hallenkirche in einen Rokokobau (1756–1774)

Als Rechtsnachfolger von Kloster Bergen hatte das Seminar Neuburg das Recht, den jeweiligen Pfarrer von Bergen – meist einen Weltgeistlichen und keinen Ordensangehörigen – zu präsentieren; es hatte aber auch die Verpflichtung übernommen, für den Bauunterhalt der ihm anvertrauten Bergener Kloster- und Pfarrkirche Sorge zu tragen. Seit der Wende vom 17. zum 18. Jahrhundert sind wir darüber genauer unterrichtet[164]. So wurde im Jahre 1700 ein neuer Hochaltar (aus Gipsmarmor) mit dem Bild des Gekreuzigten und Maria und Johannes unter dem Kreuz aufgestellt (offenbar im Mittelschiff am Übergang Langhaus/erhöhter Chor); ferner wurden damals Fenster erweitert, der Fußboden erhielt einen neuen Belag, das »wurmstichige« alte Gestühl wurde durch neue und bequemere Bänke ersetzt, und Kirche und Sakristei gesäubert.

Neun Jahre später wurde im einstigen Nonnenchor – hinter und zugleich erhöht über dem Hochaltar von 1700 – ein weiterer Gipsmarmoraltar mit dem Bergener Kreuzpartikel aufgestellt, der durch die Unterkirche (Krypta) erhöhte Chor selbst wurde mit dem tiefer liegenden Langhaus durch breite Stufen in den Seitenschiffen verbunden. Diese Umgestaltung war äußeres Zeichen für die Wallfahrt zum Heiligen Kreuz von Bergen, die damals unter Pfarrer Stephan Eggl (1705–1726) eingesetzt hatte und von der an anderer Stelle ausführlich berichtet wird (vgl. S. 39 ff.). Der Chorraum selbst – der übrigens nicht, wie man in der älteren Literatur lesen kann, zwei Sakristeien besaß[165] – wurde im Jahre 1718 durch ein kunstvolles, filigranartiges Eisengitter aus der Werkstatt des Eichstätter Schlossers Concordius Hartmann abgeschlossen; gestiftet wurde dieses Gitter, das heute als Abschlußgitter unter der Empore weiterverwendet wird, von dem Eichstätter Bischof Johann Anton I. Knebel v. Katzenellenbogen (1704–1725), einem großen Wallfahrtsförderer im Bistum Eichstätt und damit auch jener zum Heiligen Kreuz von Bergen.

In der Zeit nach 1730 ging diese Wallfahrt stark zurück. Deshalb entschlossen sich kurz nach der Jahrhundertmitte die Neuburger Jesuiten, die Wallfahrtskirche Bergen umzugestalten. Die 1759 angelegte Baurechnung drückt dies sehr deutlich aus. »[…] einzig und alleinig auß der Absicht, […] umb die vor disem in bemelter Kürchen beim H: Creuz gewöste grosse Andacht von jährlich villen tausent Wahlfahrtern mit der Hilf Gottes widerumben in Aufnamb und den derohrt vorhandenen miraculosen H:Creuz-Particul bey mäniglichen in die gebührliche Verehrung bringen zu khönnen«[166].

Verständlicherweise sahen sich die Neuburger Jesuiten unter den Neubauten auch ihres Ordens um. Eine besondere Rolle in der Anfangsplanung spielte dabei offensichtlich die Dillinger Jesuitenkirche, eine von dem Dillinger Baumeister Johann Alberthal in den Jahren 1610/11–1616/17 erbaute Wandpfeilerkirche, die gerade seit 1750/51 im Rokokostil erneuert wurde und eine prachtvolle neue Innenausstattung erhielt. Die Neuburger Jesuiten interessierten nicht nur die Kirchenmaße, sondern sie holten sich auch einen Grundriß ein: offenbar spielte man mit dem Gedanken, die romanische Hallenkirche von Bergen in etwa nach dem Vorarlberger Bauschema umzugestalten, vor allem mit einer kapellenmäßigen Abmauerung der beiden Seitenschiffe, um in ihnen eine Vielzahl von Altären aufstellen zu können. Auch von der Wallfahrtskirche zu Biberbach und von der Heilig-Geist-Kirche in Neuburg holte man sich die Maße ein, von Biberbach auffallenderweise nur das der »Kapellen[167]«.

Frühzeitig dürften die Neuburger Jesuiten mit dem fürstbischöflich-eichstättischen Baumeister Johann Dominicus Barbieri (1712–1764) in Kontakt gekommen sein, dem – als Nachfolger des großen Eichstätter Gabriel de Gabrieli (1671–1745) – bedeutendsten Baumeister im näheren Umkreis von Neuburg. Barbieri legte einen ersten Plan vor, der – unter formmäßig strenger Beibehaltung von drei gewölbten Schiffen im Langhaus – nur eine gewisse Aufstockung der tragenden Umfassungsmauern und der inneren Tragpfeiler vorsah, dazu aber bereits eine bedeutende Vergrößerung der Fenster, um das Kircheninnere heller zu gestalten.

Wer dann den Anstoß gegeben hat, die romanische Hallenkirchenform aufzugeben, sie durch den Abbruch der alten Gewölbe und Pfeiler – bis auf die im Chorraum – zu entkernen und den so geschaffenen einheitlichen lichtdurchfluteten Kirchenraum mit einem einzigen Gewölbe zu überspannen, wissen wir nicht.

Die Entscheidung, so oder so die Kirche umzugestalten, war Mitte des Jahres 1755 noch nicht gefallen. Ein erster »beyleiffiger Überschlag« Barbieris über die Kosten der »Pau Remodernation« vom 11. August 1755 schätzte die Kosten für die zweite Lösung auf 4093 Gulden 20 Kreuzer, ließ aber Alternativlösungen (Erhöhung von Mauern und Pfeilern mit Ziegelstatt Holzgewölbe, Anbau von vier Seitenkapellen) offen. Ein genauerer Überschlag Barbieris vom 17. November 1755 zeigt dann deutlich die Entscheidung zugunsten der heutigen Kirchenform; die Erhöhung der veranschlagten Baukosten auf 6305 Gulden 20 Kreuzer war bedingt durch die Einbeziehung der Kosten des Stukkators (veranschlagt mit 900 Gulden) und durch die für die Ansetzung der beiden querschiffartigen Nebenkapellen[167].

Noch im Spätsommer des Jahres 1755 begann man, Aufträge zur Beschaffung der Baumaterialien zu vergeben. Wir wissen darüber sehr genau Bescheid, da die über den Kirchenbau geführte Baurechnung sich erhalten hat. Das große Bauholz für den Dachstuhl kam aus den Eichstätter Spitalwaldungen. Die Bretter – 3595 Falzbretter, 301 Bodenbretter, 686 Tafelbretter, 520 Halbläden – und die Latten – 2431 Dachlatten und 150 Wurfplatten – bezog man aus dem Alpenvorland; sie wurden von den Floßmeistern Carl Ott in Lechbruck und Augustin Riedt in Hohenfurch (beide bei Schongau) geliefert, auf Lech und Donau flußabwärts transportiert, bei Stepperg bzw. Neuburg angelandet und in Bittfuhren (mit erbetenen Fuhren, nicht im Wege von Frondiensten) nach Bergen verfrachtet. Lech und Donau abwärts kam in 124 Fässern auch der Gips, den der bereits genannte Carl Ott sowie der Füssener Floßmeister Franz Paur lieferten. Für das Lattengerüst des neuen Gewölbes waren »Raiff« (gebogene Hölzer) nötig, die man am Ort von dem Bergener Schäffler Georg Hoseman bezog (insgesamt 17500 Stück). Auch die Leistung des Bergener Zieglers Joseph Heigl ist erstaunlich, lieferte er doch in den Jahren 1755–1758 insgesamt 64650 Ziegelsteine, 26050 Ziegeltaschen (Dachplatten) und 1000 »Guggeisl« (Firstplatten), alle handgemacht ohne Einsatz moderner Maschinen, dazu noch 1735 Schaff gebrannten Kalk[168].

Die Bauarbeiten selbst begannen im Februar 1756. Zunächst entfernte man die alte Inneneinrichtung – Kirchenbänke und Altäre. Im März und April wurden der alte Dachstuhl abgetragen und Abbrucharbeiten vorgenommen (Ausbrechen der Umfassungsmauern an der Stelle der dann angefügten Seitenkapellen und Ausbrechen der großen Fensteröffnungen; »Abbrechnung der Kürchen«, was als Abbrechen der alten Gewölbe und Pfeiler aufzufassen ist). Bereits am 30. April konnte das Aufmauern beginnen, ab dem 2. September wurde der neue Dachstuhl aufgerichtet und abgebunden und schon der 18. September 1756

war der Tag, »an welchem [...] der Tachstuehl ist aufgehebet worden.« Zu diesem Hebauf bekam jeder der 35 Maurer und Zimmerleute, der 27 Handlanger und 8 Mörtelbuben einen Extrabetrag ausbezahlt. Der Dachstuhl wurde eingelattet und noch im November konnte mit der Eindeckung des Kirchendachs begonnen werden, während die Maurer gleichzeitig die »Raiff« als Schalung für die Kirchendecke und Gesimse aufzunageln anfingen. Am 27. November 1756 mußte wegen »aingefahlener Költe« die Bauarbeit eingestellt werden[168].

Die Winterpause war relativ kurz. Bereits am 26. Januar 1757 stellte der Neuburger Stadtmaurermeister Martin Buchtler ein Bauprogramm für das Jahr 1757 auf, und nur wenig später, am 31. Januar, begannen die Maurer mit Ausgleichung der Hauptmauern. Dies war notwendig, weil die ursprünglichen Mauern aus Haustein waren und noch zahlreiche Gewölbeansätze, Gurtbogen und Absätze von der alten romanischen Hallenkirchenwölbung aufwiesen. Ende Februar wurden das Dachdecken sowie das Aufnageln der »Raiff« fortgesetzt, so daß man am 26. März mit dem Verputzen anfangen konnte. Hierauf begann man wohl die beiden neuen Sakristeien mit den aufgesetzten Oratorien im Chor aufzumauern und den Chorbogen zu setzen. Die Dachdeckerarbeiten waren Ende Mai noch nicht abgeschlossen; dabei wurden übrigens die Dachplatten (»Ziegeltaschen«) von Kindern, mitunter auch »erwachsenen Kindern«, zugelangt. Die im Vorjahr vom Neuburger Hofschlosser Antoni Kürsch gelieferten eisernen und von den Maurern in die Wand eingesetzten Fensterstöcke (für die 16 großen Fenster und die darüber sitzenden 16 Rundfenster) wurden jetzt von dem Neuburger Hofglaser Franz Stegmayr verglast (für die 18 großen und 18 runden Fenster brauchte er 6694 bzw. 2016 sechseckige Scheiben[168]).

Nachdem im Spätfrühjahr 1757 ein gewisser Abschluß der Bauarbeiten erreicht war, konnte die neue Innenausstattung in Angriff genommen werden. Bereits am 22. Dezember 1756 hatte man mit dem Augsburger Kunstmaler – so bezeichnet er sich selbst – Johann Wolfgang Baumgartner einen Kontrakt über die Ausmalung der Decken abgeschlossen; für die fünf Hauptfresken – Kreuzauffindung im Chor, Kreuzerhöhung im Langhaus, musizierende Engel über der Empore, hl. Hubertus und hl. Eustachius in den beiden Seitenkapellen – wollte er 800 Gulden in Rechnung setzen. Es kamen dann noch vier kleinere Fresken im Chor hinzu, so daß die Ausgaben auf Baumgartner sich schließlich auf 1060 Gulden erhöhten.

Hand in Hand mit Baumgartner arbeiteten auf den Gerüsten Quadraturer, Stukkator und Vergolder. Die Quadraturer schufen die linearen Stuckumrahmungen der Deckenfresken. Der Stukkator Joseph Köpf (nicht Köpl!)[169] aus Wertingen überzog den Kirchenraum mit sparsam gesetztem, elegantem Muschelwerkstuck – vor allem an den Kapitellen der Mittelpfeiler im Chor und der Wandpfeiler, an den Freskenumrahmungen, an den Fensterrahmungen, in den Zwickeln der Gewölbestichkappen, an den Emporen und am Chorbogen – und setzte die hübschen Vasen aus Stuckplastik auf die Gesimse der Wandpfeiler. Der Stuck wurde dann teilweise von dem Vergolder Hölzl[170] mit Blattgold gefaßt. Für die Arbeiten bekam Köpf 1184 Gulden 24 Kreuzer, Hölzl – der offenbar auch das Blattgold stellte – 1200 Gulden.

Bei einer derart prachtvoll sich anbahnenden Neugestaltung des Kirchenraums war es von vornherein absehbar, daß man von dem »alten« Kirchenmobiliar nur wenig übernehmen würde, zumal es wohl kaum zum Stil gepaßt hätte. Zu diesen Ausnahmen zählten außer dem gotischen Taufstein das 1718 beschaffte und zunächst auch weiterhin im Chorraum aufgestellte Gitter des Eichstätters Concordius Hartmann, möglicherweise etwas zurückversetzt auf die mittlere der Chorstufen. Ob es von dem bereits genannten Schlosser Antoni Kürsch ergänzt wurde, wissen wir nicht; jedenfalls lieferte Kürsch im Jahre 1757 mehrere Gitter für die Kirche, so zwei neue »eysene Gütter mit Spizen« von 342 Pfund Gewicht, dann ein Gitter mit 446 Pfund und ein viertes Gitter mit 268 Pfund. Kürsch schuf auch die Beschläge und ein besonders kunstvolles Schloß für die westliche Eingangstüre. Diese war im gleichen Jahre 1757 von dem Neuburger Schreiner Jakob Steinle[171] gefertigt worden

den (Preis: 21 Gulden) ebenso wie die beiden Sakristeitüren mit ihrem Zierrat (14 Gulden). Steinle schuf auch die neue Kanzel (Schreinerarbeit: 120 Gulden), zu der ein sehr begabter Bildhauer den plastischen Schmuck beisteuerte: der Dillinger Johann Michael Fischer (1717–1801)[172], der wohl von den Dillinger Jesuiten nach Neuburg bzw. Bergen vermittelt wurde. Auf Steinle gehen auch zwei der neuen doppelten Beichtstühle (mit Bildhauerarbeit: 50 Gulden) zurück, während fünf weitere doppelte Beichtstühle (mit Bildhauerarbeit: 125 Gulden) und zwei einfache Beichtstühle (mit Bildhauerarbeit: 36 Gulden) von dem Neuburger Seminarschreiner Simon Ster geliefert wurden.

Im Jahre 1757 beschlossen die Maurer ihre Arbeiten am 20. November, die Zimmerleute am 17. Dezember. Der Kirchenbau war in diesem Jahr sehr weit gediehen.

Im folgenden Jahre 1758 wurden noch eine Mauer im Chor beim Hochaltar ausgebrochen und die Altarsteine gesetzt, doch dann waren die Maurerarbeiten abgeschlossen. Die Maurer und Zimmerleute konzentrierten sich jetzt voll auf das sog. Klosterhaus, das im Westen an die Kirche anschließt und eine Verbindung als Eckbau zum nördlich anstoßenden Westflügel des einstigen Kreuzgangs darstellt: dieses Klosterhaus überdeckt die nach Süden zu offene zweigeschossige Tonne der Vorhalle vor dem westlichen Haupteingang der Kirche.

Im Kircheninnern selbst ging die Arbeit an der neuen Innenausstattung weiter. Nach dem 22. November 1757 hatte man schon mit der Setzung der neuen Kirchenstühle begonnen, die der Schreiner im eichstättischen Marktflecken Dollnstein geliefert hatte, wobei wohl die grundherrschaftlichen Beziehungen Bergens zu seinem alten Besitz Dollnstein mitgespielt haben dürften. Hans Georg Buttmann erhielt für die 40 Kirchenstühle mit ihren stark gekurvten, eleganten, in feiner und doch schlichter Muschelwerkschnitzerei gehaltenen Docken 200 Gulden.

Am 2. Januar 1758 wurde ein Vertrag mit dem Bildhauer Johann Michael Fischer wegen des neuen Choraltars geschlossen, der bis Pfingsten[172a] aufgestellt sein sollte. Statt der vereinbarten 630 Gulden erhielt Fischer zunächst 50 Gulden weniger, die Schreinerarbeiten lieferte wiederum der Neuburger Jacob Steinle. Der stattliche Altar füllt den ganzen Chorschluß des Mittelschiffs aus. In den viersäuligen Aufbau mit seitlich anschließenden Pilastern ist ein Altarblatt mit der Darstellung Jesus am Kreuze von Johann Wolfgang Baumgartner eingelassen, das von zwei plastischen Engeln mit den Leidenswerkzeugen – Essigschwammstab und Lanze – flankiert wird. Derselbe Übergang von bildlicher und figürlicher Darstellung findet sich auch in der Fortsetzung nach oben: das Altarblatt mit dem Gekreuzigten und der Auszug mit dem thronenden Gottvater und der über ihm schwebenden Taube des Hl. Geistes sind eine Einheit und ikonographisch nichts anderes als eine etwas ungewöhnliche Darstellungsform des sog. Gnadenstuhls mit deutlichem Hinweis auf Titel und Patrozinium der Wallfahrtskirche zum Heiligen Kreuz. Programmatisch sind auch die überlebensgroßen äußeren Figuren des Hochaltars, wird hier doch durch die Bistumspatrone des hl. Willibald (für Eichstätt, Nordseite) und des hl. Ulrich (für Augsburg, Südseite) auf die Lage Bergens an der Südgrenze des Bistums Eichstätt wie auch seine Beziehungen zum bereits im Bistum Augsburg gelegenen Seminar Neuburg hingewiesen.

Wahrscheinlich ging im Jahre 1758 die Ausgestaltung des Kirchenraumes durch Baumgartner, vielleicht unterstützt durch Köpf und Hölzl, weiter. Gesichert ist, daß Baumgartner bis zum 20. Juni 1758 erst die vertraglich vereinbarten fünf Hauptfresken gemalt hatte, die vier kleineren Chorfresken dagegen noch nicht. Mit der Aufstellung des zunächst noch ungefaßt gebliebenen Choraltars war aber ein gewisser Abschluß erreicht, selbst wenn die spätestens seit November 1757 geplanten vier weiteren Altäre noch fehlten: die beiden Seitenaltäre an der Chorstufe vor den Chorseitenschiffen bzw. den Chorsakristeien, und die beiden Nebenaltäre in den neuen Seitenkapellen. An Michaelis, Freitag, dem 29. September 1758, wurden die Kirche und der Choraltar von dem Eichstätter Bischof Raymund Anton von Strasoldo (1757–1787), einem großen Freund und Gönner der Jesuiten, geweiht. Das Weihedatum ist sehr auffallend, hätte doch der 14. September mit dem Patroziniumsfest Kreuzerhöhung näher gelegen.

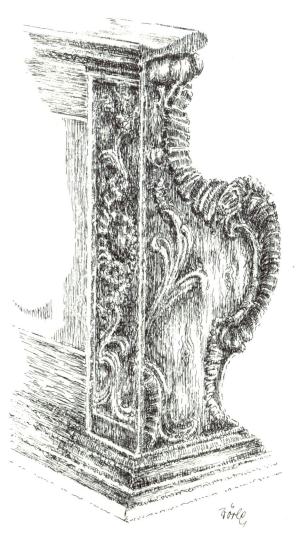

Auch im Jahre 1759 gehen die Arbeiten an der Neuausstattung der Kirche weiter. Jetzt werden die beiden Seitenaltäre links und rechts vom Chorbogen aufgestellt und kulissenartig vor die westliche Stirnwand der beiden Chorsakristeien gesetzt. Sie wurden von den gleichen aufeinander eingespielten Meistern wie der Choraltar geschaffen: dem Dillinger Bildhauer Johann Michael Fischer, dem Neuburger Schreiner Jakob Steinle und dem Augsburger Kunstmaler Johann Wolfgang Baumgartner. Die Altäre entsprechen daher im Aufbau dem Hochaltar, nur wird das Altarblatt seitlich nur von einer Säule und einem Pilaster flankiert; da der Auszug in den Emporenfreiraum über den Sakristeien ragt, ist er anders als der vom Choraltar gestaltet: als kurvig geführte Pilasterrahmung für eine Vollfigur. Der vor der nördlichen Kirchenbankreihe, der Frauenseite, aufgestellte nördliche Seitenaltar ist entsprechend thematisch als Frauenaltar gestaltet. Das Altarblatt zeigt Maria mit dem Jesuskind auf dem Arm, wie sie sich in das Geheimnis des hl. Kreuzes versenkt, auf das der über ihr in Wolken thronende Gottvater hinweist. Die beiden plastischen Assistenzfiguren sind die hl. Walburga, die Eichstätter Bistumsheilige (links) und die hl. Barbara (rechts), in ihrer strahlenden Art wohl die eleganteste Figur, die Johann Michael Fischer für die Bergener Kirche schuf; diese Barbara zeigt zugleich am typischsten die äußeren Merkmale von Fischers Stil, so die kantig gebrochenen dreieckigen Gewanddrapierungen, spitz auslaufende abstehende Gewandenden, das elegant leichte, durch parallele Gewandfalten betonte Spiel von Stand- und Spielbein, das bevorzugt runde Postament bis hin zum Gewandsaum, der über dieses Postament zipfelt. Im Auszug die Figur der hl. Anna im Strahlen- und Puttenkranz. Diesem Frauenaltar entspricht der vor den südlichen Kirchenbankreihen, den Männerstühlen, aufgestellte südliche Seitenaltar als Männeraltar: das Altarblatt zeigt den Zimmermann Joseph, wie er dem Jesusknaben beim Vergleich der mosaischen ehernen Schlange mit der Erhöhung des Menschensohnes zuhört. Beseitet wird dieses Altarblatt von den Figuren des Bauernheiligen Wendelin (links) und des Pestheiligen Rochus (rechts), während im Auszug der hl. Joachim dargestellt ist. Beide Seitenaltäre zusammengenommen sind zugleich eine Darstellung der hl. Familie. Für die drei Altarblätter (Chor- und beide Seitenaltäre) erhielt Baumgartner 350 Gulden, während Fischer und Steinle für die beiden Nebenaltäre zusammen 650 Gulden bekamen.

Im Jahre 1759 lieferte Johann Michael Fischer auch das ausdrucksstarke Vesperbild Unserer Lieben Frau unter dem Kreuze: die Schmerzensmutter Maria sitzend zu Füßen des leeren Kreuzes, an dem nur ein Tuch hängt. Für diese als Pendent zur Kanzel gedachte, an der südlichen Langhauswand aufgehängte Figurengruppe erhielt Fischer 107 Gulden. Neben der bereits genannten Barbara vom nördlichen Seitenaltar zählt das Vesperbild zum besten, was Fischer – und dies wohl eigenhändig – für Bergen geschaffen hat, denn sicher sind nicht alle der Bergener Figuren von Fischer selbst, sondern öfters wohl auch von seinen Werkstattmitarbeitern geschnitzt.

Im Jahre 1761 erreichten die Arbeiten an der Innenausstattung einen gewissen Abschluß: der Choraltar, die Kanzel und das Vesperbild wurden von den beiden Malern Johann Geiger aus Höchstädt a.d. Donau – einem mit Fischer oft zusammenarbeitenden ausgesprochenen »Faßmaler« – und Xaver Schindele aus Neuburg gefaßt und vergoldet. Da die Maler das benötigte Blattgold wohl selbst stellen mußten, ist der stattliche Betrag von 1100 Gulden für diese Arbeit erklärlich. Nach der Fassung des Choraltars wurde in seine Mensa ein von dem Eichstätter Gürtler (Thomas Conrad) geschaffener Reliquienschrein eingelassen, der die Gebeine des Märtyrers Faustinus aufnahm; diese waren zuvor von den Klosterfrauen zu St. Clara (Gnadental) in Ingolstadt kostbar gefaßt worden. Die Einsetzung dieser und weiterer Reliquien (der Hll. Leonhard, Xaver, Aloisius und Johann von Nepomuk) erfolgte im September 1761. Der Hochaltar erhielt im gleichen Jahr auch den großen kupfervergoldeten Tabernakel mit reichem getriebenem Silberbeschläg, an dem der Eichstätter Goldschmied Joseph Pacher mit seinen Mitarbeitern mehr als ein halbes Jahr gearbeitet hat und den der Augsburger Goldschmied Salle »gar ausgemacht hat«, also abschließend noch überarbeitete. Das Jahr 1761 brachte aber auch den Tod des Malers Johann Wolfgang Baumgartner, der am 7. September 1761 in Augsburg im Alter von nicht ganz fünfzig Jahren verstorben ist; den Abschluß der Ausstattungsarbeiten hat er nicht mehr erlebt, fehlten doch jetzt noch die beiden Nebenaltäre sowie der Kreuzweg. Im Jahre 1761 konstituierte sich in Bergen auch eine Bruderschaft, die »Trostreiche Bruderschaft von dem heil(igen) Kreuz, In der Hofmarkt Bergen, oder Baring«, für Wallfahrer zum Heiligen Kreuz[173].

Die Erwartung, die man bei Beginn in die Um- und Ausbauarbeiten an der Kloster- und Wallfahrtskirche zu Bergen in den Jahren 1755/56 gesetzt hatte, nämlich die Wiederbelebung der zuvor blühenden Wallfahrt, hatte sich nicht erfüllt. Die Kosten für Umbau und Neuausstattung des Gotteshauses hatte bis 1761 allein das Seminar zum Heiligen Kreuz in Neuburg getragen: bis zum Ende des Jahres 1761 war dies die stattliche Summe von rd. 23 000 Gulden, in welchem Betrag aber »noch ville Ausgabencosten nicht darzuegerechnet« waren. Die Mittel der Kirchenstiftung zu Bergen hätten dazu niemals ausgereicht, fiel es ihr doch um diese Zeit sogar schwer, aus den geringen Einkünften auch nur die laufenden Kosten für die Abhaltung der Gottesdienste das Jahr über zu bestreiten, so daß auch hier das Seminar Neuburg das eine und andere Mal helfend einspringen mußte. Auch die bereits genannte Bruderschaft konnte nichts ändern, obwohl ihr Papst Clemens XIII. (1758–1769) am 5. Dezember 1760 einen vollkommenen Ablaß verliehen hatte.

Erst im Jahre 1764 konnten die Ausstattungsarbeiten fortgesetzt werden, wobei auch diesmal die Kosten das Neuburger Seminar übernahm. Das hohe Chorgitter, das seit 1718 und auch nach dem Umbau von 1756/57 den Chorraum vom Langhaus trennte, wurde damals abgebrochen, da es offenbar zu sehr den Blick auf den Hochaltar verstellte. Im Juli 1764 wurde es durch zwei wesentlich niedrigere, seitlich an die Chortreppe gerückte Brüstungsgitter ersetzt. Für diese bemerkenswert flotte Arbeit bekam der Schlosser – in dem wir wohl wiederum Antoni Kürsch sehen dürfen – den Betrag von 97 Gulden 47 Kreuzern. Für verschiedene Faßarbeiten bekam der (ungenannte) Maler 70 Gulden; da die Rechnung dabei ausdrücklich von sechs großen Bilderrahmen in der »Schmerzhaften Capellen« spricht, darf wohl angenommen werden, daß das Vesperbild zunächst in der damals noch leeren – wohl südlichen – Seitenkapelle aufgemacht war[174].

Anschließend an den Abbau des alten Chorgitters begann der Schlosser mit seiner Umgestaltung zum heute westlichen Abschlußgitter, das unter der Empore zwischen die sie tragenden zwei Pfeiler und die Umfassungsmauern eingespannt ist. Er zerlegte das alte Gitter in drei Stücke, fertigte weitere drei, übrigens sehr gut nachempfundene Stücke neu dazu (nördliches Seitengitter), streckte das obere und untere Volutenband, beließ den mittleren großen Hauptaufsatz und schuf für die zwei Seitengitter zwei neue, gleichfalls gut nachempfundene Aufsätze, so daß sich alt und neu sehr gut ergänzen; er änderte die mittlere Flügeltür in eine Schiebetür auf Rollen ab und setzte neue Schlösser ein. Für diese Um- und Neugestaltung erhielt er im Jahre 1765 100 Gulden 52 Kreuzer[175].

Im Jahre 1765 konnte man endlich auch an die Beschaffung der beiden noch fehlenden Nebenaltäre in den Seitenkapellen denken. Auch dabei griff man auf die bewährten Meister Fischer und Steinle zurück (die Rechnung nennt ihre Namen nicht ausdrücklich). Die neuen Altäre entsprachen im Aufbau den drei bereits vorhandenen, nur sind sie viersäulig ohne Pilaster gestaltet. Da Johann Wolfgang Baumgartner im Jahre 1761 verstorben war, mußte man sich nach einem neuen Maler für die Altarbilder umsehen und fand ihn in der Person des Eichstätter Malers Johann Chrysostomus Winck (1725–1795). Im Rechnungsjahr 1765/66 lieferte er Anfang 1765 zunächst das nördliche Altarblatt (St. Xaver; 65 Gulden 25 Kreuzer) und gegen Jahresende auch das südliche Altarblatt (St. Leonhard; 70 Gulden)[175].

Beide Nebenaltäre sind als ausgesprochene Ordensaltäre konzipiert: der nördliche als Jesuitenaltar (die Jesuiten hatten bis 1773 die Verwaltung des Neuburger Heilig-Kreuz-Seminars), der südliche als Benediktineraltar (zur Erinnerung an die Ordenszugehörigkeit des einstigen Benediktinerinnenklosters Bergen). Das Altarblatt des Jesuitenaltars zeigt die Kreuzesvision des hl. Franz Xaver SJ, die beiden plastischen Assistenzfiguren sind die Jesuitenheiligen Franz von Borgia (Francisco de Borja) (links) und Stanislaus Kostka (rechts), während im Auszug – von Putten umgeben – der Ordensgründer Ignatius von Loyola dargestellt ist. Für ihre Arbeit bekamen Bildhauer und Schreiner im Jahre 1765 zunächst einen Abschlag in Höhe von je 30 Gulden und im darauffolgenden Jahr eine Schlußzahlung von je 120 Gulden, wobei der Schreiner als »Collegyschreiner« bezeichnet ist[176]. (Er war demnach nicht der Seminarschreiner Ster, sondern der Schreiner des Jesuitenkollegs in Neuburg, in dem Steinle zu sehen ist.)

Das Altarblatt des Benediktineraltars zeigt den hl. Leonhard als Benediktinerabt, wie er einen Gefangenen befreit. Die beiden plastischen Assistenzfiguren sind der hl. Gallus (links) und der hl. Magnus (rechts), während im Auszug – entsprechend dem Aufbau des Jesuitenaltars – der Ordensgründer, der hl. Benedikt, dargestellt ist. Für diesen Altar erhielt der Bildhauer nach der Rechnung von 1766/67 130 Gulden und nach der von 1767/68 weitere 20 Gulden, während der Schreiner im Jahre 1767 175 Gulden bekam[177]. Der Jesuitenaltar dürfte demnach 1766, der Benediktineraltar im Jahre 1767 aufgestellt worden sein.

Das Jahr 1767 brachte auch einen gewissen Abschluß bei den Handwerksarbeiten. Der Schreiner fertigte offenbar einen neuen Prospekt für die Orgel (60 Gulden), welche noch aus der alten Kirche stammte, seinerzeit von dem Orgelmacher zu Ingolstadt (wohl König) abgebrochen und 1759 neu aufgestellt worden war. Der Schreiner lieferte ferner die neuen sog. Altargitter, also die Einfassung der fünf Altäre mit den Balustraden, deren Baluster mit Hängegirlanden und Muschelwerk verziert sind (61 Gulden 30 Kreuzer). Schließlich fertigte er auch noch die zwei Wand-

schränke in den Seitenkapellen beim Xaveri- und Leonhardialtar mit den verzierten Türen und dem reich dekorierten Aufsatz (60 Gulden)[178]. 1768 wurde der alte Taufstein neu aufgerichtet, wobei der Bildhauer für den neuen Aufsatz 2 Gulden 30 Kreuzer erhielt; der Taufstein wurde übrigens von dem Bergener Kaplan Schneberger gefaßt, wofür er (für Goldfarben, Firnis und ein Honorar) 8 Gulden 52 Kreuzer bekam[179]. Schneberger faßte im Jahre 1768 auch noch die Stiegenwände auf die beiden Chororatorien und erhielt für Farben, Firnis und eine »Discretion« weitere 36 Gulden 5 Kreuzer[180]. Ob dann die Fassung der Stiege, ihrer Portale sowie der beiden Galeriegitter (40 Gulden 14 Kreuzer) im Jahre 1769 gleichfalls von Schneberger hergestellt wurde oder von einem Faßmaler, wissen wir nicht; für letzteres spräche die Tatsache, daß 1769 auch die Orgel gefaßt wurde (75 Gulden)[181].

Für eine Heilig-Kreuz-Kirche auffallend, fehlte jetzt nur noch ein Kreuzweg. Dieser wurde dann im Jahre 1773 aus Kirchenstiftungsmitteln beim Eichstätter Maler Johann Chrysostomus Winck in Auftrag gegeben. Da aber die Kirchenmittel dafür nicht ausreichten, sprang erneut das Seminar ein, übernahm eine Ausgabenübersteigung in Höhe von 153 Gulden 55 Kreuzern 4 Hellern und steuerte für die Kreuzwegrahmen weitere 35 Gulden bei[182]. Im Jahre 1774 wurde der Kreuzweg eingesetzt; das Seminar bezahlte auch hier die anfallenden Trinkgelder und andere Ausgaben (10 Gulden 20 Kreuzer) und verehrte den Franziskanern, »so den H: Creuzweeg eingeführt«, als »geistliche Schenkung« 4 Gulden 48 Kreuzer[183].

Damit war ein endgültiger Schlußpunkt unter das langwierige, im Jahre 1756 begonnene Unterfangen gesetzt, die alte romanische, aus der Blütezeit des Benediktinerinnenklosters Bergen stammende Hallenkirche in einen modernen lichtdurchfluteten Kirchenraum umzuwandeln. Diese Bau- und Ausstattungsmaßnahmen hatten enorme Geldbeträge beansprucht, was Gegner der Jesuiten als überflüssig und unnötig ansahen; sie hätten viel lieber gesehen, daß man dafür einige Adelige zum Studium der Rechte an die Universität Heidelberg geschickt hätte. Der Bergener Kirchenbau hatte schließlich zur Folge, daß man den Jesuiten »puncto administrationis male gestae«, also wegen schlecht geführter Verwaltung, diese im Jahre 1767 (endgültig 1771) entzog, Bergen bekam jetzt wieder einen weltlichen Administrator. Dies war aber zugleich auch schon ein Vorbote kommender Ereignisse, hat doch dann Papst Clemens XIV. am 21. Juli 1773 die Gesellschaft Jesu aufgehoben[184].

Bei dem Bergener Kirchenumbau und seiner Neuausstattung im Stil der Zeit dominierten also eindeutig die auswärtigen, von der damaligen Herrschaftsstruktur her gesehen gar ausländischen Kräfte. So beteiligten sich aus der hochstift-eichstättischen Residenzstadt der Architekt Barbieri und sein Mitarbeiter Dominikus Salle, der Maler Winck, der Gürtler (Conrad), der Goldschmied Pacher und aus dem hochstift-eichstättischen Markt Dollnstein der Schreiner Buttmann, aus der freien Reichsstadt Augsburg der Maler Baumgartner und der Goldschmied Saller, aus der kurbayerischen Stadt Wertingen der Stukkator Köpf, aus der hochstift-augsburgischen Residenzstadt Dillingen der Bildhauer Fischer, und aus der pfalz-neuburgischen Stadt Höchstädt der Faßmaler Geiger. Den Neuburger Meistern verblieb mehr die ausführende Arbeit, so die Maurerarbeiten (der Stadtmaurermeister Martin Buchtler hatte in Nachfolge des Eichstätter Dominikus Salle ab 1757 die Bauleitung, wobei der Neuburger Wolf Schöpfer 1757 kleinere Abbrucharbeiten durchführte), die Glaserarbeiten (Hofglaser Stegmayr), die Lieferung des Baueisens (Eisenhändler Johann Paul Graßeckher) oder der kupfernen Dachrinnen (Kupferschmied Johann Michael Heiß). Tüchtige Neuburger Meister finden wir unter den Mitwirkenden am Bergener Kirchenbau, so etwa den Schreiner Steinle, wobei aber zu berücksichtigen ist, daß die Entwürfe zu den Bergener Altären mit einer an Sicherheit grenzenden Wahrscheinlichkeit von dem Bildhauer Fischer stammen[185]; Steinle war hier also nur ausführender Meister, was aber sein handwerkliches Können keineswegs schmälern soll. Genannt werden sollen auch der Neuburger Schreiner Ster und vor allem der Schlosser Kürsch. Auch Kräfte aus Bergen selbst wirkten mit, so etwa der Zimmermeister Taxer, der mit seinen Leuten den mächtigen Dachstuhl auf die Kirche aufsetzte und abband, oder der Schäffler Hosemann, der Schmied Joseph Weinzierl, der Ziegler Joseph Heigl, bis hin zu anderen Handwerkern und Handlangern, ohne die ein solches Unterfangen damals einfach nicht zu realisieren war.

Bergen und das Seminar Neuburg seit 1773

Die Vollendung des Bergener Kirchenbaus war zeitlich ungefähr mit der bereits genannten Aufhebung des Jesuitenordens (1773) zusammengefallen. Die Bindung Bergens an das Heilig-Kreuz-Seminar wurde aber davon nicht berührt, obwohl die Jesuiten 1767/1771 zunächst die Administration von Bergen und 1773 auch die Leitung des Neuburger Seminars verloren hatten.

Das Seminar kam jetzt in staatliche Zuordnung. Zu Ende des 18. Jahrhunderts hatte es schwere Zeiten zu überstehen, so durch die verfügte Angliederung eines kostspieligen adeligen akademischen Kollegiums (1786–1803), durch die Auswirkungen der napoleonischen Kriege, durch hohe Zahlungen an das Damenstift St. Anna für die Provinz Neuburg (1805–1812/13) und durch die aufwendige Verwaltung[186]. Es verkaufte deshalb im Jahre 1806 in Bergen den Klosterbauhof (HsNr. 55) mit der Hälfte des Zehntstadels, die Gerichtsdieners- und Schulmeisterwohnung (HsNr. 52, 53), das Kaplanshaus, den Sommerkeller mit Kellerhaus, den oberen Stadel mit Stallung, das sog. hintere Gebäude und zahlreiche Äcker und Wiesen, und im Jahre 1809 die andere Hälfte des Zehntstadels, Teile des einstigen Klosters sowie das Forsthaus (HsNr. 54)[187]. Bis auf das Forsthaus lagen und liegen diese Gebäude alle innerhalb der inneren Klosterringmauer im einstigen unmittelbaren Klosterbereich und sind seither zahlreichen Veränderungen unterworfen gewesen bis hin zum Abbruch von Teilen des einstigen Klosters. Diese Verkäufe sowie die Einkünfte aus dem Besitz des einstigen Benediktinerinnenklosters Bergen boten aber dem Neuburger Seminar einen finanziellen Rückhalt, diese schwierigen Zeiten zu überstehen, denn sonst wäre der Bestand des Seminars ernsthaft gefährdet gewesen.

Erst die Rückbesinnung auf den eigentlichen Gründungszweck, der durch den Umzug der beiden sich ergänzenden Institutionen – des Seminars wie des Gymnasiums – in die Gebäude des einstigen Neuburger Ursulinerinnenklosters (1816) noch verstärkt wurde, brachte eine langsame Gesundung der Finanzverhältnisse[188]. Dies war auch für die Bergener Kirche von größter Bedeutung, hatte die Kirchenstiftung Bergen doch derart geringe Einkünfte, daß ihr das Seminar Neuburg stets durch Zuschüsse helfen mußte, besonders wenn kleinere oder größere Bauausgaben anstanden.

Im Jahre 1856 waren die beiden Altarblätter Baumgartners (Maria- und Josephaltar) durch Figuren im Zeitgeschmack ausgewechselt und auf den Kirchenboden verbannt worden. Im Jahre 1895 regte aber der aus Bergen stammende Bahninspektor a. D. Sebastian Maillinger an, die Altarbilder nach einer Restaurierung wieder in die Nebenaltäre einzusetzen. Da – nach der ablehnenden Haltung gegenüber der Kunst des 18. Jahrhunderts – zu Ende des 19. Jahrhunderts »die guten Kirchenmalereien des vorigen [=18.] Jahrhunderts ... immer mehr wieder zu gerechter Würdigung« kamen, begrüßte das »K. Generalkonservatorium der Kunstdenkmale und Alterthümer Bayerns« in München die Wiedereinsetzung der Altarblätter. Die Restaurierungskosten trug zur Hälfte (250 Mark) Maillinger, in den Rest teilten sich der Seminarfonds (200 Mark) und der damalige Pfarrer von Bergen, Heldwein (50 Mark). Die Gemälde wurden 1896/97 von dem Assistenten Mayer von der Alten Pinakothek in München restauriert.

Seit 1897 trug man sich mit dem Gedanken der Restaurierung der Kirche anbetrachts der »so hervorragenden historischen wie kunstgeschichtlichen Bedeutung dieses so frühen Architekturwerks«. Erst 1905 konnte die Krypta wiederhergestellt werden

(Freilegung des Mauerwerks durch Abschlagen von Putz und Stuck, Freilegung der Altarmensa und Abbau der Balustrade). Es wurde dann das vermauert gewesene romanische Südportal wieder freigelegt und die Umfassung des Ziehbrunnens in der Krypta in romanischen Bauformen rekonstruiert. Die schon mehrfach reparierte Orgel wurde abgebrochen und eine neue – unter Beibehaltung des alten Prospekts – 1906 beim Eichstätter Orgelbaumeister Josef Bittner in Auftrag gegeben und 1907 aufgestellt; von den Gesamtkosten dafür (7000 Mark) trug »ein hoher Staatsbeamter, ein Kunstfreund und Gönner der hiesigen Kirche« allein 3000 Mark, weitere 3800 Mark der Seminarfonds[189].

Nach einem Sakristeibrand (1926) wurde die verrauchte Kirche – die Baumgartner-Fresken selbst blieben unversehrt – neu ausgetüncht. In den Jahren nach dem Zweiten Weltkrieg wurde das Kirchendach neu gedeckt (1955), die im 19. Jahrhundert veränderte Fassung des Hochaltars in ursprünglicher Form wiederhergestellt (1958), das Turmuntergeschoß als Aussegnungshalle umgestaltet und auch der Turm neu gedeckt (1968), sowie – aus Anlaß der im Jahre 1976 begangenen 1000-Jahr-Feier eine vollständige Außenrenovierung durchgeführt (1974/75); dabei setzte sich der derzeitige Hüter dieses herrlichen Gotteshauses, Pfarrer Bigler (seit 1965), besonders für die ungefaßte Belassung des Hausteinwerks der romanischen Chorapsiden ein.[190]

Die Kosten für die Durchführung all dieser Arbeiten trug das Studienseminar Neuburg, das in Nachfolge des einstigen Benediktinerinnenklosters Bergen heute noch die Baulast an Kirche und Kirchturm von Bergen hat. Die zusätzlichen Leistungen dagegen, die das Seminar bis dahin für die fast mittellos gewesene Pfarrkirchenstiftung Bergen getragen hatte, wurden bereits im Jahre 1918 auf dem Vergleichswege gegen eine einmalige Zahlung von 35000 Mark abgelöst[191]. Das Präsentationsrecht auf die Pfarrei Bergen übte das Neuburger Studienseminar übrigens schon längst nicht mehr aus. Dieses Recht war um die Mitte des 19. Jahrhunderts vom Seminar an den Staat übergegangen, zu einem Zeitpunkt, als außer den vom ihm bis dahin von den Grundholden bezogenen Grundrenten auch der Großzehnt – der zehnte Teil der Getreideernte für den Unterhalt von Pfarrer und Kirche – abgelöst wurde.

Geblieben sind dagegen dem Studienseminar Neuburg die ausgedehnten Waldungen in dem einst zu Herzogshof bzw. Pfalz in Neuburg gehörenden geschlossenen Forstbezirk[192]. An diesen – ursprünglich herrschaftlichen – Forst erinnerte noch bis in unsere Zeit der Name des bereits genannten Forsthofes, Rest der hochmittelalterlichen Rodungssiedlung Forst, in klösterlicher wie auch später in der Jesuitenzeit ein großer Gutshof, zeitweise – gleich dem »Tusculum« Echenbrunn – Sommersitz der Neuburger Jesuiten und Ferienort der Neuburger Seminaristen. Er gehörte nach Aufhebung des Jesuitenordens (1773) ab 1781 zum Besitz der Großballei Neuburg des Malteserordens (bis 1822) und wurde von 1811 bis 1889 von Mennoniten bewirtschaftet (1811–1823 Pacht durch Johann Sutor und Friedrich Hage; 1827 Kauf durch Christian Sutor und Christian Esch, seit 1844 in Alleinbesitz von Christian Esch). Diese Mennoniten legten beim Hof einen kleinen Friedhof an, dessen Reste heute noch im Hochwald zu sehen sind. Der Forsthof kam durch Kauf 1889 an das Seminar Neuburg, das dann ab 1900 die ausgedehnten Feld- und Wiesengründe wieder aufforsten und die – übri-

gens bis 1924 zur Diözese Augsburg und Pfarrei Ried gehörenden und erst damals nach Eichstätt bzw. Bergen umgegliederten – Gebäude bis auf das Wohnhaus abbrechen ließ, das aber 1965 auch noch verschwand[193].

So ist es eigentlich dieser Forst, der sich wie ein roter Faden durch die Geschichte von Bergen zieht: Ursprünglich herrschaftlicher Wald, an dessen Rand um die Mitte des 10. Jahrhunderts in der Ungarnzeit eine kleine Fliehburg angelegt wurde und der dann – bei der Gründung eines Frauenklosters in dieser zwischenzeitlich aufgelassenen Fluchtburg zwischen 976 und 995 durch die verwitwete Herzogin Biletrud von Bayern – dem Kloster zugeteilt wurde. Auch nach der Aufhebung dieses Benediktinerinnenklosters im Zuge der Reformation – 1544 bzw. endgültig 1552 – war er dann mit dem einstigen Klostergut, dem Corpus Bergen, in der Zeit zwischen 1561 und 1616 zum Unterhalt der protestantischen Landesschule – des Gymnasium illustre – in Lauingen, und nach Durchführung der Gegenreformation ab 1616 zum Unterhalt der sie ablösenden katholischen Landesschule – des Jesuitengymnasiums – in Neuburg bestimmt. Konkretisiert wurde dann diese Widmung für schulische Zwecke im Jahre 1638, als absehbar war, daß in katholischer Zeit ein Kloster Bergen nicht mehr wiederentstehen sollte: Klosterbesitz Bergen und damit der Klosterwald wurden an das – zunächst bis 1773 unter Leitung der Jesuiten stehende – Seminar zum Hl. Kreuz in Neuburg gegeben. Dadurch entstand die heute noch bestehende, sehr enge Beziehung zwischen dem heutigen Studienseminar in Neuburg und Bergen, die ihren sichtbarsten Ausdruck in der Umformung der großen romanischen Hallenkirche – gebaut in der zweiten Hälfte des 12. Jahrhunderts als Klosterkirche, wahrscheinlich sogar für einen Doppelkonvent – in die prachtvolle Wallfahrtskirche zum Hl. Kreuz im dritten Viertel des 18. Jahrhunderts gefunden hat. Die Neuburger Jesuiten, Förderer dieser Wallfahrt zum Hl. Kreuz von Bergen, scheuten keine Mittel, ja riskierten sogar staatliche Eingriffe in ihre Verwaltung – und dies noch vor Aufhebung des Ordens –, um in Bergen ein Haus Gottes entstehen zu lassen, das einen adäquat würdigen Rahmen für die Verehrung des Bergener Kreuzpartikels bieten sollte.

Und sogar in dieser Kirche findet sich mit der Darstellung der beiden Patrone der Jäger und Förster, des hl. Hubertus und des hl. Eustachius, ein Bezug zum Forst von Bergen, der heute noch wirtschaftliche Basis des Neuburger Studienseminars, des früheren Seminars zum Hl. Kreuz, ist.

Anmerkungen

1 Zur Lage vgl. u. a. Topographische Karte 1:50000 Naturpark Altmühltal, Blatt Mitte. Hrsg. Bayer. Landesvermessungsamt München, 1974.
2 Auf Bergen wird immer noch fälschlich eine Namensform Baringa zum Jahre 787 bezogen (erstmals bei Otto Rieder, Die pfalzneuburgische Landschaft, deren Leben und Wirken und insonderheit ihr Marschall, in: Neuburger Kollektaneenblatt [= zukünftig: NK] 64, 1900, S. 63), obwohl bereits seit 1932 nachgewiesen ist, daß dieses Baringa aus Faringa verlesen ist und sich auf den Ort Pförring (nahe der Donau zwischen Vohburg und Neustadt a. d. Donau) bezieht (vgl. Ludwig Steinberger, Randbemerkungen zur Ortsnamenkunde des Bistums Eichstätt, in: Zeitschrift für bayerische Landesgeschichte 5, 1932, S. 430. – Ferner: Michael Bacherler, Die deutsche Besiedlung der Diözese Eichstätt auf Grund der Ortsnamen, in: Sammelblatt des Historischen Vereins Eichstätt 52, 1937, S. 19). – Die heutige mundartliche Namensform Baring ist ein sog. falscher Ingen-Name.
3 Staatsarchiv Nürnberg, Reichsstadt Nürnberg, Salbücher 251 (fol. 2).
4 Staatsarchiv Neuburg a. d. Donau [= zukünftig: StAND], Seminar Neuburg 2144.
5 Wie Anm. 3 (fol. 2)
6 Vgl. Kurt Reindel, Die bayerischen Luitpoldinger 893–989. Sammlung und Erläuterung der Quellen (= Quellen und Erörterungen zur bayerischen Geschichte; Neue Folge 11), München 1953 [= Reindel, Luitpoldinger] – Ders., Bayern unter den Luitpoldingern, in: Max Spindler, Handbuch der bayerischen Geschichte 1, München 1967, S. 206–227.
7 Vgl. Reindel, Luitpoldinger (wie Anm. 6), S. 189–192.
8 Vgl. Caspar Bruschius, Monasteriorum Germaniae praecipuorum ac maxime illustrium: Centuria prima, Ingolstadt 1551, fol. 97.
9 Wie Anm. 3 (fol. 3).
10 Vgl. hierzu die genealogische Übersicht auf S. 6.
11 Vgl. Reindel, Luitpoldinger (wie Anm. 6), S. 204–214.
12 Vgl. Monumenta Boica 31/1, München 1855, S. 230 Nr. 119. – Monumenta Germaniae Historica, Diplomata regum et imperatorum Germaniae II/1: Ottonis II. Diplomata, 1888, S. 158 Nr. 141. – Reindel, Luitpoldinger (wie Anm. 6), S. 237.
13 In einem Kopialbuch von Kloster Bergen von 1530 (StAND, Seminar Neuburg 2142) wird sie nicht mehr als Original genannt.
14 Zitat nach: StAND, Seminar Neuburg 2142 fol. 6. – Vgl. auch Franz Heidingsfelder, Die Regesten der Bischöfe von Eichstätt (= Veröffentlichungen der Gesellschaft für fränkische Geschichte, 6. Reihe), Erlangen 1938, S. 49 Nr. 136.
15 Vgl. zukünftig Karl Bosl, in: NK 134, 1981.
16 Ortsblatt (1:2500) Nr. CXCII (vgl. Abb. S. 9 nach dem Stand 1868, vorhanden am Vermessungsamt Donauwörth).
17 Vgl. Werner Meyer, Den Freunden ein Schutz, den Feinden zum Trutz. Die deutsche Burg, Frankfurt a. Main 1963, S. 61–62. – Kurt-Ulrich Jäschke, Burgenbau und Landesverteidigung um 900 (= Vorträge und Forschungen; Sonderband 16), Sigmaringen 1975.
18 Vgl. Friedrich Kluge – Walter Mitzka, Etymologisches Wörterbuch der deutschen Sprache, Berlin ¹⁹1963, S. 66 und 862.
19 Vgl. Monumenta Boica 31/1, München 1836, S. 178 Nr. 90. – Heidingsfelder (wie Anm. 14) S. 38–39 Nr. 101.
20 Vgl. den bei Alois Hämmerle (Die ehemalige Kloster- und Wallfahrtskirche zu Bergen bei Neuburg a. D., ihre Geschichte und Beschreibung. Leben und Werke des Meisters ihrer Fresken, des Augsburger Kunst- und Historienmalers Johann Wolfgang Baumgartner 1712–1761. Ein Beitrag zur Kunstgeschichte, insbesondere des 18. Jahrhunderts. Sonderdruck aus: Sammelblatt des Historischen Vereins Eichstätt 21, 1906) S. 27 abgebildeten Grundriß.
21 Vgl. Ferdinand Maria Weiß, Die Urkunden des Benediktinerinnenklosters Bergen, in: NK 117, 1964, S. 27–127, hier: S. 29 Nr. 1b – Heidingsfelder (wie Anm. 14) S. 49 Nr. 136
22 Zu beobachten erstmals bei Bruschius (wie Anm. 8) fol. 97'.
23 Vgl. Kurt Reindel, Bayern im Dienste des Reiches, in: Max Spindler, Handbuch der bayerischen Geschichte 1, München 1967, S. 227–246, bes. S. 231.
24 Vgl. Friedrich Prinz, Die Bistümer, in: Max Spindler, Handbuch der bayerischen Geschichte 1, München 1967, S. 353–373, bes. S. 362–363.
25 Vgl. Erich Frhr. v. Guttenberg, Die Regesten der Bischöfe und des Domkapitels von Bamberg (= Veröffentlichungen der Gesellschaft für fränkische Geschichte, 6. Reihe), Würzburg (1932–) 1963, S. 32 Nr. 57.
26 Vgl. Guttenberg (wie Anm. 25) S. 149–151 Nr. 322.
27 Vgl. Guttenberg (wie Anm. 25) S. 197 Nr. 385.
28 Wie Anm. 3 (fol. 4).
29 Wie Anm. 27.
30 Wie Anm. 3 (fol. 4).
31 Vgl. Bruschius (wie Anm. 8) fol. 97'.
32 Wie Anm. 3 (fol. 4).
33 Wie Anm. 3 (fol. 4–4').
34 Vgl. Friedrich Prinz, Klöster und Stifte, in: Max Spindler, Handbuch der bayerischen Geschichte 1, München 1967, S. 373–404, bes. S. 386 und 389–390.
35 Wie Anm. 3 (fol. 4'–5).
36 Vgl. Hans Radspieler, Regilind aus Admont, Äbtissin von Bergen und Hohenburg. Reformerin – Lehrerin – Dichterin, in: NK 115, 1962, S. 33–48.
37 Wie Anm. 3 (fol. 5').
38 Zur Baugeschichte der Kirche vgl. Hämmerle (wie Anm. 20). – Ferner: Adam Horn und Werner Meyer, Stadt- und Landkreis Neuburg an der Donau (= Die Kunstdenkmäler von Bayern. Regierungsbezirk Schwaben, Bd. 5), München 1958. S. 360–398. – Kurzzusammenfassung bei: Klemens Bigler, Pfarr- und Wallfahrtskirche zum »Hl. Kreuz« in Bergen, Bergen ³1978, sowie bei: Andreas Bauch, Die Kloster- und Wallfahrtskirche zu Bergen, in: Festschrift zur 1000-Jahr-Feier der Gründung des Benediktinerinnenklosters zum hl. Kreuz in Bergen im Jahr 976, Bergen 1976, S. 13–27.
39 Vgl. Umzeichnung bei Hämmerle (wie Anm. 20) S. 13. – Ferner: L. Stoltze, Die romanische Hallenkirchen in Altbayern, Borna-Leipzig 1929, Abb. Blatt 48 und Rekonstruktionen auf Blättern 44 und 45. – Vgl. ferner die Abbildung des Originalplanes im Bildteil zwischen den Seiten 24 und 25.
40 Vgl. Siegfried Hofmann, Land um Ingolstadt (= Große Kunstführer; 42), München-Zürich 1964, S. 40–41.
41 Vgl. Stoltze (wie Anm. 39) S. 20–46.
42 Vgl. Heidingsfelder (wie Anm. 14) S. 160–162 Nr. 501 (Tholbath: lfd. Nr. 75; Bergen: lfd. Nr. 94).
43 Vgl. Weiß (wie Anm. 21) S. 31 Nr. 1 (mit falschem Datum und Ausstellungsort: 1028 Aug. 1, Altstetten, anstatt richtig: 1264 April 30, Orvieto).
44 Vgl. Herbert Schindler, Große bayerische Kunstgeschichte 1, München ²1966, S. 114 und Grundriß S. 115.
45 Vgl. Jakob Wichner, Geschichte des Benediktiner-Stiftes Admont 1, Admont 1874, S. 132–133 und Urkunde Nr. 43.
46 Übersetzung nach Radspieler (wie Anm. 36) S. 36.
47 Wie Anm. 3 (fol. 5').
48 Katasterblatt (1:5000) NW XXXI 14.
49 Wie Anm. 3 (fol. 5'–6).
50 Vgl. Radspieler (wie Anm. 36) S. 37–39.
51 Vgl. Weiß (wie Anm. 21) S. 70 Nr. 114. – Zitat nach: StAND, Seminar Neuburg 2142 fol. 52'.
52 Vgl. Monumenta Boica 36/1, München 1852, S. 92.
53 Vgl. auch die Ausführungen bei Gerhart Nebinger, Überblick über die Geschichte des Klosters Bergen, in: Festschrift zur 1000-Jahr-Feier der Gründung des Benediktinerinnenklosters zum hl. Kreuz in Bergen im Jahr 976, Bergen 1976, S. 28–48, bes. S. 37 ff.
54 Vgl. Rudolf Geiger – Gustav Voit, Hersbrucker Urbare (= Schriftenreihe der Altnürnberger Landschaft; 15), Nürnberg 1965, S. 44–49.
55 StAND, Seminar Neuburg 2153 fol. 37'.
56 Lt. Brief vom 26. 3. 1514 erwarb Bergen um 126 fl von Endres Kazbaum, Bürger zu Kitzingen, ein vom Kloster »S. Margreten zu Hefelt« (Augustinerchorherrenstift Heidenfeld) lehenbares Haus zu Kitzingen mit Weingärten sowie etliche Weingärten von Eucharius Eisen und Jobst Franck zu Buchbrunn und verlieh sie gegen eine Gült von einem guten Fuder Frankenwein um Martini (Urkunde verloren; Regest: StAND, Seminar Neuburg 2144 S. 92–93b Nr. 225).
57 Zollbrief von Markgraf Friedrich mit Anweisung an die Zoller in Franken, die fünf Wagen Gültwein zollfrei passieren zu lassen, vom 16. 11. 1514 (Urkunde verloren; Regest: StAND, Seminar Neuburg 2144 S. 93a Nr. 226).
58 Vgl. Weiß (wie Anm. 21) S. 101–102 Nr. 192a. – Zitat nach: StAND, Seminar Neuburg 2142 fol. 78.
59 Vgl. J. Čihař, Süßwasserfische, München 1975, S. 172. – Zitat aus: Adamus Lonicerus, Kreuterbuch, hier nach der Ausgabe von Petrus Uffenbachius, Ulm 1679, S. 701.
60 StAND, Seminar Neuburg 2153 fol. 36'.
61 Vgl. Weiß (wie Anm. 21) S. 107 Nr. 203a.
62 Vgl. Weiß (wie Anm. 21) S. 99–101 Nr. 191a.
63 Vgl. Weiß (wie Anm. 21) S. 73–74 Nr. 126.
64 Vgl. Weiß (wie Anm. 21) S. 31 Nr. 1, S. 32 Nr. 3, S. 33 Nr. 5 und 6.
65 Vgl. Rudolf Geiger, Hersbruck – Propstei des Klosters Bergen, in: Mitteilungen des Vereins für Geschichte der Stadt Nürnberg 43, 1952, S. 154–224. – Gustav Voit, Grundherrschaften im Amte Hersbruck (= Schriftenreihe der Altnürnberger Landschaft; 12), Nürnberg 1966, vor allem S. 46–54.
66 Vgl. Guttenberg (wie Anm. 25) S. 130 Nr. 283.
67 Vgl. Geiger (wie Anm. 65) S. 161 f. – Fritz Schnelbögl, Das »Böhmische Salbüchlein« Kaiser Karls IV. über die nördliche Oberpfalz 1366/68 (= Veröffentlichungen des Collegium Carolinum; 27), München-Wien 1973.
68 Vgl. Weiß (wie Anm. 21) S. 29–30 Nr. 1c.
69 Vgl. Weiß (wie Anm. 21) S. 52 Nr. 64 (Nennung der Marktmauer!) und S. 60 Nr. 84.
70 Vgl. Weiß (wie Anm. 21) S. 32–33 Nr. 4.
71 Vgl. Franz Xaver Thoma, Petrus von Rosenheim O.S.B.

Ein Beitrag zur Melker Reformbewegung, in: Studien und Mitteilungen zur Geschichte des Benediktiner–Ordens und seiner Zweige 45 (1927), S. 94–222. – Hubert Glaser, Bettelorden und Klosterreform, in: Max Spindler, Handbuch der bayerischen Geschichte 2, München 1966, S. 601–609, bes. 607 f. – Ders., Reformschrifttum und Frühhumanismus: in: ebd. S. 740–750, bes. S. 742 f.

[72] Vgl. Bruschius (wie Anm. 8) fol. 98.

[73] Vgl. Franz Xaver Buchner, Neue Aktenstücke zur Reformtätigkeit des Bischofs Johannes III. von Eich, in: Pastoral-Blatt des Bistums Eichstätt 56 (1909), S.41–44, 50–60, 107–108, 110–111, 115–120, 123–124, 131–132, 143; 57 (1910), S. 1–3, 6–7, 20–22, 24–26, 29–30, 52–54, 56–61, 63–64, 69–70, 74, 87–89, 113–114, 137–138. – Als Sonderdruck erschienen unter dem Titel: Johann III., der Reformator des Bistums (= Forschungen zur Eichstätter Bistumsgeschichte; 1), Eichstätt 1911.

[74] Vgl. Franz Xaver Buchner, Das Bistum Eichstätt. Historisch-statistische Beschreibung auf Grund der Literatur, der Registratur des Bischöflichen Ordinariats Eichstätt sowie der pfarramtlichen Berichte 1, Eichstätt 1937, S. 92.

[75] StAND, Kl. Bergen Akt 11 (ausführliches Regest des Briefes vom 18. 10. 1454 aus der Zeit um 1600). – Vgl. auch [Carl August Böhaimb], Monographien des Landgerichts Neuburg a.d.D.: Bergen oder Baring, in: NK 12 (1846), S. 77–99, hier S. 84–85.

[76] StAND, Kl. Bergen Akt 11 (ausführliches Regest des Briefes vom 30. 1. 1456 aus der Zeit um 1600). – Vgl. auch Böhaimb (wie Anm. 75) S. 85.

[77] Vgl. Thoma (wie Anm. 71) 121 (Herkunft der Barbara Eckher) und S. 170–171 (Kloster Augsburg-St. Nikolaus).

[78] Vgl. Bruschius (wie Anm. 8) fol. 98.

[79] StAND, Kl. Bergen Akt 11 (ausführliches Regest des Briefes vom 11. 4. 1458 aus der Zeit um 1600). – Vgl. Böhaimb (wie Anm. 75) S. 85.

[80] Vgl. Hämmerle (wie Anm. 20) S. 28.

[81] Vgl. Bruschius (wie Anm. 8) fol. 98.

[82] Vgl. Thoma (wie Anm. 71) S. 146.

[83] Vgl. Johann Gualbert Geistbeck – Max Joseph Hufnagel, Das Benediktinerinnenkloster Geisenfeld (=D'Hopfakirm; 5), Pfaffenhofen a.d. Ilm 1979.

[84] StAND, Seminar Neuburg 2144 S. 72 Nr. 174 (Regest einer verloren gegangenen Urkunde vom 6. 4. 1484).

[85] StAND, Seminar Neuburg 2144 S. 9 Nr. 19 (Regest einer verloren gegangenen Urkunde vom 26. 12. 1340).

[86] StAND, Seminar Neuburg 2144 S. 61 Nr. 145, S. 3 Nr. 3 [unter dem falschen Datum »1064«, das aber wohl als ursprünglich mindere Zahl '64 vermutlich mit 1464 aufzulösen ist], S. 65 Nrr. 153 und 154, S. 67 Nrr. 158 und 160, S. 71 Nr. 171, S. 73 Nr. 178, S. 75–76 Nr. 184, S. 82 Nr. 198 und S. 87 Nr. 212 (Regesten von nach 1583 verloren gegangenen Urkunden, bei Weiß [wie Anm. 21] nicht berücksichtigt). – Auf diese Verbrüderungen wies erstmals Nebinger (wie Anm. 53) S. 31 hin, bezog jedoch die Verbrüderung mit dem Birgittendoppelkloster Maihingen auf Marienstein.

[87] Vgl. Bruschius (wie Anm. 8) fol. 98.

[88] StAND, Seminar Neuburg 2153 fol. 37.

[89] Vgl. Weiß (wie Anm. 21) S. 36 Nr. 14 und S. 32 Nr. 3a.

[90] Vgl. Weiß (wie Anm. 21) S. 29 Nr.1b und S. 30 Nr. 1d.

[91] Wie Anm. 3 (fol. 2).

[92] Vgl. Monumenta Boica 49, München 1910, S. 284–285 Nr. 180. – Möglicherweise wurde der Kreuzpartikel von Benediktinerinnennonnen aus dem Kloster Hl. Kreuz-Donauwörth mitgebracht, als dort das Doppelkloster in der ersten Hälfte des 12. Jahrhunderts aufgelöst und nur als Männerkloster weitergeführt wurde; die Donauwörther Nonnen wurden auf Unterliezheim und Bergen aufgeteilt (vgl. Cölestin Königsdorfer, Geschichte des Klosters zum Heil. Kreutz in Donauwörth 1, Donauwörth 1819, S. 51).

[93] Ordinariatsarchiv Eichstätt, B 230 fol. 4.

[94] Ordinariatsarchiv Eichstätt, Urk. 554.

[95] StAND, Seminar Neuburg 2144 S. 13–14 Nr. 28 (Regest einer nach 1583 verloren gegangenen Urkunde vom 5. 8. 1350), bei Weiß [wie Anm. 21] nicht berücksichtigt).

[96] Ordinariatsarchiv Eichstätt, B 230 fol. 4.

[97] Ordinariatsarchiv Eichstätt, Urk. 554 (die Urkunde stammt aus dem Klosterarchiv von Bergen, wo sie 1583 noch lag; vgl. StAND, Seminar Neuburg 2144 S. 98–99 Nr. 242).

[98] Vgl. Weiß (wie Anm. 21) Nr. 99.

[99] Vgl. Weiß (wie Anm. 21) Nrr. 143–145.

[100] Vgl. Weiß (wie Anm. 21) S. 86–87 Nrr. 154–155.

[101] Vgl. Weiß (wie Anm. 21) S. 51 Nr. 60.

[102] Vgl. Weiß (wie Anm. 21) S. 53 Nr. 68 und S. 60 Nr. 83.

[103] Vgl. Monumenta Boica 49, München 1910, S. 265 Nr. 167.

[104] StAND, Seminar Neuburg 2153 fol. 37.

[105] Ordinariatsarchiv Eichstätt, Akt p 33.

[106] Ordinariatsarchiv Eichstätt, B 6 S. 46–50. – Abgedruckt bei Buchner (wie Anm. 73), Pastoralblatt S. 6–7 und 20–22 bzw. Sonderdruck S. 72–80.

[107] Über dem Grabdenkmal des Wilhelm v. Mur befand sich früher eine »gemalte Tafel« des Gilg v. Mur († 15. 4. 1512), seiner zweiten Hausfrauen Brigitta v. Eyb und Afra v. Leonrod, seiner 4 Söhne und 6 Töchter (darunter 3 Klosterfrauen) (Bayer. Hauptstaatsarchiv München, GL Neuburg 50, fol. 170').

[108] Vgl. zuletzt Peter Reindl, Loy Hering. Zur Rezeption der Renaissance in Süddeutschland, Basel 1977, S. 345–346 Nr. A 75.

[109] StAND, Seminar Neuburg 2144 S. 74 Nr. 181 (Regest einer nach 1583 verloren gegangenen Urkunde vom 6. 10. 1490, bei Weiß [wie Anm. 21] nicht berücksichtigt).

[110] StAND, Seminar Neuburg 2153 fol. 8–9' (Abschrift des Verzichtbriefs vom 8. 1. 1532 mit Hinweis auf ältere Urkunde vom 16. 5. 1518).

[111] Vgl. Karl Ried, Der Untergang des Klosters Bergen. Auf Grund bisher unbenützter Quellen dargestellt, in: Heimgarten. Beilage zur Eichstätter Volkszeitung – Eichstätter Kurier, 24. Jg. (1953), Nrr. 17–30, hier: Nr. 20.

[112] StAND, Seminar Neuburg 2153 fol. 7–8 (Verzichtbrief für Catharina Haberrain vom 23. 4. 1529).

[113] StAND, Seminar Neuburg 2153 fol. 5'–6 (Verzichtbrief für Magdalena Arzt vom 4. 1. 1526).

[114] StAND, Seminar Neuburg 2153 fol. 12'–14' (Verzichtbrief für Felicitas Mayer vom 3. 2. 1539).

[115] Vgl. Weiß (wie Anm. 21) S. 78 Nr. 141.

[116] Vgl. Andreas Kraus, Um die Einheit Altbayerns, in: Max Spindler, Handbuch der bayerischen Geschichte 2, München 1966, S. 291–294.

[117] Vgl. Wilhelm Volkert, Das Fürstentum Pfalz-Neuburg und seine Nebenlinien vom 16. bis zum 18. Jahrhundert, in: Max Spindler, Handbuch der bayerischen Geschichte 3/2, München 1971, S. 1335–1349. – Gerhart Nebinger, Das Fürstentum Neuburg und sein Territorium, in: [Ausstellungskatalog] 475 Jahre Fürstentum Pfalz-Neuburg, München 1980, S. 9–42 (beide Arbeiten mit älterer Literatur).

[118] Vgl. Weiß (wie Anm. 21) S. 92 Nr. 170

[119] Vgl. Geiger (wie Anm. 65) S. 166–171.

[120] StAND, Seminar Neuburg 2142 fol. 141–142.

[121] StAND, Seminar Neuburg 2142 fol. 115–116.

[122] StAND, Seminar Neuburg 2142 fol. 127'–128'.

[123] StAND, Seminar Neuburg 2153 fol. 39' (zu 1529) und 38 (zu 1522).

[124] StAND, Seminar Neuburg 2153 fol. 57–57'.

[125] StAND, Seminar Neuburg 2142 fol. 170' (Urkunde vom 7. 7. 1530).

[126] StAND, Seminar Neuburg 2142 fol. 168'–170 (Urkunden vom 21. 10. 1523) mit dem Vermerk: Die zwen zeheten hat man wider verkauft laut des verkaufpriefs und das gelt an Goßhain gelegt.

[127] Vgl. Weiß (wie Anm. 21) S. 30 Nr. 1d.– Das Patronatsrecht an der Kirche zu Irsching behielt sich Kloster Bergen über das Jahr 1523 hinaus.

[128] StAND, Seminar Neuburg 2153 fol. 63–67 (Urkunde vom 7. 2. 1530).

[129] StAND, Seminar Neuburg 2142 fol. 98–99 (Urkunde von 1529).

[130] StAND, Seminar Neuburg 2153 fol. 81–84 (Urkunde vom 21. 9. 1534).

[131] StAND, Seminar Neuburg 2153 fol. 2–3' (Urkunde vom 31. 5. 1523).

[132] Wie Anm. 113.

[133] StAND, Seminar Neuburg 2153 fol. 60'–61.

[134] StAND, Seminar Neuburg 2142 fol. 13–13' (Urkunden vom 1.1.1537 und 8. 6. 1532).

[135] Vgl. Ried (wie Anm. 111) Nr. 24.

[136] Vgl. Ried (wie Anm. 111) Nr. 27.

[137] Vgl. Antonius v. Steichele, Das Bisthum Augsburg, historisch und statistisch beschrieben, 4, Augsburg 1883, S. 762–763 Anm. 11.

[138] Vgl. zuletzt Reinhard H. Seitz, Reformation und Gegenreformation im Fürstentum Pfalz-Neuburg, in: [Ausstellungskatalog] 475 Jahre Fürstentum Pfalz-Neuburg, München 1980, S. 43–66 (mit weiteren Literaturangaben).

[139] Vgl. Ried (wie Anm. 111) Nr. 17–18.

[140] Vgl. Reinhard H. Seitz, Staats- und Klostergutsverkäufe zur Tilgung der pfalz-neuburgischen Landesschulden in den Jahren 1544–1557, in: NK 133 (1980), S. 61–79.

[141] Vgl. Weiß (wie Anm. 21) S. 118 Nr. 231.

[142] Vgl. Ried (wie Anm. 111) Nrr. 19–30.

[143] Vgl. Wilhelm Liebhart, Kloster, Wallfahrt und Markt in Oberbayern. Die Benediktinerinnenklöster und Märkte Altomünster, Kühbach und Hohenwart sowie der Wallfahrtsmarkt Inchenhofen im Spätmittelalter und in der Frühen Neuzeit. Ein Beitrag zum Marktproblem im Mittelalter, in: Studien und Mitteilungen zur Geschichte des Benediktiner-Ordens und seiner Zweige 88 (1977), S. 324–549, hier: S. 452–454.

[144] Vgl. Antonius v. Steichele, Das Bistum Augsburg, historisch und statistisch beschrieben, 4, Augsburg 1883, S. 873–874.

[145] Vgl. Tore Nyberg, Dokumente und Untersuchungen zur inneren Geschichte der drei Birgittenklöster Bayerns 1420–1570 (=Quellen und Erörterungen zur bayerischen Geschichte; NF 26.1), München 1972, S. 314–315 Nr. 133.

[146] Vgl. Stephan Kainz, Nachtridentinische Reformstatuten in den deutschen Frauenklöstern des Benediktinerordens, in: Studien und Mitteilungen zur Geschichte des Benediktiner-Ordens und seiner Zweige 56 (1938),

[146] S. 219–274, bes. S. 220–223.– Zu den »Kühbacher Statuten« vgl. auch Liebhart (wie Anm. 143) S. 453.
[147] Vgl. Seitz (wie Anm. 140) S. 65.
[148] Vgl. Seitz (wie Anm. 140) S. 67.
[149] Vgl. Weiß (wie Anm. 21) S. 120 Nr. 238.
[150] Vgl. Ried (wie Anm. 111) Nr. 30.
[151] StAND, Seminar Neuburg 2144 S. 137–138 Nr. 343 (Urkunde vom 3. 2. 1558, von Weiß [wie Anm. 21] nicht berücksichtigt).
[152] Vgl. zuletzt Michael Henker, Johann Brenz und die Entwicklung des Neuburgischen Kirchenwesens zwischen 1553 und 1560, in: NK 133 (1980), S. 106–140 (mit weiterer Literatur).
[153] Vgl. Seitz (wie Anm. 140) S. 67–69.
[154] Vgl. zuletzt Anton Schindling, Humanistische Reform und fürstliche Schulpolitik in Hornbach und Lauingen. Die Landesgymnasien des Pfalzgrafen Wolfgang von Zweibrücken und Neuburg, in: NK 133 (1980), S. 141–186 (mit weiterer Literatur).
[155] Pfarrarchiv Lauingen (Donau), Sterbematrikel. Erster Eintrag mit dem p-Vermerk (= Pest) am 28. 11. 1596, letzter am 9. 1. 1598.– Das Ausmaß und den Verlauf der Seuche zeigen die nachstehenden Monatsgesamtzahlen, unterschieden nach E(rwachsenen) und K(indern) für das Jahr 1597: Januar: 14 E / 8 K – Februar: 26 E / 15 K – März: 13 E / 18 K – April: 17 E / 12 K – Mai: 14 E / 7 K – Juni: 9 E / 11 K – Juli: 22 E / 14 K – August: 34 E / 27 K – September: 97 E / 54 K – Oktober: 74 E / 34 K – November: 33 E / 20 K – Dezember: 13 E / 14 K.
In der Registratur der Administration der zum ehem. Kloster Bergen gehörenden Güter der Neuburger Jesuiten lag übrigens um 1692 eine Gruppe von 18 älteren Akten, »Laugingisch Gymnasium betr.«, aus dem späten 16. und frühen 17. Jahrhundert. Diese heute verschollenen Akten waren an die Jesuiten offenbar als Vorläufer des Neuburger Jesuitengymnasiums gekommen. Sie betrafen sowohl die fürstliche Landesschule wie die fürstliche Druckerei zu Lauingen (StAND, Seminar Neuburg 2152 S. 144–145).
[156] StAND, Graßeggersammlung 15 335 VII fol. 13 und 39′ sowie fol. 48′–49′ (Eintrag zum 8. 3. 1598).
[157] Vgl. Seitz (wie Anm. 138) S. 61–62.
[158] Vgl. [Joseph Benedikt Graßegger], Die Errichtung eines Bisthumes im Fürstenthume Neuburg, 1624, in: Wochen-Blatt der Königlich Baierischen Stadt Neuburg 1824. S. 4, 11–12, 16, 19–20, 23–24, 32, 35–36, 39–40.
[159] Vgl. Josef Sedelmayer-Lorenz Radlmaier, Geschichte des Studienseminars Neuburg a/D., in: NK [79–83], Supplementband für 1915 mit 1918, S. 1–207, bes. S. 3–35.
[160] Vgl. Sedelmayer-Radlmaier (wie Anm. 159) S. 25 Nr. I.
[161] Vgl. Sedelmayer-Radlmaier (wie Anm. 159) S. 27 Nr. VII.
[162] Vgl. Sedelmayer-Radlmaier (wie Anm. 159) S. 35–36.
[163] Vgl. Sedelmayer-Radlmaier (wie Anm. 159) S. 138–139.
[164] Vgl. Hämmerle (wie Anm. 20) S. 36–38.
[165] So Hämmerle (wie Anm. 20) S. 37 u.ö. Die Angabe, daß die Bergener ältere Kirche eine akademische und eine Collegiums-Sakristei gehabt habe, geht zurück auf den bei den Bergener Kirchenbauakten (StAND, Seminar Neuburg 331) liegenden Grundrißplan der Dillinger Studienkirche, den Hämmerle irrtümlicherweise als Plan der Bergener Kirche angesehen hat.
[166] StAND, Seminar Neuburg 331: Baurechnung, Titelblatt.
[167] StAND, Seminar Neuburg 331.
[168] StAND, Seminar Neuburg 331, Baurechnung.– Vgl. dazu auch Hämmerle (wie Anm. 20) S. 40–52.
[169] Bei Hämmerle (wie Anm. 20) S. 45 als Köpl gelesen, obwohl die Baurechnung eindeutig Köpf aufweist. Der Herkunftsort von Köpf ist in der Baurechnung allerdings fälschlich mit Mertingen angegeben statt richtig mit Wertingen. Joseph Köpf, verheiratet mit Maria Helena, ließ am 14. 12. 1754 in Wertingen eine Tochter Maria Francisca taufen (frdl. Auskunft Pfarrvikar Walter Haid, Laugna, vom 8. 2. 1981). Köpf, der möglicherweise mit einer Wertinger Wagnersfamilie Köpf zusammenhängt, wird 1764 im Zusammenhang mit der Überarbeitung von Stuck in der westoberpfälzischen Wallfahrtskirche Trautmannshofen genannt (vgl. Reinhard H. Seitz, Unbekannte Stukkaturen des Wessobrunner Zimmermann-Neffen Anton Landes in der Oberpfalz, in: Verhandlungen des Historischen Vereins für Oberpfalz und Regensburg 116, 1976, S. 207–216, hier: S. 216). – Die falsche Namensangabe »Köpl« statt Köpf findet sich auch in der jüngeren Literatur.
[170] Vorname und Herkunftsort dieses Vergolders sind in der Baurechnung nicht genannt.
[171] Jakob Steinle stammte aus »Peintingen« (Peiting, LK Weilheim-Schongau?), heiratete am 29. 10. 1748 in Neuburg-Hl. Geist Maria Behrwanger und wurde am 24. 10. 1786 in Neuburg-Hl. Geist begraben.
[172] Vgl. Julius Schöttl, Franz Karl Schwertle und Johann Michael Fischer, zwei Dillinger Bildhauer des 18. Jahrhunderts, in: Jahrbuch des Historischen Vereins Dillingen a.d.D. 47/48, 1934/35, S. 48–105, hier: S. 64 ff.
[172a] StAND, Seminar Neuburg 358.
[173] Vorstehende Angaben nach der Baurechnung: StAND, Seminar Neuburg 331.– Vgl. dazu auch Hämmerle (wie Anm. 20) S. 43–52, ferner Horn-Meyer (wie Anm. 38) S. 363–397.
[174] StAND, Seminar Neuburg 1300 fol. 104′–105′. – Die Einträge in den Rechnungen des Seminars Neuburg waren bislang unbekannt und werden hier erstmals ausgewertet.
[175] StAND, Seminar Neuburg 1301 fol. 82′–83′.
[176] StAND, Seminar Neuburg 1301 fol. 82′ und 1303 fol. 83.
[177] StAND, Seminar Neuburg 1303 fol. 83′ und 1304 fol. 86.
[178] StAND, Seminar Neuburg 1304 fol. 86–86′.
[179] StAND, Seminar Neuburg 1304 fol. 86′ und 1306 fol. 85′.
[180] StAND, Seminar Neuburg 1306 fol. 85′.
[181] StAND, Seminar Neuburg 1308 fol. 94′.
[182] StAND, Seminar Neuburg 1315 fol. 81.
[183] StAND, Seminar Neuburg 1316: Rechnung 1774/75 fol. 33′.
[184] Vgl. Sedelmayer-Radlmaier (wie Anm. 159) S. 56–71.
[185] Vgl. dazu den bei Wilhelm Neu, Urkundliche Nachrichten über Dillinger Bildhauer aus Mittelschwaben (in: Jahrbuch des Historischen Vereins Dillingen an der Donau 67/68, 1965/66, S. 129–136) abgebildeten Altarentwurf Fischers für Stötten a. Auerberg, der große Ähnlichkeit mit den Bergener Altären aufweist (S. 136 und Abb. 23).
[186] Vgl. Sedelmayer-Radlmaier (wie Anm. 159) S. 74–134.
[187] StAND, Seminar Neuburg 245, 246.
[188] Vgl. Sedelmayer-Radlmaier (wie Anm. 159) S. 136 ff.
[189] StAND, BA Neuburg 3826.– Dazu auch Hämmerle (wie Anm. 20) S. 53–54.
[190] Vgl. Bigler (wie Anm. 38).
[191] StAND, BA Neuburg 3826.
[192] Noch in den zwanziger Jahren des 19. Jahrhunderts fand alljährlich am Pfingstmontag beim Forsthof ein Flurritt statt. Die umliegenden Gemeinden Bergen, Hütting, Dittenfeld, Riedensheim, Bittenbrunn und Laisacker kamen an diesem Tag mit ihren Pferden auf der Schafwiese des Forsthofs zusammen, ließen dort eine Stunde lang (11–12 Uhr) ihre Pferde weiden und hielten anschließend ein Pferde- und Fußrennen ab, bei dem der Forsthofbesitzer 50 bzw. 20 Kreuzer als Preis zahlte. Über das Alter dieses Brauchs ist nichts bekannt (lediglich Gegenleistung für die Ausübung von Schafweiderechten?). Der Brauch wirkte sich übrigens bei den Verkaufsverhandlungen nach 1822/23 als Hemmnis aus, so daß schließlich die Gemeinden Bergen, Bittenbrunn, Dittenfeld und Hütting am 3.10.1827 den Forsthof vom Staat kauften, ihn aber bereits am 21.11.1827 wieder an die Hofpächter, die Mennoniten Sutor und Esch, weiterverkauften (StAND, Rentamt Neuburg 1552 sowie Landgericht Neuburg 24 fol. 91–97).
[193] Vgl. Sedelmayer-Radlmaier (wie Anm. 159) S. 72–73 und 157.

Anhang I

Die Äbtissinnen des Benediktinerinnenklosters Bergen

[1.] Biletrud/Pia, † 6. 1.
Die spätere Klostertradition meint, daß die Klostergründerin Biletrud gen. Pia erste Äbtissin von Bergen gewesen sei, die Urkunden sprechen mehr gegen als für diese Meinung.

[2.] Chriemheldis, † 16. 3.
[3.] Berthildis, † 18. 10.
[4.] Richinza, † 3. 6.
[5.] Heilika, † 17. 1.
[6.] Anna v. Schwumedach, † 30. 4.
[7.] Rilindis/Reginlind 1156–1163, † 4. 4. 1169 Kloster Hohenburg/Odilienberg.
Reformäbtissin, kommt aus Kloster Admont und geht 1163 nach Kloster Hohenburg/Odilienberg.

[8.] Bertrada, † 26. 4. 1181.
[9.] Adelheid
[10.] Hilteburgis, † 20. 2.
[11.] Chunigundis, † 7. 3.
[12.] Margaretha, † 8. 3.
[13.] Chunigundis, † 23. 10.
Als Äbtissin bezeugt 1291.

[14.] Adelheid
Als Äbtissin am 27. 1. 1303 bezeugt.

[15.] Anna
Als Äbtissin am 21. 3. 1306 genannt.

[16.] Anna
Als Äbtissin am 13. 5. 1333 und noch am 12. 3. 1344 genannt. Wohl nicht identisch mit der unter [15] genannten Anna, da 1323 offenbar die Äbtissinstelle nicht besetzt war.

[17.] Adelheid Schenk v. Arberg
Als Äbtissin seit dem 25. 6. 1344 genannt, † 16. 11. 1386.

[18.] Margaretha v. Mur, † 30. 3. 1388.
[19.] Anna v. Gailsheim, † 3. 2. 1430.
[20.] Elisabeth Steurer(in) aus Regensburg, † 23. 2. 1458.
[21.] Barbara Eckher(in) aus Nonnberg bzw. Augsburg, † 4. 11. 1472.
Zweite Reformäbtissin. Begraben im Kreuzgang.

[22.] Margaretha Probst (Pröbstin)
Gewählt am 11. 11. 1472, † 1. 2. 1498, begraben im Kreuzgang.

[23.] Euphemia v. Mur
Gewählt am 14. 2. 1498, † 15. 7. 1521, begraben im Kreuzgang.

[24.] Sabina Pirckheimer aus Nürnberg
Gewählt am 29. 7. 1521, bestätigt am 7. 8. 1521, geweiht am 11. 5. 1522, † 22. 12. 1529, begraben im Kreuzgang.

[25.] Euphemia Pirckheimer aus Nürnberg
Gewählt am 3. 1. 1530, bestätigt am 19. 1. 1530, geweiht am 21. 8. 1530. Äbtissin bis zur ersten Aufhebung des Klosters im Jahre 1544 und erneut Äbtissin von der Wiedererrichtung des Klosters im Jahre 1547 bis zum Tod am 15. 11. 1547. Begraben im Kreuzgang.

[26.] Catharina Haberrein(in) aus Berching
Gewählt am 6. 12. 1547, bestätigt am 20. 12. 1547, geweiht am 4. 4. 1548. Letzte Äbtissin bis zur endgültigen Aufhebung des Klosters im Jahre 1552. Gestorben am 27. 3. 1561 im Benediktinerinnenkloster Eichstätt-St. Walburg.

(Der vorstehende Katalog der Äbtissinnen beruht auf dem von der letzten Äbtissin zusammengestellten, welchen Caspar Bruschius [wie Anm. 8, fol. 97–98'] abdruckte. Ergänzungen dazu trug Gerhart Nebinger [wie Anm. 53, S. 40 und 45] bei. Die hier gebrachte Liste ist nochmals ergänzt, u.a. unter Heranziehung der Beschreibung des Landgerichts Neuburg durch Œfele [Bayer. Hauptstaatsarchiv, München, GL Neuburg 50, fol. 160–162]).

Anhang II

Die Bergener Klosterordnung vom 5. April 1458

*Wir Johanns, von gottes gottes gnaden bischove zu Eystet, embieten der wirdigen und geistlichen, unsern in got besunder lieben, andechtigen swester Barbara, abtissin und convent des klosters zum heiligen creücz zu Pärgen, sand Benedicten ordens, unsers bistumbs, das ewig hail im herrn, mit aufnemung in gaistlichem leben. Wann nach schickung des almechtigen gotts wir furgenomen haben, ewer kloster zu reformiren, daz die observantze ewers ordens, die man in sand Benedicten orden im kloster zu Specu und Sublach, auch in deütschen landen in etwevil klöstern helt, furbaser bey euch sulle auch also gehalten werden. Davon gebieten wir euch allen und ytlicher in besunder in craft der heiligen gehorsam, daz ir dieselben observancz nach lawt der nachgeschriben artickel, die wir euch in form einer reglischen carten geben, aufnemet, haldet und verpringet, wann wir alle andre carten, die wir hievor vor datum diczs brives euch gegeben haben, hiemit wissentlich aufheben und widerüffen und wollen, daz ir nu furbaser diser carten euch haldet, der nachkomet und gepraüchet als ferr ir unser swere straff und pen wollet vermeiden, und sind das die artickel, als oben gemelt ist, in dem der heiligen drivaltickait amen.
Item vermerckt etlich artickel und saczung, die dy väter der reformation gesecz haben, nach gewonhait, als man dann [S. 2] in Specu helt.*

[1.] Item von erst von dem götlichen dinst, dem nichts fürgesecz sol werden, nach lere des heiligen vatters sand Benedicten, daz der goczdinst in dem chore und an aller stat sol volpracht werden andechtiglich mit gutem syten, mit ganczen worten, mit langen pawsen, mit vernehmlichen silben, mit ebengleichen stymmen – nicht aine hoch, die ander nider –, in singen, in lesen, in psalliren. Auch sol man alczeit die tagczeit von unserm herrn – als preym, tercz, sext, none, vesper, complet – in dem chore steund volpringen, doch mag ein chor zu einem psalm siczen und der ander dieweil steen, und zu dem Gloria patri und Pater noster und collecten süllen sie sich all erwirdiglich in dem gestüll gegeneinander naygen und andre gaistliche zucht in den tagczeiten halten. Es sol auch yeglicher tagczeit ir gelewt vorgen. Die metten und den curß von unser frawen mag man vergünnen von weiblicher kranckheit wegen, daz die psalm siczund volpracht werden. Sünst sol man sich naygen und nider knyen nach gelegenhait der feste. Und daz der heilig goczdinst und die tagczeit dester mit grosserm fleiß volpracht werden, so mag man abnemen all übrige zusaczung, aber die gestiften vigily süllen sie halten, auch wann man nit zwelf leczen hat: in der vasten uncz auf die österlichen zeit, auch von der octave goczleichnams uncz auf den heiligen obend zu weihen[S. 3]nachten

35

und von achten der heiligen drey künig tag uncz in die vasten. Wenn man nit zwelf leczen oder octave hat, sullen sy all tag vigiln haben mit dreyen leczen, nach inhaltung der rubricken der reformirten kloster, die man dann in allen tagczeiten halten sol mit singen und lesen.

[2.] Item der goczdinst, essen und trincken und alle ding sollen zu rechter zeit volpracht werden nach saczung der regel. Von erst, so man drey leczen hat, sol man zu der metten aufsteen, wenn es zwelfe geslecht, und wenn man zwelf leczen hat, wenn es ailiffe schlecht. Zu der preym: so man vastet, umb sechse, und an den andern tägen umb fünfe, und in dem winter an dem suntag ain halbe stund nach fünfen. An den vasttägen die tercze und sext, wenn es achte schlecht, und an den tägen, so man nit vastet, die tercze umb sybene und die sext umb achte. Die non an den vasttägen zwischen zehenen und ailiffen und in dem summer, wenn es zwelfe geschlecht. Die vesper in dem winter, so man nit zwir isset, sol umb viere volpracht werden, ausserhalb der viercig tag der vasten und in dem sumer, so man vast, umb fünfe. Die zeit der collacion und complet sol in dem sumer volpracht werden umb sechse und in dem winter umb viere. Und daz die ding dester fleissiglicher volpracht werden, so sol die äbtissin ein mercken darauf haben und einer fleissigen swester das gelewt empfelhen.

[3.] Item so wir aus menschlicher plödickait täglichen mit sunden ubertreten, ist [S. 4] norttürftig, daz wir oft lawfen zu der hailwärtigen erczeney der peicht; darumb sollen die swestern alle wochen aynest peichten oder zum minsten uber vierczehen tag dem priester durch ein venster, und allweg des nachsten suntags an dem anefangk des monats das heilig sacrament unsers herrn fronleichnams empfahen, deßgleichen zu grossen hochczeiten, und ob etlich auß andacht in der vasten und im advent das heilig sacrament öfter empfahen wölten, das mag inen die abtissin nach rat des peichtvatters wol erlawben. Welche aber zu den gesaczten tagen die peicht und communiczirung on erlawbnüs oder lässiclich underwegen ließ, die sol als lang des weins geraten oder andre pües empfahen, wie ir die öbriste das aufseczt.

[4.] Item es sol alle tag capitel gehalten, darin dann ein tayl der heiligen regel gelesen, auch die schuld geclagt und gepüsset werden nach gewonhait der regel und saczung der veter, daz dann die abtissin durch sich selber oder ein andre fleissige swester halten sol, ob sy selber allczeit nit da mag gesein. Auch die gemainen schuld süllen sy all monat ainest sagen an dem mitwochen oder freitag. Welche swester aber so unfleissig wer und ir schuld nit sagen wolt, die sol die öbrarin oder ain andre swester in lieb darumb berüffen, damit die schuld gestraft und gaistliche zucht desterpas gehalten werde.

[5.] Item zu würdigem lob gots und guter observancze ist voraus nucze und nottürftig das sweigen. Darumb nach inhaltung der heiligen regel [S. 5] und aufsaczung geistlicher recht sollen die swester ir sweigen halten in dem chor, in dem refent, in dem schlafhaws, zu essenczeit, zu der collacion und in dem sumer zu der schlafczeit und so sie den gotzdinst in dem chor volpringen, auch strenglich nach der complet uncz morgens nach dem capitel – außgenomen die notturft, daz doch mit urlawb sol geschehen. Welhe aber das sweigen nach der complet verpricht on urlawb, der sol man ain disciplin geben oder auf der erd essen. Welhe in dem sumer zu der schlafczeit in dem betthaws oder an andern verpotten steten ir sweigen zepricht oder zu verboten zeitten, der sol halbe speis oder der wein abgeprochen werden. Doch von nottürft wegen der arbait ausserhalb der verpoten zeit und steten mag man ersamlich und stille wort reden, daz nyemand davon geergert werde, der dabey sey.

[6.] Item als der heiliger pater sand Benedict spricht, daz die müssigkait sey ein veint der sele, und uns die geschrift lernt, daz vil pößhait aus müssickait enspringt, darumb sol die geistlich und zeitlich arbait also under die swestern außgetailt werden, yeglichs zu seinen gesaczten zeiten, also das sy der teufel nymmer müessig finde. Darumb sollen sy von preymzeit bis auf terczzeit anliegen dem gebet und der betrachtung und davon on mercklich ursache nicht komen, und von sextczeit bis auf non arbaitten, was nottürft ist. In dem sümer nach tisch zu schlafczeit, ob sein nit notturft ist, [S. 6] daz sy slaffen, so sol, ein yetliche swester in irer zell arbaiten, also daz die andern von ir nit geirret werden. Nach der nön sullen sy aber arbaiten, was notturft ist bis auf vesper. Aber an den feirtagen so sullen sie den ganczen tag, als vil ine dann noturft verhengt, anligen dem gebet, der andechtigen betrachtung von der heiligen geschrift und cheine dann mussickgang feyrn, wiewol der heilig vater sand Benedict mer zeitt geseczet hat der leczen zu feirn; aber darumb, daz die frawen als geschickt nit sind, stättig die heilig geschrift zu lesen, so mag das verwandelt werden in arbait der hend, damit müssichgeen vermiten werd und unnücze wort.

[7.] Item so abschneydung der aigenschaft recht als kewschait der regel und geistlichem standt, so vesticlich zugehefft ist, daz der babst das nit abgenemen oder urlawben mag, dawider ze tün. Darumb sol strenglich verpoten werden, daz chein swester etwas aigens getürre gehabet, weder pfenning oder clainöt noch cheinerlay ander ding weder durch sich selbs noch durch ander lewt haimlich oder offenlich geben oder nemen von iren freünden oder sünst. Es sol alles der abtissin zugetragen werden, die das der swester oder ainer andern zu nottürft verhengen mag, doch nit in aigenschaft ze haben. Welhe aber in aigenschaft gefunden würd, die sol mit dem karcker gestraft werden und die oberist, die das frävellich verhengt, die sol von ir administracion oder regirung geseczt werden. Darumb sol hinfuran chain tailung [S. 7] geschehen des gelts oder anders dings, sunder alle ding süllen in gemain gepraucht werden nach notturftickait. Und daz die ursach derselben aller pösten untügend aufgehebt werd, so sol die öberiste, als vil das vermügen des gotzhaws verhengt, darob sein, daz den swestern fleissiglich gewart werd in essen und trincken und allerlay notturft, doch vermiten uberflüssigkeit. Es sol auch mit fleis berait werden, damit daz den guthail davon geschee, die es prauchend, und durch wen es versaumbt wirt, der sol sein schuld in dem capitel darumb sprechen.

[8.] Item von dem dinst des tiesch und refentlesen sol nyemand außgenomen sein, dann den mercklich ursach hindert. Dieselben sollen mixtum nemen ausserhalb der vordristen vasttagen nach saczung der regel. Sunst sol nyemand ichts essen noch trinken ausserhalb der malczeit on urlawb der öbersten.

[9.] Item das essen des fleisch und was mit flaisch gemacht ist, sol chain gesunte und starcke swester hinfur essen. Aber den krancken und siechen swestern – von widerbringung irer kreft – sol das verlihen werden in dem siechhaws; darin mag die öberist ein gütlichs bedencken haben nach weyplicher kranckait. Die layen und das dinstvolgk süllen einen besundern gemach haben, darin sy das fleisch essen und nit mit den swestern.

[10.] Item die regelische vasten, die sol von allen professen des klosters gehalten werden nach außweisung des ainundvierczigisten capitels der regel, [S. 8] doch von ursach wegen mag mit etlichen person ye vernüftiglich dispensirt werden; aber die öberste sol fleis haben, daz die in der gemaine nicht verprochen werde der worten, das es nit in ain gewonhait kome. Es sol auch die oberist rat haben mit den vernüftigen swestern, die got förchten, wie der convent in der gemain sol furgesehen werden mit essen und trinken und ander notturft, daz des goczhaws vermügen getragen müg und die swestern dabey unserm herrn gedienen. Und welhe darnach von der provision mürblet, die sol gepüsset werden in absprechung irs weins und zwayr richte der worten, daz die andern

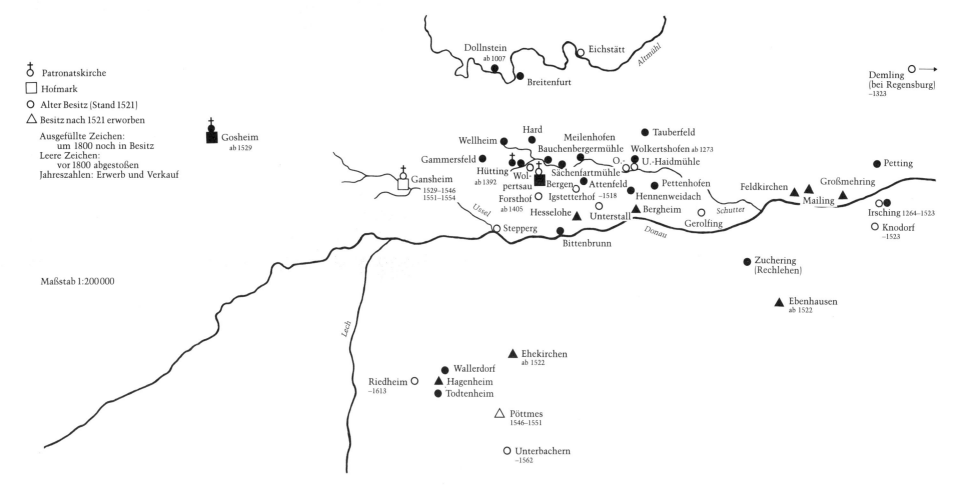

nit auch zu mürbling geczogen werden. Es sol auch dem convent, so man zwyer isset, under der collacion in dem refent weder essen noch trincken geben werden.

[11.] Item nach dem gebot des heiligen vaters sand Benedicten in dem sechsunddreisigisten capitel sol der öbersten die allermaynst sorg sein umb die siechen swestern, daz die nit versaumbt werden in geistlicher und zeitlicher notturftigkait, und denselben sol ain stat in dem kloster georent werden zu ainem siechhaws, darin sol sein all notturftigkait von leinbot und federwandt und ander ding, die den krancken notturftig sind. Daruber sol gesez werden ein fleissige swester, die das versorg und den swestern zu nottürft raich. In dem gemache sullen sich dieselben swester geistlich und gedultiglich halten in worten und wercken, [S. 9] daz sie gesehen werden liebhaberin der regel und daz sy kranckeit und nit wollüstikait in das siechhäus pracht hab, und sollen allweg vor und nach das Benedicite und Gracias sprechen und ain leczen lesen.

[12.] Item es sol auch georent ein gewanthaws, darin alle notturftikait der swestern sol sein in wullen gewant, pelczen, kürsen, cutten und alle andre nottürftigkait, die sol darab geraicht werden mit urlawb und wissen der abtissin, die dann ingeschrift sol haben alles, das die swestern zu notturft in iren zellen haben. Dieselben zell sol sie oft visitiren, daz nit etwas darin gefunden werd, daz sy nit erlawbt hab; dasselb sol sie on mercklich straf nit hinlassen geen. Sy sullen auch ir gewandt und pettgewandt und alle notturft also tragen und prauchen nach geistlicher ordnung und nicht nach köstlichait oder uberflüssigkait, als dann die regel lernet. Es sol auch chain swester nicht verspers mit schlüsseln haben, also daz das die öberiste alles wol gesehen müg. Es sol auch chein swester zu der andern in die zell geen on ein besunder urlawb noch nyemand darein schikken oder fürn; wer das übertritt, der sol der swerern pües verfallen sein.

[13.] Item daz nach der complet die swestern palde zu irer rwe komen und des nit geirret werden, so sol das slafhaus in dem winter nach der complet auf halber stunde sechsen und siben zugespert werden und in dem sumer, wenn es sibene slecht. Darnach sol alle leichtvertigkait, umblawffen [S. 10] oder die zell lawt zuschlahen fleissiglich von ine allen behüt werden, und wer die versperrung des slafhaws oder das ander ubertritt, der sol nach der regel darumb gestraft werden. Es sol auch nyemand chain schlüssel zu dem schlafhäus haben dann die abtissin, die priorin und ob sein not tät, die kellerin.

[14.] Item wann nach ordnung und gebot der heiligen veter und gaistlicher geschribner rechte, besunder pabst Bonifacii des achten, frawenkloster sullen in ewiger versliessung und versperrung gehalten werden, davon gebieten wir euch ernstlich, daz ir solhe versperrung hinfur strenglich haldet, also daz nyemand – was standes er sey – furbaser in das kloster gelassen werde, anders dann die saczung des benanten pabsts Bonifacii und gaistliche geschribne rechte das erlawben. Es sol auch ewer cheine – weder öberin oder undertan – furbaser auß der clausur und versperrung – das sind die vier angel des klosters mit iren inwendigen umbgengen – weder geen noch faren, umb was ursach das sey nach lawt pabst

Bonifacii constitucion. Dann ob dhainerlay notturft des klosters sollen außgangk erfordert, des sult ir dannoch on unser oder unser nachkomen besundre erlawbnüs nit geprauchen. Doch angesehen, daz das kloster zu der clausur und versliessung noch nit gepawt ist, auch sunst man andre gepewe zurichten müß, davon erlawben wir der abtissin bis auf widerruffen, daz sie und die swestern, der sie darcu notturftig wirdet oder geprauchen [S. 11] wil, inderhalb der aussern mawer wol geen mügen nach dem und des gotzhaus nottürft das erfordert, doch daz sie übrige gespreche bevoran mit weltlichen mannen vermeiden und sich auch sust in klosterlicher zügt halten.

[15.] Es sol auch chain swester allein oder on urlaüb an das redefenster geen, es soll allczeit ein erbere geistliche swester mitgeen. Da sullen sich die swester erwirdiglich und gaistlichen halten mit worten und syten und dhaine aus dem goczhaws nichts sagen, darab die außwendigen menschen geergert möchten werden, deßgleichen widerumb in das kloster. Und welhe das ubertrit, der sol hinfuran nymmer an die pört erlaubt, sunder nach der regel gestraft werden. Es sol auch die port also gepawet und versichert werden, daz chein unpillichs gesiecht oder ein- und außgeben gescheen müg. Es sol auch die obererin von tag ze tag fleis haben, daz sy alle thür und venster versicher und auch mit anderm gepew, damit chain unpillicher eingang und außgang gescheen müg.

[16.] Item sy sullen auch nicht an einander nennen mit slechten namen, sunder sy sollen darcu seczen das wort swester als swester Barbara oder wie sy genent sind.

[17.] Item nach saczung der heiligen regel süllen die noviczen haben ein vernüftige gotförchtige maisterin, die da künne die seel gewinen mit lere und gutem ebenpilde und sy fleissiglich leren alle die ding, die da gehörn zu der ere gotes und zu dem hail ir sele und zu reglischem leben, die in auch [S. 12] underweisung konnen geben und in irn anweigun ze hilf komen. Aber nyemand sunst in dem convent sol sich umb ir straf annemen on urlaub der priorin. Wer das übertrit, der sol darumb gestraft werden. Also sol es auch sein in allen andern ambten, daz chaine der andern darein zu reden hab, außgenomen die öberiste. Es sol auch das gewandt der noviczen underschiedenlich sein von den swestern. Und so sy nun wol bewart sein und werdent gnugsam erfunden zu dem heiligen orden, so sullen sy ain offenbares gelwbe tün in irm chore in der obern hant nach gewonhait des ordens. Es sol auch chein vorgeding, gelt oder schanckung oder mal gescheen, alsdann ye geschicht.

[18.] Item so chein mensch im selbs genügsam ist, in allen dingen rat und underweisung ze geben, darumb – nach saczung der heiligen regel in dem dritten capitel – sol ain yegliche abtissin des goczhaws hinfüro allweg haben zwue oder drey gotförchtig und vernüftig swester, mit der rat und wissen sy außrichten sol, was des goczhaws nottürft ist. Dieselben swestern sollen ingehaym behalten, was in dem rat beslossen wirt. Ob aber aine under inen unverswigen gefunden wurd, die sol die öberist verkern und ain andre an ir stat nemen, die zu solhem tüglich sey.

[19.] Item daz man künftig schaden des gotzhaüs müg furkomen, sol das insigel des goczhaws und die brief under drew schlossen wol beslossen und zwen schlussel den eltischen oder den gotförchtigsten in dem convent [S. 13] offenlich in dem capitel empfolhen werden.

[20.] Item so von menschlicher plodigkait wegen ain person nit stätiglich alle ding versorgen und ausgerichten mag, darumb sol die abtissin ain priorin haben, die dann an ir stat sol verwesen, so sy nit da mag gesein. Dieselbig sol vernünftig sein, daz sy künne und wisse die swestern underweisen und ainen ernst zu gaistlicher zücht halte, daz sie die missetat straff, beclag in dem capitel uber die ubertrettüng, aber die gehorsamen tröste und sterck, daz sy zunemen.

[21.] Item nach underweisung der regel in dem ainunddreissigsisten capitel sol die abtissin mit rate der eltern swestern setzen ein kellerin, die fursichtig, geistlich und vernüftig sey. Dieselb kellerin sol fleissiglich besorgen die notturftikait der swestern und on der abtissin haissen und geschäft nichtz tün. Sy sol auch von allen irm einnemen und außgeben alle wochen ain beschreibnüs tün und das der öbern an dem samstag zaigen, daz dardurch erkennet müg werden, was das goczhaüs ertragen möge. Von der und ander ursach wegen sol alle jare ain stunde rechnung gescheen vor dem ganczen convent alles einnemens und außgebens. Die Kellerin sol auch fleissiglich besorgen, daz den swestern recht gewartet werde in dem refent und siechhaws mit essen und trincken, von der auch die swestern des klosters mit urlaüb der öberisten ze fordern haben ir nottürft. [S. 14] Dieselb Kellerin sol sich also erbieten mit worten und wercken diemütig und lieblich, daz die conventsswestern mitsambt den andern, die bey inen wonend, darab gepessert werden. Ob aber ir das ambt ze swär wurd, so sol ir hilf zugeschafft werden. Es sol auch nyemand in dem convent chain gelt ain tag bey ime behalten, außgenommen die abtissin und die kellerin. Und ob die noviczen oder die gestin gelt mit inen prächten, das sol inen die abtissin behalten als lang, bis sy professe tün, so süllen sy das lediglich aufgeben.

[22.] Item die cüstrin sol fleissig sein, daz sawber gehalten werde alles das, daz zu dem heiligen altern gehört als kelichseck, alm, vunneral und altertucher und sol sich auch fleissen, daz der priester mit nicht icht gesawmpt werde alles des, das er zu dem altar nottürftig ist.

[23.] Item die abtissin sol sich fleissen, als vil ir müglich ist, daz alle ambt inderhalb des klosters und auch dienstparkait durch die swestern des convents gescheen, daz nit nottürftig sey, vil mit layschen lewten ze handeln haben. Dieselben süllen auch die saczung haben nach gewonhait des ordens und ain maisterin, die sy solliches leren.

[24.] Item es sullen auch alle jare zu unser frawen tag liechtmesse all ambtfrawen des goczhaws in das capitel komen fur die ganczen sammung und ire ambt da aufgeben der abtissin, die dann mit den weisisten und vernüftigsten swestern betrachten sol, welhe zu verkeren sey in den ambten oder nicht, doch [S. 15] sol ir nicht clain oder leicht ursach nemen.

[25.] Item so die regel des heiligen vaters sand Benedicten vil saczung und ordnung beschleusset, darumb sol die regel all tag in dem capitel ze tewtsche gelesen werden und auch in sunderhait, daz die swestern desterpas wissen ze leben. Es sol auch die öberiste sy oft ermanen in dem capitel und ausserhalb, nach der regel ze leben, damit sich nyemand mit unwissen auß müg gereden, wann nit allein die brief, die da mit sigeln bestät sind, sunder auch die schlechten wört der obereren, die da mithellig sind den götlichen geboten und der heiligen regel pindent die undertan, den gehorsam ze sein und darumb die oberen, den es von got und der heiligen kirchen empfolhen ist, sullen fleis zu solhem tün, als sy des grossen lon von got darumb warten sind. Amen.

Diese carten gebieten wir euch alle kottember im jare zum mynsten einmal in ewren capitel ze lesen, damit sich nymand von vergessen oder unwissen dieser saczung müge entschuldigen.

Zu urkund haben wir unser insigel hierauf lassen drucken. Geben zu Eystet an mittwochen in der heiligen osterwochen nach Cristi geburde, do man zalt tausend vierhundert und im achtundfünfczigsten jaren.

Ita ut praemittitur observandum praecipimus nos Johannes episcopus eystetensis manu propria cartam hanc subscribens.

(L.S.)

(Lagerort: Ordinariatsarchiv Eichstätt, Akt p 33)

Walter Pötzl

Die Wallfahrt zum Kreuzpartikel in Bergen

Das Wallfahrtswesen der Kirche beginnt an den Gräbern der Martyrer und bei der Verehrung der heiligen Stätten in Palästina[1]. Auf den Kult der römischen Martyrerin Afra, der bei Augsburg auch die Stürme der Völkerwanderungszeit übersteht, folgt Jahrhunderte später die Verehrung der Gräber der iroschottischen und angelsächsischen Heiligen der Missionszeit[2]. In Wilparting erlitten die vor den Alpenslawen flüchtenden Missionare Anianus und Marinus den Martertod[3]. Aber nicht nur Martyrer fanden die Verehrung der Gläubigen, sondern auch andere Missionare, die im Rufe der Heiligkeit standen, wie Willibald, Wynnebald und Walburga[4]. Elevatio und Translatio, Erhebung und Übertragung der Gebeine begründeten seitens der Kirche den Kult eines Heiligen. Sie stehen für die Heiligsprechung, die sich erst vom Jahre 993 an in Rom entwickelte. Der Wunsch, durch Heiligenleiber den Wert der eigenen Kirche zu erhöhen, führte dann im 8./9. Jahrhundert zur Translation von Reliquien aus Italien (z.B. Arsatius nach Ilmmünster und Castulus nach Moosburg), aus der Schweiz (z.B. Mauritius nach Niederaltaich) und aus Frankreich (z.B. Dionysius nach Regensburg).[5]

Begehrte Herrenreliquien

Einen besonderen Wert erkannte man den Herrenreliquien zu. In größerer Zahl gelangten sie allerdings erst seit der Kreuzzugszeit ins Abendland. Vor 1100 zählen Partikel vom Hl. Kreuz oder von anderen Herrenreliquien zu den relativ seltenen Kostbarkeiten. Die wenigen Männer und Frauen, die sich als Pilger auf den abenteuerlichen Weg nach Palästina machten, bemühten sich auch, Reliquien von den heiligen Stätten mit in die Heimat zu nehmen. Der hl. Willibald, den Hugeburc an zwei Stellen ihrer Vita als berühmten, edlen und ruhmreichen Kreuzesverehrer (»crucicolus«) hervorhebt, brachte offensichtlich keine Reliquien mit[6]. Wenigstens erwähnt die Vita davon nichts, und es bleibt schwer vorstellbar, warum sie einen so wichtigen Vorgang nicht hätte berichten sollen. Bereits zu Beginn des 9. Jahrhunderts gelangten Kreuzreliquien in das adelige Frauenstift Schänis in der Schweiz[7]. Aus Rom erhielt die Reichenau im Jahr 923 Kreuzreliquien, und auch die Kreuzpartikel im Ulrichskreuz dürfte der große Augsburger Bischof von einer seiner Romreisen mitgebracht haben[8]. Eine aus dem Orient stammende Partikel wurde 940 dem Kloster Kreuzlingen bei Konstanz geschenkt[9]. Hier ließe sich dann auch zeitlich der Erwerb der Bergener Herrenreliquien anbinden, wenn die Überlieferung gesichert wäre. Bei der Weihe des Bamberger Domes im Jahre 1012 wurden lediglich im »Altare S. Crucis et S. Stephani«, den der Patriarch von Aquileja konsekrierte, Herrenreliquien eingeschlossen (vom Unterkleid des Herrn; von der Dornenkrone[10]). Quellenmäßig sicher verbürgt für die Gründungszeit ist die Herkunft der Donauwörther Kreuztafel. Manegold I. von Werd bekam sie vom byzantinischen Kaiser Romanos geschenkt, an dessen Hof er im Auftrag Kaiser Konrads II. eine Gesandtschaftsreise unternommen hatte. Die Schwester Manegolds fand Gleichgesinnte, die mit ihr nach der regula S. Benedicti bei der kleinen Burgkapelle zur Verehrung des wertvollen Kreuzpartikels lebten[11].

Viele Herrenreliquien verzeichnet das Pontificale Gundecarum für die Domkirchweihe des Jahres 1060 in Eichstätt und die zwei Jahre später erfolgte Altarweihe in der Kapelle »S. Marie et S. Johannis Evangelistae«. Hier erscheinen die für diese Zeit noch ungewöhnlichen Herrenreliquien: »Vom Palmbaum, den der Herr getragen hat; vom Tisch des Herrn; von den Brotstückchen (fragmentis) des Herrn; von der Krippe des Herrn; vom Leintuch, mit dem er umgürtet war, als er den Jüngern die Füße gewaschen hat; vom Berg, von dem aus er in den Himmel aufgestiegen ist; vom Holz des Herrn; vom Grab des Herrn; vom Baum, unter dem die Hirten waren, als ihnen der Engel erschien; vom Tuch, in dem der Leib des Herrn eingewickelt war[12]«. Eine solche Fülle von Herrenreliquien kann nur von einem Palästinapilger stammen, dem das Glück beschieden war, an den heiligen Stätten beim Reliquienerwerb einen besonders großen Erfolg verzeichnen zu können. Das Pontifikale Gundekars nennt im Nekrolog am 5. Mai dann auch einen Meginward, einen glücklich von Jerusalem zurückgekehrten Pilger[13]. Brachte dieser Meginward den reichen Reliquienschatz mit, der bei der Eichstätter Domkirchweihe rekondiert wurde? Seine Erwähnung im Nekrolog wird nur verständlich, wenn er sich als Wohltäter erwiesen hatte. Sein Verdienst lag offensichtlich in der Pilgerfahrt und in den mitgebrachten Reliquien.

Von einem größeren Unternehmen berichten für die Jahre 1064/65 u.a. die Annales Altahenses maiores.

Sie schildern ausführlich die enormen Gefahren, denen die Bischöfe Siegfried von Mainz, Wilhelm von Utrecht, Günther von Bamberg und Otto von Regensburg ausgesetzt waren, die mit großem Gefolge nach Jerusalem aufgebrochen waren, um das Grab Christi zu besuchen[14].

Im Augsburger Dom schloß Bischof Embrico im Jahre 1065 Reliquien »vom Holz des Herrn; vom Grab des Herrn; vom Wasserkrug des Herrn« ein. Bereits in der ersten Hälfte des 11. Jahrhunderts kannte man in Augsburg Reliquien »vom Unterkleid (tunica) des Herrn; vom Kleid (vestimentum) des Herrn; vom Holz des Herrn« und in der zweiten Hälfte dieses Jahrhunderts erscheinen auf einem anderen Zettel gar Reliquien »vom Kreuz und vom Schlüssel und vom Grab und vom Schweißtuch und vom Dorn und vom Tisch und von den fünf Broten unseres Herrn[15]«.

Woher diese vielen und verschiedenen Herrenreliquien stammten, nennen die Verzeichnisse nicht. Da aber Bischof Ulrich (923–973) mehrmals nach Rom gezogen war und er zudem als eifriger Reliquienverehrer bekannt ist, darf man schon vermuten, daß wenigstens ein Teil dieser Heiligtümer von ihm mitgebracht wurde. Abt Megingos von Benediktbeuern hatte zur Weihe der Kirche in Dürnhausen, die Bischof Bernhard von Velletri 1063 anstelle des Augsburger Bischofs konsekrierte, u.a. auch Reliquien »vom Holz des Heiligen Kreuzes« geschenkt[16]. Ein Graf Ortulf, wahrscheinlich aus dem Hause Andechs, gründete zusammen mit seiner Schwester Biltrudis im Jahre 1074 das Benediktinerinnenkloster Hohenwart. Bischof Embrico von Augsburg weihte noch im gleichen Jahr die Kirche[17]. Brachte hier der Bischof vom reichen Augsburger Reliquienschatz die Partikel mit oder stammten sie von den Stiftern des Klosters? Mehrere Reliquien, die im Jahre 1064 bei der Weihe der Kirche des von Graf Eberhard von Nellenburg gegründeten Klosters Allerheiligen in Schaffhausen eingeschlossen wurden, dürften bei einer Pilgerfahrt ins Heilige Land erworben worden sein. Die Reliquienliste des Hochaltars, der den Titel Salvator trug, führten Partikel »vom Holz des Heiligen Kreuzes; von den Kleidern, mit denen der Herr bekleidet war, als er gekreuzigt wurde; vom Grab des Herrn; vom Platz der Auferstehung des Herrn[18]«.

Ein ungewöhnlich umfangreicher Reliquienschatz gelangte zur Weihe 1092 nach Münchsmünster. Obwohl zwei Kirchen und eine Kapelle die Weihe erhielten, liegt noch ein Verzeichnis der nicht in den Altären enthaltenen Reliquien vor[19]. So viele Herrenreliquien in einer »Sammlung« können nur von einem erfolgreichen Palästinapilger stammen.

Die Grafen Hartmann und Otto von Kirchberg schenkten dem von ihnen 1093 in Wiblingen bei Ulm gegründeten Benediktinerkloster eine Kreuzpartikel, die ihnen Papst Urban II. verehrt hatte[20]. Die beiden Grafen hatten das Gelübde getan, ein Kloster zu stiften, falls sie unversehrt von einer Pilgerfahrt ins Heilige Land zurückkehren sollten.

Bei der Weihe eines Altars in Zwiefalten, wo die Grafen Kuno und Liutold von Achalm ein Benediktinerkloster gegründet hatten, wurden im Jahre 1103 Reliquien »vom Holz des Herrn; vom Grab des Herrn« niedergelegt und bei der Weihe des Klosters im Jahre 1109 erscheinen – in zwei Altären – Reliquien »vom Holz des Herrn; von der Säule, an der der Herr gegeißelt wurde; vom Dorn der Krone; vom Schwamm des Herrn; von der Krippe des Herrn[21]«.

Seit Beginn der Kreuzzugszeit gelangen Reliquien dieser Art in weit größerem Umfang ins Abendland[22]. Zwei Beispiele aus der näheren und weiteren Umgebung von Bergen sollen einen Blick ins 12. Jahrhundert gewähren.

Der Eichstätter Dompropst Walbrunn von Rieshofen, Teilnehmer am Kreuzzug von 1147, ließ für eine aus dem Heiligen Land mitgebrachte Kreuzpartikel zu Eichstätt eine Nachbildung des Heiligen Grabes zu Jerusalem errichten, bei der sich eine Gemeinschaft von Schottenmönchen ansiedelte, die im Spital kranke Kreuzfahrer pflegte, durchreisenden Pilgern Herberge bot und die Verehrung des Heiligen Grabes förderte[23].

Zu einer bedeutenden Wallfahrt entwickelte sich die Verehrung des Kreuzpartikels in Scheyern. Der Patriarch Fulcherius von Jerusalem und der Prior der Kirche vom Heiligen Grab entsandten zwischen 1155 und 1157 den Regularkanoniker Konrad mit einem Kreuz nach Europa. Vor diesem Kreuz sollten alle, die eine Kreuzfahrt gelobt hatten, sie aber wegen Krankheit oder Armut nicht antreten konnten, gegen Gebet und Güterschenkung an die Grabeskirche von ihrem Gelübde gelöst werden. In das Kreuz sind Reliquien eingebettet »von der Geburtsstätte (de nativitate) und von der Krippe des Herrn in Bethlehem; vom Ort, wo er im Tempel geopfert wurde; vom Ort Gethsemane, wo er gefangen wurde; vom Ort des Leidens auf dem Kalvarienberg; vom ruhmreichen Grab des Herrn; vom Ort der Himmelfahrt auf dem Ölberg[24]«. Der Kanoniker vom Heiligen Grab wurde – wohl auf Veranlassung Herzog Konrads II. von Dachau-Meranien – seines wertvollen Kreuzpartikels und der Begleiturkunde beraubt. Beides wurde vermutlich im Kloster Scheyern versteckt. Auf seiner Pilgerfahrt nach Jerusalem erhält Herzog Konrad III. von Patriarch Heraclius die Erlaubnis, den Kreuzpartikel zu behalten, wenn er eine Kirche baut[25]. Scheyern als das »wittelsbachische Hauskloster schlechthin« wirkt weit ins Land hinaus auch als Wallfahrtsort. Die Scheyererkreuze zählen dann zu den weitverbreiteten Wallfahrtsandenken[26].

Scheyern, Donauwörth und Bergen bilden gewissermaßen ein Schwerpunktdreieck der Kreuzpartikelverehrung in Bayern.

Mit den Hinweisen auf frühe Herrenreliquien in der näheren und weiteren Entfernung von Bergen erscheint das Umfeld für die Verehrung des dortigen Kreuzpartikels kultgeographisch und zeitlich einigermaßen abgesteckt. Dieser Umgriff erweist sich als notwendig, will man etwas über die Anfänge des Heilig-Kreuz-Kultes in Bergen ergründen.

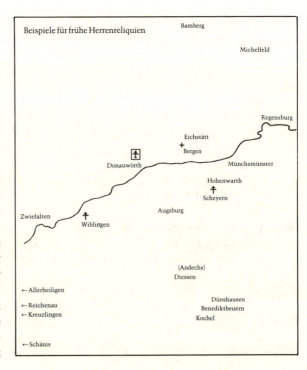

Das Alter der Kreuzverehrung in Bergen

In der kleinen Festschrift »1000 Jahre Heilig-Kreuz-Kirche Bergen« wird unter Berufung auf die ältere bayerische Geschichtsschreibung der Gründungsvorgang so dargestellt: »Bergen erhielt einen kostbaren Reliquienschatz, näherhin einen Partikel, d.h. einen Holzsplitter von dem in Jerusalem hoch verehrten Kreuz Christi mit Teilen der Heiligen Lanze, der Dornenkrone und der Geißelsäule ... Wahrscheinlich handelt es sich um ein Geschenk einer Verwandten Biletruds, der Prinzessin Gisela-Judith, der Tochter ihres Schwagers, des Bayernherzogs Arnulf († 937). Gisela hatte 931 das Heilige Land besucht und viele Reliquien mitgebracht« *(Andreas Bauch)*[27]. Der Pfarrer von Bergen ergänzt diese Darstellung: »Judith Gisela, die Tochter des Herzogs Arnulf I. von Bayern und Schwester des Pfalzgrafen Arnulf, des Erbauers von Schloß Scheyern, brachte von einer Jerusalem-Reise viele Heiligtümer mit. Sie schenkte die Reliquien vom Heiligen Kreuz, der Lanze, der Geißelsäule und Dornenkrone dem Kloster ihrer Anverwandten Wiltrudis, während sie die übrigen ihrem Schoßkinde Niedermünster in Regensburg übergab. Die beiden Stifterbilder an der Rückwand der heutigen Kreuzeskirche zeigen die beiden Jerusalem-Pilger Judith Gisela und ihren Bruder Graf Rasso. Der Text unter den Bildern weist auf die Herkunft der Reliquien hin« *(Klemens Bigler)*[28].

Mit den beiden Zitaten ist die Haustradition umrissen, mit der man in Bergen die Herkunft der Reliquien erklärte. Wie weit aber reicht diese Tradition zurück? Die Gründung des Benediktinerinnenklosters Bergen durch Biletrud, die genealogische Einreihung der Stifterin in den Stammbaum der Luitpoldinger und die frühe Güterausstattung durch ihr Hausgut sind urkundlich gesichert, keineswegs jedoch die Übergabe der Reliquien an das Kloster und ihre Herkunft. Auch in der neueren Geschichtsschreibung herrscht eine gewisse Unsicherheit. Der Eichstätter Kirchenhistoriker Andreas Bauch hält die Erzählung über die Herkunft der Reliquien für »wahrscheinlich« und der Bergener Pfarrer erinnert an das ursprüngliche Klosterpatrozinium »Maria und Johannes Evangelist«, das im 13. Jahrhundert in ein Kreuz-Patrozinium geändert wurde. Alois Hämmerle, von dem die erste kunstgeschichtliche Würdigung der Klosterkirche stammt, bemerkte unter Hinweis auf das 1028 bezeugte Marienpatrozinium: »Die genannten Reliquien sind daher wohl später dahin gekommen, wahrscheinlich durch die Grafen von Scheiern, welche die Advocatie über Bergen hatten. Alle Stiftungen der Scheiern sind durch ihre Reliquien vom Heiligen Land berühmt«[29].

Gegen die Schenkung der Kreuzpartikel und der anderen Herrenreliquien bereits durch die Gründerin Biletrud im Jahre 976 sprechen eindeutig die frühesten Patroziniumsbelege. In einer Urkunde Papst Johannes XV. aus dem Jahre 995 erscheinen als Patrone des Klosters Maria und Johannes Evangelist[30]. Konrad II. schenkte 1028 Besitzungen zu Irsching »an das Kloster, das Pergin genannt wird und das zur Ehre der hl. Maria gebaut ist«[31]. Da Biletrud in Bergen eine Neugründung vornahm und nicht etwa an einer schon bestehenden Kirche, die bereits ihren Weihetitel hatte, ihr Kloster gründete, erscheint es bei der hohen Einschätzung, die die Zeit besonders den Herrenreliquien entgegenbrachte, unvorstellbar, daß sich das Patrozinium nicht nach den so wertvollen Reliquien richtete. Hätte Biletrud wirklich auch die Reliquien mitgebracht, müßte man eine Kreuz-, oder wenigstens eine Salvatorkirche erwarten.

Der Patroziniumswandel vollzog sich offensichtlich erst in den folgenden Jahrhunderten. Von den in Bergen im Jahre 1095 und zwischen 1182 und 1195 vorgenommenen Dedikationen fehlen leider Weiheurkunden, in denen Patrozinien und Reliquien genannt würden[32]. Erstmals erscheint der Titel »Heilig Kreuz« im Jahre 1291, wird von da an aber häufig gebraucht[33]. Gegen Ende des 13. Jahrhunderts gilt demnach der Kreuztitel als gesichert. Daß er durch die Kreuzpartikel begründet ist, liegt auf der Hand. Der älteste erhaltene Abdruck eines Klostersiegels aus dem Jahre 1318 zeigt den Gekreuzigten zwischen Maria und Johannes, trägt also auch noch dem alten Patrozinium Rechnung. Die Legende lautet: SIGILLVM SANCTE CRVCIS IN BERGEN.

Zwei zeitlich nahe beieinander liegende Ablaßurkunden (1355 und 1361), die damals an der päpstlichen Kurie weilende Bischöfe ausstellten, zeigen, wie lange ein Patroziniumswechsel dauerte. In der Urkunde von 1355 ist davon die Rede, daß das Kloster der Nonnen in Bergen »zur Ehre des heiligen Kreuzes gegründet« wurde, in der Urkunde von 1361 wird es als »Kloster der heiligen Maria und des heiligen Kreuzes« erwähnt[34]. Den Ablaßurkunden gehen Bittgesuche der Nonnen oder des Eichstätter Bischofs voraus, denen die Bischöfe im fernen Avignon die Angaben über das ihnen unbekannte Kloster entnahmen.

Offensichtlich nach einer örtlichen Tradition stammt ein um 1240 im Würzburger Raum geschriebenes und illuminiertes Psalterium, das jetzt im Heimatmuseum Neuburg verwahrt wird, aus Bergen. »Beim Auferstehungsbild werden Leidenswerkzeuge, das Kreuz und die Geißelungsrute von zwei Engeln herbeigetragen. Für das Kloster Bergen mit seinem Kreuzpartikel und seinen Leidensreliquien legte sich als Auftraggeber eine solche Thematik besonders nahe« *(Andreas Bauch)*[35]. Nun ist das Kreuz in der Ikonographie der Auferstehungsbilder zu fest verankert, als daß man daraus zu viel folgern dürfte[36].

Wenn spätestens für die Zeit um 1290 die Kreuzreliquien für Bergen aufgrund des Patroziniumswechsels wahrscheinlich gemacht werden können, dann ist damit noch keineswegs erwiesen, daß sie bereits im Mittelalter Wallfahrer anzogen. Die Wendungen der beiden Ablaßurkunden, aus denen man auf eine Wallfahrt schließen könnte, sind dem Formular der päpstlichen Kanzlei entnommen und besagen für diesen Fall nichts. Sie überliefern aber in der Reihe der Feste, an denen der Ablaß gewährt werden sollte, daß in Bergen damals die beiden Kreuzfeste Inventio und Exaltatio einen hohen Rang beanspruchten, denn sie stehen unmittelbar nach den Hochfesten des Kirchenjahres.

Daß die Benediktinerinnen den kostbaren Reliquienschatz besonders verehrten, entspricht mittelalterlicher Frömmigkeit. Auf wallfahrtskultische Verehrung deutet lediglich eine Bestimmung in einer Urkunde der Äbtissin Margaretha aus dem Jahre 1485 hin, in der unter den Einkünften einer ewigen Messe die Wendung auftaucht[37]:

»So oft man das Heilig Creucz in der process tregt ... 1 Maß Wein«. Das Herumtragen des Heiligen Kreuzes in Prozessionen – leider fehlt ein Hinweis, wie oft das im Jahr geschah – macht Umzüge wenigstens an den beiden großen Kreuzfesten, an »Inventio« (3. Mai) und »Exaltatio« (14. September) wahrscheinlich, klingt aber doch so, als habe man mehrere solcher Prozessionen im Jahr gepflegt. Auch wenn damit eine Wallfahrt nicht bewiesen werden kann, so spricht doch manches dafür.

Die Herkunft der Herrenreliquien zu Bergen

Daß sie nicht bereits bei der Gründung in Bergen waren, wurde oben aus patrozinienkundlichen Erwägungen dargestellt. Aus den gleichen Gründen scheidet der Eichstätter Bischof der Gründungszeit Bergens, Reginald (966–989), der der neuen Kirche wohl die Weihe gab, aus. Nach den um 1080 geschriebenen Annalen von Herrieden hatte er eine Pilgerfahrt ins Heilige Land unternommen[38].

Als frühest mögliche Einbindung in die Geschichte der Herrenreliquien erscheinen die Jahre vor 1060, als offensichtlich durch den Palästinapilger Meginward mehrere Heiltümer nach Eichstätt gelangten, wo sie bei der Domweihe rekondiert wurden. Erwarben die Äbtissin oder ein großer Förderer des Klosters bereits damals aus dem größeren Reliquienschatz einige Partikel?

Die Geschichte des Reliquienwesens in den süddeutschen Bistümern ist noch viel zu wenig erforscht, als daß sichere Schlußfolgerungen gezogen werden könnten. Partikel vom Kreuzesholz lassen sich, wie gezeigt wurde, mehrere nachweisen. Partikel von der Dornenkrone treffen wir in Bamberg, in Augsburg und in Zwiefalten, solche von der Geißelsäule in Münchsmünster und in Zwiefalten, während Teile von der Heiligen Lanze in den angezogenen Quellen keine Erwähnung finden[39]. Doch reichen diese Gemeinsamkeiten bestenfalls dazu aus, um weitere Nachforschungen in eine bestimmte Richtung anzustellen. Für eine Herkunft der Reliquien aus Bamberg spräche die lange Zugehörigkeit zum dortigen Hochstift. Reliquien vom Kreuzesholz und von der Dornenkrone waren in Bamberg schon 1012 bekannt. Bischof Hartwig von Bamberg (1047–53) und Bischof Gunther (1057–1065), von dessen Pilgerschaft nach Palästina wir Kenntnis haben, griffen deutlich in die Geschichte ihres Bergener Eigenklosters ein und Bischof Eberhard von Bamberg ließ 1156 Bergen durch den Abt von Admont reformieren[40]. Die bisher schon vermutete Herkunft der Bergener Reliquien von den Grafen von Scheyern bzw. von den Wittelsbachern kann sich nicht auf die Partikel im Scheyrer Kreuz beziehen. Wenn die Reliquien von den Grafen von Scheyern stammen sollten, dann frühestens von der Pilgerfahrt Graf Konrads III. aus dem Jahre 1180. Mehr als mögliche Erklärungen geben die Quellen leider nicht her. Für die Jahre vor 1060 erscheint eine Herkunft aus Eichstätt wahrscheinlich, für das 11./12. Jahrhundert eine Schenkung aus Bamberg und für die Zeit nach 1180 eine Übertragung aus den Reliquienschätzen der Wittelsbacher (vgl. auch S. 17 und S. 33 Anm. 92).

Die Legende

Wann und wie entstand die Erzählung, Judith Gisela, eine Verwandte der Stifterin Biletrud, habe die Reliquien nach Bergen geschenkt?

Die mittelalterliche Geschichte Bergens ist durch Urkunden gesichert, von denen keine die Reliquien erwähnt. Da sich Urkunden vornehmlich mit Rechtsgeschäften befassen, darf man das gar nicht erwarten, von einer möglichen Schenkungsurkunde abgesehen. Annalen und Chroniken, Liturgica oder Miracula fehlen für das Mittelalter. Eine erste Zusammenstellung der Klostergeschichte bringt der Humanist Caspar Bruschius in seiner 1551 in Ingolstadt erschienenen »Chronologia monasteriorum Germaniae[41]«. Auf die Äbtissin Euphemia Pirkheimer dichtete er eine Grabschrift. Ihre Nachfolgerin, Katharina Haberrain, die letzte Äbtissin Bergens, schickte Caspar Bruschius einen Katalog der Äbtissinen, der bei den einzelnen Vorsteherinnen auch vermerkt, was man über sie im Kloster wußte. Dieser Katalog enthält die Klostertradition, wie sie um 1550 in Bergen erzählt wurde. Er erwähnt den Kreuzpartikel mit keinem Wort. Auch der Name Judiths taucht nicht auf. Demnach war damals die Judith-Tradition in Bergen noch nicht bekannt. Gemäß dem spätestens seit 1291 belegten Kreuz-Patrozinium wird natürlich die Stiftung Biletruds als »coenobium ad S. Crucem« bezeichnet. In der Einleitung gebraucht Caspar Bruschius die Formulierung, die Stifterin habe ihr Kloster »zu Ehren der Gottesmutter, des hl. Johannes und des hl. Kreuzes gebaut[42]«. Die Reihenfolge der Weihetitel, die offensichtlich aus einer verlorenen, aber Bruschius noch bekannten Urkunde stammt, zeigt deutlich die Kultgeschichte Bergens auf und steht als Beleg für den erst später dorthin gebrachten Kreuzpartikel. In seiner Einleitung erzählt Bruschius ein Mirakel aus der Erbauungszeit des Klosters: Zwei Ochsen sollen ohne Treiber alle Steine aus dem Steinbruch zum Bauplatz gefahren haben, so, daß sie, wenigstens auf den Weg geführt, aus eigenem Antrieb beladen mit dem Wagen zur Basilika kamen und, nachdem die Last abgeladen war, sich auf den Rückweg wandten und zum Steinbruch zurückkehrten. Dieses Bau-Wunder lehnt sich an die bekannten Gespannwunder an, wie sie an vielen Wallfahrtsorten erzählt wurden[43]. Es drückt die Bewunderung über die aus Steinen gebaute Kirche aus. Die Kirche zeige, so schreibt Bruschius, ihr einzigartiges und erhabenes Alter.

Die Erwähnung des Bau-Mirakels durch Bruschius zeigt, daß dieser Dichter für solche Erzählungen durchaus ein offenes Ohr hatte. Deshalb erscheint es geradezu unmöglich anzunehmen, er hätte die Übergabe der Reliquien durch Judith verschwiegen, wenn er um sie gewußt hätte.

Der Abtkatalog der Katharina Haberrain und das, was Bruschius über Bergen in Erfahrung bringen konnte, beweisen, daß man um 1550 die Judith-Tradition in Bergen noch nicht kannte.

Die Judith-Tradition lesen wir dann in der Vorrede zum Mirakelbuch, das Pfarrer Stephan Eggl im Jahre 1712 in Neuburg herausbrachte[44]. Judith Gisela, die Tochter Herzog Arnulfs und die Frau Herzog Heinrichs, habe als Witwe »im neun hundert und etlich dreyssigsten Jahr sambbt etlich tausend Gefährten in das heilige Land eine Wallfahrt vorgenommen.« »Mit den vornehmsten Heiligthumben beschenckt«, soll sie vor allem dem Stift Niedermünster in Regensburg »von den erworbenen geistlichen Schätzen mildseelig« ausgeteilt haben. Dann ist »dem Gotts-Hauß der damahligen geistlichen Jungfrauen des Heil. Ordens S. Benedicti zu Bergen naechst Neuburg an der Donau gelegen, als welchem letzteren ein herrlicher Particul des Heil. Creutzes von dieser Fürstl. Freygebigkeit zukommen.«

Stark von diesem Text abhängig ist die Bildunterschrift unter einem spätbarocken Gemälde, das die Herzogin darstellt und das noch heute in der Kirche in Bergen hängt[45]. Erweitert wird diese Erzählung auf dem Bild allerdings dann durch den »Oberhauptmann Graf Rad von Andechs.« Dieser Graf Rad wird hier als Judith Giselas leiblicher Bruder angesprochen. Ihm gilt dann ein zweites, dazugehöriges Stifterbild, das

52
Das wundertätige Hl. Kreuz von Bergen
in einer Darstellung aus der Zeit
des Kurfürsten Karl Philipp (1716–1742).
Kupferstich von Franz Hagen

53
Votivfigur von 1713.
Wachs mit Holzkern, 0,65 m hoch

54
Epitaph des Wilhelm v. Mur († 1536)
an der südlichen Innenwand des Kirchenschiffs,
eine Arbeit aus der Werkstatt von Loy Hering

55
»Wahre Abbildung des H. Creutz zu Bergen«,
Kupferstich um 1710. Abbildung des
Kreuzpartikels mit Ansicht von Bergen

56 Stuck über dem Apsisbogen im Chor der Kirche

den hl. Rasso zeigt. Die Zeilen unter dem Bild erzählen von Rasso, der »Herzogin Judith Giesela Bruder, der mit ihr nach Jerusalem verreiset und viele Heiligthuemer ... gebracht«, um sie seinem Kloster Wörth zu schenken. Nachdem das Kloster von den Ungarn zerstört worden sei, seien die Mönche mit dem Heiligtum nach Andechs geflohen. Über seinem Grab sollen Freunde eine Kirche erbaut haben, »allwo er noch mit vielen Wundern leuchtet.« Der Hinweis auf die vielbesuchte Wallfahrt Grafrath entspricht der letzten Wendung unter dem Judith-Bild: »...so Gott mit vielen Wunderwerken begnadet auch noch heutiges Tages allda die Andächtige zu genüssen haben.« Eine nach einer Zeichnung von Franz Hagen bei Friedrich in Augsburg gestochene Darstellung zeigt den von vier Putten gehaltenen kostbaren Kreuzpartikel, den Kurfürst Karl Philipp im Jahre 1718 nach Bergen gestiftet hatte. Ein »Historischer Bericht« auf diesem prächtigen Kupferstich lehnt sich stark an die schon aufgezeigten Formulierungen der Judith-Tradition an, ergänzt sie aber mit dem Hinweis: »welcher nebst anderen ... Particlen als Lantzen, Saul und Dorn in dise Creutz Form eingefasset und schon damahlen weit wunder(thä)dig ... lang leuchtet«. Da es keine Quellen früherer Jahrhunderte für die weiteren, im Kreuzpartikel eingeschlossenen Passionsreliquien gibt, dürfte diese Nennung von den kleinen Pergamentstreifen stammen, auf denen die einzelnen Partikel bezeichnet wurden[46].

Zeitgenössische Quellen für die Jerusalem-Reise der Herzogin Judith und des hl. Rasso fehlen. Judith wird in mehreren Urkunden auch als Wohltäterin von Niedermünster erwähnt[47]; von Graf Rasso dagegen fehlen historische Nachrichten. Nach Notizen im Dießener Nekrolog (13. Jh.) soll er am Fuß seiner Burg das Kloster Werd gegründet haben und nach Eintragungen im Andechser Missale (Ende 14. Jh.) legte er durch die von Palästina mitgebrachten Reliquien die Grundlagen für den »Hl. Schatz« von Andechs. Eine legendarisch um 1650 entstandene Vita erschien im Jahre 1701 im dritten Juni-Band der von den Jesuiten herausgegebenen Acta Sanctorum[48]. Diese Vita berichtet von der Pilgerfahrt, die der hl. Rasso zusammen mit der Herzogin Judith unternommen hat und von dem großen Schatz heiliger Reliquien, die er erwarb[49]. Aventin, der große bayerische Geschichtsschreiber des 16. Jahrhunderts, hatte bereits in seinen Annalen von Graf Rasso berichtet: »Er ist mit der Hertzogin Juditha gen Jerusalem gezogen[50]«.

Das Rasso- und das Judith-Bild in Bergen dokumentieren in aller Deutlichkeit, wie man die Herkunft der eigenen Reliquien in die bayerische Geschichte einzubinden versuchte. Aventins Werke waren auch

Titel des 1712 gedruckten Mirakelbuches

noch am Beginn des 18. Jahrhunderts geschätzt und die Acta Sanctorum mit der 1701 erschienenen Rasso-Vita kannte man sicher bei den Neuburger Jesuiten, die damals Bergen betreuten. Die Heiltümer in Andechs zählten über Bayern hinaus zu den großen Berühmtheiten. Sich hier anzuhängen lag auch in Bergen nahe, zumal man seit der Aventin-Lektüre um die gemeinsame Jerusalem-Fahrt von Rasso, dem man damals die Begründung des Andechser Reliquienschatzes zuschrieb, und Judith wußte. Das Rasso-Bild in Bergen, zu dem der Heilige von Grafrath keinerlei Bezug hat, verdeutlicht die Herkunft der Erzählung von der Reliquienschenkung Judiths. In Bergen bemühte man in Fortführung dessen, was man aus der Rasso-Vita bzw. aus Aventin wußte, dann den Stammbaum der Wittelsbacher, um Judith als Überbringerin auch der Bergener Reliquien verehren zu können. Judith war die Tochter Herzog Arnulfs (gestorben 937). Biletrud, die Stifterin von Bergen, war mit Herzog Berthold (gest. 947), einem Bruder Herzog Arnulfs, verheiratet. Judith ist demnach die Nichte Herzog Bertholds, des Gemahls der Stifterin Biletrud[51]. Wenn die Herzogin Judith Reliquien aus dem Hl. Land gebracht hatte, warum sollte sie dann damit nur Niedermünster und nicht auch Bergen, die Stiftung der Frau ihres Onkels, bedacht haben?

Damit ist der Weg der Legendenbildung in Bergen nachgezeichnet. Die Legende von der Überbringung der Bergener Reliquien durch Judith schmälert nicht im geringsten die Bedeutung der Wallfahrt.

Aufschwung und Höhepunkt der Wallfahrt

Der erste Eintrag im Mirakelbuch berichtet von zwei Frauen aus Egweil, die »acht Tag ungefähr vor dem Fest der Erfindung des H. Creutz« mit zwei kranken Kindern nach Bergen kamen und die Bitte äußerten, »daß der Pfarrer diß Orths solchen das H. Creutz auflegen und die Benediction darmit erthailen solle.« Das Verlangen der Frauen ging dahin, »daß Gott mit solchen Kindern durch das H. Creutz eintweders zur Gesundheit oder zum Todt möge verhilflich sein.« Eines der Kinder starb, das andere wurde gesund. Weil das nicht nur in Egweil, »sondern auch in der Nachbarschaft bald kundt worden« geschah es, daß »von allen umbligenden Doerfferen« auch noch viel ungesündere Kinder nach Bergen gebracht wurden. Stephan Eggl bemerkt weiter, daß »schon gegen zwey hundert mit den vnderschidlichen leibszuständen behaffte Kinder aldaher seint verlobt vnd gebracht worden.« Bei genauerem Nachforschen würde sich zeigen, daß nur wenige darunter seien, »welche nit durch das Hl. Creutz gesundt worden.« Als Zeugenschaft kann dienen »ganz Neuburg mit allen umbligenden dörffern«. Der Pfarrer schließt den ersten Mirakelbericht mit der Bemerkung: »Vnd hat sich also mit denen Kindern diese wahlfahrth angefangen, lauth den worten Christi Marci 10: Sinite parvulos venire ad me[52]«.

Der Verfasser dieses ersten Mirakelberichts geht über das, was sonst in einer derartigen Aufzeichnung steht, hinaus. Er schildert, wie sich infolge des Egweiler Mirakels der Ruhm des Heiligen Kreuzes verbreitete, und bezeichnet dies als Anfang der Wallfahrt zum Heiligen Kreuz. Das wird man so verstehen müssen, daß das Wissen um das wundertätige Kreuz von Bergen zwar verbreitet war, denn sonst wären die Frauen aus Egweil mit den beiden kranken Kindern nicht gekommen, daß aber der Aufschwung der Wallfahrt erst 1708 begann.

Als Pfalzgraf Ottheinrich von Neuburg die Reformation einführte und das Kloster 1544 bzw. 1552 aufhob, sollen die Nonnen den wertvollen Kreuzpartikel in einem eichenen Holzblock verschlossen und im Brunnen der Krypta verborgen haben. Im Wallfahrtsbrauchtum von Bergen sollte sowohl der Holzblock wie der Brunnen Bedeutung gewinnen. Im Jahre 1846 befand sich noch ein Stück des Holzblockes in Bergen. »Den größten Theil davon haben die Wallfahrer, in der Meinung, daß die Splitter dieses Holzes ein Mittel gegen das Zahnweh wären, abgeschnitten und davongetragen[53]«. Noch 1891 haben die Wallfahrer »dem Wasser dieses Brunnens in einem Seitenschiffe der schönen romanischen Gruft heilsame Kraft gegen Augenleiden« zugeschrieben[54].

Nachdem Pfalzgraf Wolfgang Wilhelm seit 1614 sein Land wieder zum katholischen Glauben zurückgeführt hatte und Bergen 1638 dem Jesuitenkloster in Neuburg überlassen worden war, dürfte auch der Kreuzpartikel wieder zu Ehren gelangt sein. Die Gemahlin des Neuburger Fürsten, eine Schwester des Kurfürsten Maximilian, soll öfters nach Bergen gewallfahrtet sein und der Kirche ein prachtvolles Meßgewand gestiftet haben. Der Eichstätter Fürstbischof Marquard II. Schenk von Castell spendete am 8. Juli 1640 in Bergen 900 Firmlingen das hl. Sakrament[55]. Gegen Ende des Jahrhunderts kam auch die Kurfürstin nach Bergen. Seit 1700 hatte man sich bemüht, der Kirche ein helleres, freundlicheres Aussehen zu geben. Im Jahre 1708 restaurierte man die Kapelle, in der der Kreuzpartikel verwahrt wurde, den ehemaligen Nonnenchor, indem man einen neuen Altar errichtete und zu beiden Seiten bequeme Stiegen offensichtlich für die Wallfahrer baute. Diese obere Kapelle zum Heiligen Kreuz war in den Zeiten der Hochblüte der Wallfahrt der kultische Mittelpunkt. Im Juli 1710 wurden mehrere neue Altäre geweiht[56]. Aus diesem Anlaß zogen Prozessionen aus Neuburg, Ingolstadt und Eichstätt nach Bergen. Die letztere führte Fürstbischof Johann Anton I. Knebel von Katzenellenbogen persönlich an. Der Augsburger Fürstbischof Alexander Sigismund, ein Sohn des Neuburger Fürsten Philipp Wilhelm, zog im Jahre 1710 als Wallfahrer nach Bergen[57].

Das Mirakelbuch läßt auch erkennen, wie sich die Kunde vom wundertätigen Kreuz ausbreitete. »Bald hernach« (d.h. nach den beiden Frauen aus Egweil) erschien »die Millerin von Bauchenberkh in die pfarr Bergen gehörig« ihres kranken Armes wegen. Ihr folgt die Frau eines Amtsknechtes aus Bergen, die »drey gantzer Täg auch in beyseyn einer Neuburgischen wohlverständigen Hebamm in Kind-Nöthen gelegen.« Auch die Votanten der folgenden Mirakel kommen aus Bergen bzw. aus Neuburg. Im Jahre 1709 allerdings weitet sich der Ruhm des Kreuzpartikels erheblich aus. Mit Schönfeld und Eberswang wird die Altmühl überschritten. Am 8. Juli wird ein am Schlagfluß leidender Ziegler aus Rain auf einem Wagen nach Bergen gefahren und kurz darauf ist Bergens Ruhm bereits nach Inningen bei Augsburg gedrungen. Im September wendet sich eine Frau aus Scheyern nach Bergen, und noch im gleichen Monat sind einer Klosterfrau in Landshut »von dem hl. Creuz die miracul khundbar worden.« Bereits im August treffen wir Votanten aus Lenting und Ingolstadt. Am 11. Oktober erzählt der Kornpropst von »Wühnn, ein Stund von groß Salvator« (Bettbrunn) von seiner Heilung. Kurz zuvor hatte sich ein Kind aus Lobsing den Segen mit dem Kreuzpartikel geben lassen. Im September war eine Frau aus »Berckhausen bei Freystatt in der Alten Pfalz« geheilt worden. Im Westen reicht das Einzugsgebiet nach Fünfstetten und Wemding[58].

Damit sind die wesentlichen Punkte des Einzugsgebietes abgesteckt. Das Kerngebiet verdichtet sich fortwährend, das weitere Einzugsgebiet weist nur wenige Ergänzungen auf. Sie liegen vor allem im schwäbischen Donautal und im Ries[59].

Die Dynamik eines Wallfahrtsortes geht von den erlebten und erzählten Wundern aus, von denen die Gläubigen überzeugt waren. Der am Schlagfluß leidende Ziegler aus Rain, den man auf einem Wagen nach Bergen fuhr, ist »in beyseyn viler Wallfahrter/ absonderlich Ihro Hochwürden P. Prioris Ord. S. Joan. Dei in Neuburg/und Herrn Rennt-schreibers daselbsten ohne Menschliche Beyhilff auß der Kirchen herauß gangen.« Der Bauer aus Eberswang »erzehlet in beyseyn etlich hundert Wallfahrter« seine wundersame Errettung. Daß die lahme Regina Baeyrin aus Pöttmes, die zudem noch stockblind war, während der Messe geheilt wird, so daß sie »Tritt für Tritt« hat hinaus gehen können, haben »vil anwesende Wallfahrter mit Verwunderung gesehen.« Bereits auf dem Weg nach Bergen hatte der Heilvorgang für ihre Augen eingesetzt und sich während der Messe gesteigert. »Und dises ihr Gesicht verbesseret sich biß dahero von Tag zu Tag/wie solches von Bettmeß hieher wallfahrtende Menschen mehreres bekräftigen.« Das bedeutet, daß man sich am Wallfahrtsort auch weiterhin für die Geheilten interessierte und nach ihnen fragte. Die Geheilte erweist Bergen Dank und Anhänglichkeit, denn das Mirakel schließt mit der Bemerkung, daß sie das »drittemal zu Fuß nacher Bergen zum H. Creutz kommen ist.« Hans Georg Walckh von Gremertshausen setzt das Jahr darauf sein Vertrauen zum Hl. Kreutz, »nachdem er die gutthat mit dem blinden Menschen von bettmess gehört.« Die Taglöhnerin Catharina Thurnerin aus Tapfheim berichtet nach dem Eintrag vom 23. Januar 1710, daß »von ihrem H. Pfarrer ihr gerathen worden, ... sie solte sich zu dem Hl. Creutz anhero verloben.« Ein Soldat aus Sachsen sagt am 10. März 1710 aus: »... als ihm aber zuo Eystett, alwo er professionem fidei (oder die Glaubensbekantnuss) abgelegt, gerathen worden, sich zum hl. Creutz zuverloben, hat er auch solches mit guten Vertrauen gethan...« Am 11. Mai schreibt der Pfarrer von Holnstein an den Pfarrer in Bergen: »Nachdem der grosse Ruhm wegen der grossen wallfahrt zu dem hl. Creutz zu bergen auch vnsere benachbarte örter angefüllet, haben seithero vnderschidliche Persohnen dorthin ihr andacht verricht vnd grosse gnaden erhalten[60]«.

Erheblich außerhalb auch des weiteren Verbreitungsgebietes liegt jenes »Ehrbach in dem Riedtgau 3 stundt vnderhalb Mainz«, von wo im August 1710 ein Bäcker nach Bergen wallfahrtet. Ein Bettler war in seinem Elternhaus eingekehrt, hatte seinen erbärmlichen Zustand gesehen und ihm »vom hl. Creuz zu bergen nechst Neuburg an der Donau, bey welchen sonders grosse beneficia denen wallfahrtern geschehen« erzählt. Der kriegsverletzte Bäcker erinnert sich an einen Traum von einem Heiligen Kreuz, von dem er damals aber nicht wußte, wo es sein sollte[61].

Als die Frau des Forstmeisters »zu deinsswang in der alten pfalz gelegen« nach einem unglücklichen Fall »an gentzen Leib dermassen contract, miserabel vnd elend worden«, fragt sie der zu Besuch weilende Baron von Lichtenau, »gewester obristjegermaister in der alten Pfalz«, »ob sie noch niemahl von dem wunderthätigen hl. Creutz zu bergen gehört.« Um in ihr ein erstes Vertrauen zu begründen, »erzelt er ihr, was nit nur vill 100 andere für grosse gutthaten in vnderschidlichen Zufällen, sondern in specie was er an ihme selbsten so wohl als auch an seinen vnvernünfftigen Vich durch selbes hl. Creitz durch seine dahin gehabte Zuversicht vnd schon 2mahl in aigner persohn verrichte wallfahrten erlanget.« Auf diesen Erfahrungsbericht einer hochgestellten Persönlichkeit hin verlobt sich die Frau nach Bergen und schickt nach erfolgter Besserung eine Votivtafel. Ihr Mann, der zusammen mit dem Pfarrer von Litzlohe die Wallfahrt nach Bergen unternimmt, erstattet dort am 19. November 1710 »offentlich, in beysein geistlicher vnd anderer Persohnen« seinen Bericht, den der Pfarrer als Nr. 232 in das Mirakelbuch einträgt[62].

Der Bericht zeigt nicht nur – im krassen Gegensatz zum Bettler von Ehrenbach – einen Mann aus der Oberschicht als Verkünder der Guttaten, die das Heilige Kreuz von Bergen wirkt, sondern vermittelt auch eine quantitative Vorstellung. Es sind nicht nur einige Wunder, die hier geschehen, sondern im Herbst 1710 erzählte man »vill 100 andere für grosse gutthaten«. Der »Liber Beneficiorum« zählt am 20. November bis zur Nummer 249[63]. Dabei liegen in dieser stattlichen Handschrift auch viele Briefe, die nicht alle übertragen wurden, und bei manchen Mirakeln

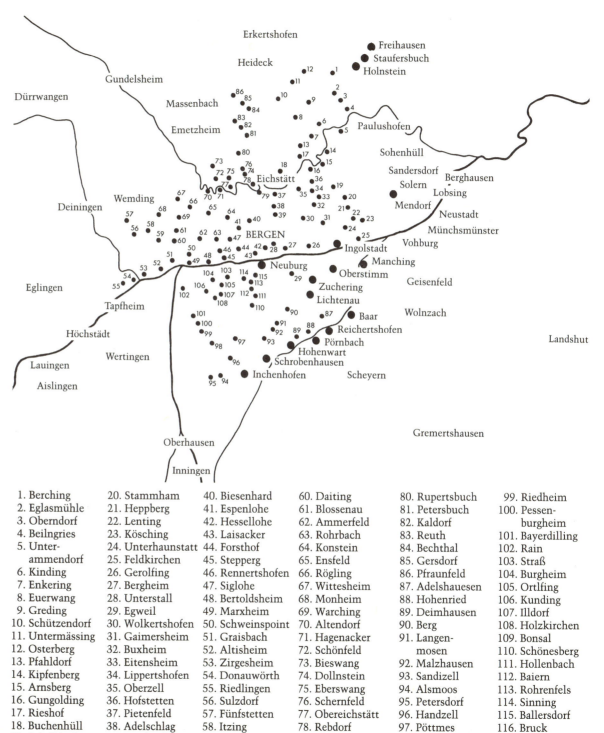

Einzugsgebiet der Wallfahrt in den Jahren 1708–10

1. Berching	20. Stammham	40. Biesenhard	60. Daiting	80. Rupertsbuch	99. Riedheim
2. Eglasmühle	21. Heppberg	41. Espenlohe	61. Blossenau	81. Petersbuch	100. Pessenburgheim
3. Oberndorf	22. Lenting	42. Hessellohe	62. Ammerfeld	82. Kaldorf	101. Bayerdilling
4. Beilngries	23. Kösching	43. Laisacker	63. Rohrbach	83. Reuth	102. Rain
5. Unterammendorf	24. Unterhaunstatt	44. Forsthof	64. Konstein	84. Bechthal	103. Straß
6. Kinding	25. Feldkirchen	45. Stepperg	65. Ensfeld	85. Gersdorf	104. Burgheim
7. Enkering	26. Gerolfing	46. Rennertshofen	66. Rögling	86. Pfraunfeld	105. Ortlfing
8. Euerwang	27. Bergheim	47. Siglohe	67. Wittesheim	87. Adelshauesen	106. Kunding
9. Greding	28. Unterstall	48. Bertoldsheim	68. Monheim	88. Hohenried	107. Illdorf
10. Schützendorf	29. Egweil	49. Marxheim	69. Warching	89. Deimhausen	108. Holzkirchen
11. Untermässing	30. Wolkertshofen	50. Schweinspoint	70. Altendorf	90. Berg	109. Bonsal
12. Osterberg	31. Gaimersheim	51. Graisbach	71. Hagenacker	91. Langenmosen	110. Schönesberg
13. Pfahldorf	32. Buxheim	52. Altisheim	72. Schönfeld	92. Malzhausen	111. Hollenbach
14. Kipfenberg	33. Eitensheim	53. Zirgesheim	73. Bieswang	93. Sandizell	112. Baiern
15. Arnsberg	34. Lippertshofen	54. Donauwörth	74. Dollnstein	94. Alsmoos	113. Rohrenfels
16. Gungolding	35. Oberzell	55. Riedlingen	75. Eberswang	95. Petersdorf	114. Sinning
17. Rieshof	36. Hofstetten	56. Sulzdorf	76. Schernfeld	96. Handzell	115. Ballersdorf
18. Buchenhüll	37. Pietenfeld	57. Fünfstetten	77. Obereichstätt	97. Pöttmes	116. Bruck
19. Schelldorf	38. Adelschlag	58. Itzing	78. Rebdorf	98. Wiesenbach	
	39. Möcklohe	59. Baierfeld	79. Wasserzell		

Eintrag im handschriftlichen Mirakelbuch vom 6. Januar 1710 (vgl. Anhang I)

werden mehrere Heilungen zusammengefaßt, so daß die Angabe des Barons von Lichtenau nicht sonderlich übertreibt.

Es liegt im Wesen der Guttat, daß sie der Begnadete nicht für sich behält, sondern anzeigt und damit zur Verkündigung freigibt. Das Anzeigen erfolgte oft im Beisein vieler Wallfahrer, durch persönliche Vorsprache in der Sakristei oder briefliche Mitteilung meist des Ortspfarrers[64].

Das Pfarrarchiv Bergen verwahrt noch heute einen umfangreichen Folioband, den »Liber Beneficiorum«, in dem Pfarrer Stefan Eggl für die Zeit von 1708 bis 1726 insgesamt 834 Mirakel notierte und in den er viele Briefe, in denen meist von den Ortspfarrern Mirakel gemeldet wurden, einlegte[65]. Nach der Nummer 249 bringt Eggl die Bemerkung an: »Finis Beneficiorum ab Anno 1708 usque ad 20. Novembris Anni 1710 collatorum per SS. Crucem cum reliquis SS. Particulis de lancea, Corona et Columna.« Eggl setzt hier diesen Abschnitt, weil er aus diesen Mirakeln 181 Beispiele für eine Drucklegung auswählt. Am 18. Februar 1712 erteilte der Eichstätter Generalvikar die Erlaubnis, daß die in diesem Büchlein enthaltenen und von glaubwürdigen Personen vorgetragenen und bestätigten Wunder öffentlich verkündet werden können.

Noch im gleichen Jahr brachte Stefan Eggl sein Büchlein beim Neuburger Hofbuchdrucker Augustin Bogner heraus. Er gibt ihm den Titel »Fruecht/Von dem Baum des Lebens/...« und widmet es dem Eichstätter Fürstbischof Johann Anton I. Knebel von Katzenellenbogen (1704–1725). Die bescheiden wirkende »Wahre Abbildung des Heiligen Creutzes...« gegenüber dem Titelkupfer dürfte damals auch als Andachtsbildchen vertrieben worden sein[66]. Gedruckte Mirakelbücher gehörten damals zu einer beliebten Lektüre der frommen Gläubigen. Sie dienten damit auch der Kultpropaganda. Durch Eggls Mirakelbuch wurde die Kunde vom wundertätigen Kreuz von Bergen noch weiter verbreitet.

Neben den erzählten und gelesenen Mirakeln, dem mitgenommenen, durch das Heilige Kreuz geweihten Wasser oder den Splittern vom Eichenblock und den verschiedenen Andachtsbildchen werben für Bergen auch die dort angebotenen Medaillen. Sie zeigen auf der einen Seite den Kreuzpartikel mit der Legende: »S. CRVX IN BERGEN« bzw. »DAS HEILIG· GREIZ· ZU·BER-(gen)«. Ein seltenes Exemplar bringt auf der Rückseite die vier Buchstaben des Kreuztitels, die anderen Maria mit dem Schwert unter dem leeren Kreuz, das Heilige Grab oder die heilige Walburga[67]. Die Medaillen, auch Gnadenpfennige genannt, lassen sich in das 2./3. Jahrzehnt des 18. Jahrhunderts datieren. Sie dokumentieren im numismatischen Bereich das Bestreben, der Wallfahrt nach Bergen in einem von Gnadenorten dicht belegten Land einen herausragenden Platz zu sichern.

Zwar entwickelt jedes Kultobjekt durch die gewirkten Gnaden und Guttaten von selbst eine gewisse Dynamik, doch wird diese erheblich gesteigert, wenn sich Persönlichkeiten mit Überzeugung, Geschick und vielerlei Aktivitäten dafür engagieren. Bergen fand in Pfarrer Stephan Eggl den eifrigen Förderer der Verehrung seines Kreuzpartikels. Der am 31. Juli 1671 in Osterhofen geborene Stephan Eggl erhielt seine Ausbildung am Jesuitengymnasium in Eichstätt, wo er im Dezember 1695 zum Priester geweiht wurde. Nach kurzer Tätigkeit als Hofkaplan übernahm er 1697 die Pfarrei Allersberg, wo er neun Jahre als Seelsorger wirkte. Im Jahre 1705 kam er nach Bergen, wo er bis zu seinem Tod am 10. Mai 1726 für Pfarrei und Wallfahrt tätig war. Ein Klerusverzeichnis des Bistums Eichstätt aus dem Jahre 1711 bezeichnet ihn als »eifrigen und hervorragenden Initiator und Förderer der Wallfahrt« (»zelosus et peregrinationis egregius promotor«)[68]. Das mit einem deutschen Wort nicht ganz erfaßbare »promotor« macht deutlich, daß Eggl die Wallfahrt vorwärts bewegte, erweiterte, vergrößerte und ausdehnte. Das umschreibt sein Wirken von der Aufzeichnung des ersten Mirakels über die Neuausstattung der Kirche bis zur Drucklegung des Mirakelbuches und umfaßt wohl auch die Bereitstellung von Andachtsbildchen und Wallfahrtsmedaillen.

Die Zahl der nach Bergen wallfahrtenden Gläubigen liegt natürlich wesentlich höher als die Nummern der Mirakelbücher. Wie groß der Zustrom nach Bergen war, können wir nur ungefähr erschließen, da – wie an anderen Wallfahrtsorten auch – keine Zählungen vorgenommen wurden. Das Pfarrarchiv in Bergen verwahrt noch sieben Foliobände, in die für die Jahre 1709–1725 und 1740–1744 die Votivmessen eingetragen wurden. Daneben bestehen noch Zelebrationsregister für die Zeit von Oktober 1711 bis 30. April 1714 und für die Jahre 1743–1747[69]. Allein in den ersten drei Monaten des Jahres 1710, also in den Monaten, die außerhalb der Hauptwallfahrtszeit zwischen den beiden großen Kreuzfesten liegen, wurden 214 Messen eingetragen. Der Ortspfarrer Stephan Eggl konnte dieses Pensum allein nicht bewältigen und beauftragte deswegen fünf weitere Geistliche, die bestellten Messen zu lesen. Darüber hinaus halfen noch die Pfarrer aus Hütting, Wellheim, Rennertshofen, Bittenbrunn, Neuburg und Meilenhart aus. Dennoch genügten acht Kooperatoren nicht, die angefallenen Messen zu lesen. Bei der Visitation von 1713 werden noch 10000 ungelesene Messen gezählt[70]. Neben den Pfarrern der Umgebung treffen wir unter den in Bergen zelebrierenden Geistlichen die Franziskaner und Jesuiten von Neuburg, die Chorherren von Rebdorf, Benediktiner, Karmeliten, Dominikaner, Franziskaner und Jesuiten aus dem Eichstätter Bistum und den angrenzenden Diözesen. An manchen Tagen zelebrierten in Bergen zehn und mehr Geistliche. Am Fest Kreuzerhöhung des Jahres 1712 waren es gar 36 Priester[71]. Das Ordinariat in Eichstätt greift schließlich im Jahre 1724 insofern ordnend ein, als es den Pfarrern der Umgebung verbietet, öfter als zweimal wöchentlich in Bergen zu zelebrieren. In diese Zeit fällt dann auch die Errichtung einer Kaplanei, mit der die Verpflichtung zu vier Wochenmessen verbunden ist[72]. In der Zahl der begehrten Votiv- und Lobmessen drückt sich die Hochschätzung der Wallfahrt Bergen aus.

Der Eichstätter Bürger Bernhard Ohnsorg lieferte für die Zeit vom 24. Mai bis zum 22. September 1714 nach Bergen 2300 große und 23000 kleine Hostien. Wenn für die Jahre 1710/11 gegen 50000 Kommunikanten und für 1717 40000 registriert werden, dann ergeben sich aus der Zahl der kleinen Hostien der vier Hauptmonate für das Gesamtjahr 1714 etwa 43–44000 Kommunikanten[73]. Die Zahl der Kommunikanten sagt aus, wie viele Wallfahrer auf jeden Fall jährlich nach Bergen pilgerten. Da nicht anzunehmen ist, daß jeder Wallfahrer auch zur Kommunion ging – auch wenn das die überwältigende Mehrheit getan haben dürfte – liegt die Zahl der tatsächlichen Bergen-Wallfahrer wenigstens um einige Tausend über der Zahl der Kommunikanten.
Bergen gehört damit in seiner Blütezeit zu den stark frequentierten Wallfahrten Bayerns.

Anlässe für die Wallfahrt nach Bergen

Jedes Mirakelbuch vermittelt einen Eindruck von den Sorgen und Nöten, die Menschen früherer Jahrhunderte belasteten. Damit wird es zur Quelle für den von Krankheiten und Unfällen bedrohten Alltag der Menschen, die zudem oft interessante Angaben für die verschiedenen Bereiche der Volkskunde, für die Kirchen- und Ortsgeschichte, für die Genealogie des Familienforschers und für die Medizingeschichte enthält.

Die größte Gruppe bilden die Bauern, Söldner und Taglöhner und die auch in den Dörfern und Landstädten vertretenen Weber, Schneider und Schuhmacher. Die übrigen dörflichen Berufe wie Bader, Wirte und Bierbrauer, Müller, Schmiede und Schäffler treten nicht so stark hervor. Selten erscheinen Berufsangaben wie Kohlenbrenner (Rieshofen), Nadelmacher (Rögling), Kutscher (Neuburg) oder Salztrager (Ingolstadt). Der untersten Schicht gehören neben den Taglöhnern die Hirten (Hirt von Gungolding, Roßhirt von Hollenbach, Schafhirt von Burgheim) und die Knechte an (Amtsknechte aus Ingolstadt und Bergen; ein Bauernknecht aus Trugenhofen, ein Hausknecht aus Wasserzell). Spitalerinnen aus Ingolstadt und Donauwörth wenden sich nach Bergen. Wenigstens in den ersten Jahren tauchen in den Mirakeln Geistliche nur als Zeugen von Guttaten auf, nicht als Personen, die selbst beim hl. Kreuz Hilfe suchen. Dagegen erwarten zwei Nonnen aus Landshut und aus Neuburg (je eine Franziskanerin und eine Karmelitin) in

Eintrag im Mirakelbuch von 1710 (vgl. Anhang II)

Bergen Hilfe. Keine größere Rolle spielte wenigstens in den ersten Jahren der Adel. Wolfgang Friedrich von Polheim und Wartenburg, »Ihro Durchl. zu Pfalz landobristlteutenant« verlobte sich, seine Frau und seine Kinder »in einer zugestossnen Noth[74]«. Zu gehobeneren Positionen darf man einen Obristjägermeister, den Forstmeister von Deinschwang, den Pflegamtskommissär von Kraiburg, den Kornpropst von Wühn, den Bürgermeister von Pöttmeß und den Ratsverwandten und Gastgeb von Monheim zählen. Über die Anliegen, in denen sich Menschen nach Bergen verlobten, erfahren wir an diesem Wallfahrtsort nicht nur etwas aus den Mirakelbüchern und aus den wenigen noch erhaltenen Votivtafeln, sondern auch aus den kurzen Angaben im Verzeichnis der Votivmessen. Die Menschen lassen Votiv- oder Lobmessen lesen »für sich«, für Söhne und Töchter, für die Hausfrau und das Weib, »vor sein ganzes Haus« oder für sein ganzes Hauswesen, »vor sein ganze Freundschaft«, aber auch »vor sein vich«, »wegen eines pferdts«. Die Mutter »des Herrn Dechandts von Hochenwart« läßt eine Lobmess eintragen »vor zwey vneinige Persohnen.« Selten werden Seelenmessen verlangt. Manche Angaben sind allgemein gehalten: propter sanitatem, propter aegritudinem, wegen »Vngesundheit« oder »wegen ihres üblen Zustands.« Ob die häufige Nennung »wegen der Augen«, »wegen des Gesichts« oder »wegen Blindheit« mit dem Wasser des Brunnens, in dem der Kreuzpartikel verborgen war, zusammenhängt, geht aus den kurzen Wendungen nicht hervor. Häufiger tauchen noch die Hinweise »wegen des Gehörs«, »wegen Krummheit« (allgemein oder auf Füße und Finger bezogen) und »wegen Leibschaden« (Bruch) auf. »Böß« ist gelegentlich Bezeichnung für Krankheitsbilder (»wegen böser Ansteckung«, »wegen ihrer bösen Wangen«, »wegen bößen Füßen«), ebenso »-weh« (»Herzweh«, »Seitenweh«, »Rückenweh«). Ein Mann läßt eine Messe lesen »wegen seines weibs, daß sy widerumb den verstand erhalten möge«, ein anderer bestellt die Messe »für seinen Sohn wegen Thorheit«. Eine Frau läßt sich ins Meßregister eintragen »wegen ihrer leibsfrucht« und ein Mann stiftet »zur glücklichen geburt seines weibs« eine Messe[75]. So scheint bereits in den knappen Angaben des Meßregisters die ganze Breite der Sorgen und Nöte der Menschen in den ersten Monaten des Jahres 1710 auf. Die Mirakel dagegen enthalten öfter ausführliche Schilderungen von Krankheitsbildern und Unfällen, vom vergeblichen Mühen der Ärzte und Bader, von den Inhalten der Verlöbnisse und den erfolgten Heilungen. Auch in den Mirakeln der ersten Jahre werden Augenschmerzen und Blindheit sowie Augenverletzungen besonders oft erwähnt.

Auch taube und stumme Menschen erwarteten beim Hl. Kreuz in Bergen Hilfe. Die Zahl der genannten Leibschäden wird noch von den Beeinträchtigungen der Gelenke und der Wirbelsäule übertroffen. Krummheit und Lahmheit, Gliederschmerzen und Gliedersucht und im chirurgischen Bereich besonders Verletzungen von Armen und Füßen zählen zu den häufigsten Anlässen, während Infektionskrankheiten, Erkrankungen von Herz und Gefäßen, der Atmungsorgane oder des Verdauungsapparats relativ selten auftreten (z.B. Fieber, Rotlauf, Brand, Wassersucht, Hals-, Zahn- und Leibschmerzen, Auszehrung). Kopfschmerzen, Frais und Epilepsie, Schlagfluß und »Unsinnigkeit« als Erkrankungen des Nervensystems werden in der auch in anderen Mirakelbüchern üblichen Häufigkeit genannt, während erstaunlicherweise Frauenkrankheiten und Geburtsnöte, über die andernorts so häufig geklagt wird, in Bergen recht selten Erwähnung finden.

Gelegentlich scheint auch der Volksglaube auf, Krankheit sei »von bösen Leuten« angezaubert. So meinten die Leute, der Sohn einer Egweiler Söldnerin »wäre von bösen Leuthen also zugerichtet«, daß er an Auszehrung zu sterben drohte. Ein Bauer aus Schützendorf »erzehlet in beyseyn viler Wallfahrter, daß er von denen bösen Leuthen erschröcklich seye angefochten und geplagt worden, daß es geschinen, als solte er an Händen und Füssen völlig erkrumen.« Das Töchterlein des Wertinger Metzgers, »welches vermutlich durch die böse leith also zugericht worden, das sie ... khein Tritt allein gehen kundte« erfährt in Bergen Heilung, »wiewohl es noch ein wenig hinckhet.« Die bösen Leute verursachen »vermuthlich« auch die Maulsperre eines Pferdes in Handzell, und das Vieh eines Kipfenberger Bauern kann nicht gesunden, »weill daß Vnziffer und Hexerey schon villeicht zu weit eingerissen[76]«. Einen besonderen Fall erzählt ein Mirakel von einer Landshuter Klosterfrau, »welche 3 gantzer Jahr gantz krumm und lahm mit grösten Schmertzen gepeinigt worden..., daß sie schier gantz von Sinnen kommen«. Nachdem sie sich zum Heiligen Kreuz in Bergen verlobt hat, zeigt sich in ihrem Kopfkissen ein langer Federkiel, »in welchem lauter kleine Kügelein von Federn geflochten, so kein Menschen Hand natürlicher weiß machen kunte, gefunden worden«. Nach weiterem Nachsuchen findet man noch viele solcher Kügelein, die das Feuer zunächst nicht angreift. Das geweihte Feuer bewirkt zunächst, daß sie »zwar erschwartzt, aber nit verbrunnen«. Erst das noch einmal geweihte Feuer kann diese Kügelein vernichten[77].

Für Blindheit werden zweimal andere Krankheitsbilder als Ursachen genannt. Ein Mann ist »bey einem viertdl jahr stockh blind gewesen, so ihm durch die hizige Krannckheit verursachet worden«, und bei einem zweijährigen Mädchen »hat solche blindheit durch ein starckhe frais angefangen[78]«. Die Mirakel enthalten auch eine Vielzahl zum Teil recht drastischer Unfallschilderungen. Besonders gefährdet waren offensichtlich Kinder. Das Kind eines Bauern aus Ammerfeld stürzt vom Birnbaum, andere Kinder fallen in ein Wasserschaff, einen Brunnen, einen Weiher oder gar in die Altmühl und drohen zu ertrinken[79]. Um ein Kind ängstigen sich die Eltern, es könnte an einem verschluckten Knochen ersticken. Ein vierjähriger Bub aus Neuburg steckt »ein zimblich grosses betterringlein« so weit in die Nase, daß es der Bader nicht finden kann[80]. Kinder, aber auch Erwachsene werden von Pferden getreten und dadurch schwer verletzt, andere stürzen vom Pferd, werden mitgeschleift oder geraten unter einen beladenen Wagen[81].

In einer mit Medikamenten verwöhnten Welt können wir uns heute kaum vorstellen, wie Menschen damals unter Krankheiten und Verletzungen litten. Einem Bauern aus Buxheim hat ein Pferd, das er auf der Weide einfangen wollte, »mit dem vordern fuoss die Hürnschall vnd den augapfel ganz eingestossen, daß ihm das blut zu den ohren, Nasen vnd Maul ausgeloffen«. Eine Frau aus Stammham hat »lange Zeit dergestalten am Stain gelitten, daß sie offt Tag und Nacht weder Rast noch Ruhe gehabt, auch zuweilen in solcher Krannckheit dermassen vor Schmertzen geschryen, daß man sie über etlich Häuser gehöret«. Ein Mann aus Lippertshofen hat im Fuß »solche Schmertzen empfunden, als wann zwey schneidende Messer im selben gegen einander giengen[82]«. Als Zeichen der Hoffnungslosigkeit gilt die Feststellung, eine Frau sei so krank gewesen, »daß man sie mit allen h. Sakramenten versehen mist, der doctor selbst ihr das Leben abgesagt« oder das Anlegen des Totengewandes, wofür man in Reichertshofen »vmb das seel weib schickhen« ließ[83].

Immer wieder tauchen in den Mirakeln Hinweise auf das unzulängliche Können der Ärzte oder auf die Wirkungslosigkeit weltlicher Mittel auf. Natürlich erscheint das Wunder um so mächtiger, je drastischer vorher das Unvermögen der menschlichen Kunst geschildert wurde[84]. Auf keinen Fall sollte man alle diese Hinweise nur als Topoi abtun. In vielen verbirgt sich auch eine realistische Erzählung. Am häufigsten wurden die Bader (auch Barbiere) um Hilfe angegangen. In einem Atemzug mit ihnen werden die Ärzte, Wundärzte und Chirurgen genannt. Nur selten erscheint der Begriff »Medicus« (allgemein) und »Doktor« (von Ingolstadt). Ein 12jähriger Bub aus Rain hatte über dem Auge eine so große Warze, daß er nichts sehen konnte. Von seiner Mutter heißt es: »Die Feldscherer hatte sie schon angesprochen, solche hinweckh zu schneiden, gedrauete ihme aber kheiner solches zu thuon«. Eine Frau aus Inchenhofen hatte »schon vnderschidliche leuth konsultiret, auch von badern vnd abdöckhern allerhand mitl angewendet«, um ihrem bettlägrigen Sohn zu helfen[85]. Der Jäger von Hofstetten, der an der Wassersucht litt, gab an, er habe schon »von zeitlichen Mitteln auf die 100 fl. (Gulden) Unkosten gemacht, ware doch alles umsonst[86]«. Aber nicht nur die zeitlichen Mittel zeigen keine Wirkung. Der Bauer von Kipfenberg »wendete zwar geistliche mitl an, die ihnen die H. Capuciner von eystett geben vnd vorgeschrieben«, um seinem Vieh zu helfen: »aber vmbsonst[87]«.

Die Heilung erfolgte nach dem Verlöbnis oder bei dessen Erfüllung selten spontan, sondern begann öfter mit einer Besserung, die dann allmählich zur Gesundung führte. Mitunter schildern die Mirakel Heilvorgänge recht einprägsam. Nachdem sich ein gehörloser Neuburger Schuhmacher nach Bergen verlobt hatte, geschah es, »das er vnuersehens einen Nieser thäte, worauf in seinem kopff grosses krachen vnd schnalzen erfolgte«, worauf er das Gehör wieder erlangte. Ein junger Mann aus Lippertshofen, der seinen Fuß nicht mehr gebrauchen kann und entsetzliche Schmerzen erleidet, bekennt, daß ihm während des Segens mit dem Heiligen Kreuz »nicht anderst gewesen ... als wären zween starcke Männer an seinem Fuß, die ihm selben mit Gewalt anstreckten[88]«.

Vieles, was die Mirakel erzählen, können wir im Zeitalter der fortgeschrittenen Medizin und der sozialen Absicherung nicht mehr nachvollziehen. Unbeschadet der eigenen Einstellung bleibt die Ehrfurcht vor dem Glauben jener Menschen, die zu Beginn des 18. Jahrhunderts auf das Heilige Kreuz von Bergen ihre Hoffnung setzten und die die Überzeugung prägte, von diesem Heiligen Kreuz in oft auswegslosen Situationen Hilfe erlangt zu haben.

Brief der Johanna Caecilia von Seibelsdorf vom 21. September 1709, in dem sie über ein Wunder an einer Klosterfrau berichtet (vgl. Anhang III)

Brauchtum bei der Wallfahrt

Vieles wurde schon angesprochen: Das Ansagen und Verkünden der Mirakel, die mitgenommenen Andachtsbildchen und Medaillen und die Splitter vom Holzblock wie das Wasser aus dem Brunnen.

Die beiden Frauen aus Egweil, von denen die erste Guttat berichtet, kommen »mit der Bitt: daß der Pfarrer diß Orths solchen das H. Creutz auflegen und die Benediktion erthailen solle«. Der Priester erteilte den Segen mit dem Kreuzpartikel nicht nur in der Kirche. In der dritten Guttat wird erzählt, er habe einer Frau in Bergen, die in Kindsnöten lag, »mit dem Heil. Creutz die Benediction gegeben, auch solches ihr aufgelegt: kaum, da er mit dem H. Kreutz auß der Behaußung wider der Kirchen zugegangen, ruffet man ihme nach, das Kind seye gebohren«. Doch war das wohl die Ausnahme. Am 27. Mai 1710 weist Stephan Eggl im handgeschriebenen Mirakelbuch darauf hin,

daß ein Mann aus Lippertshofen, »nachdem man nach vollender Mess nach gewohnheit die hl. Benediction mit dem Hl. Creuz gegeben«, die Gesundheit wieder erlangte. Allerdings wird wiederholt in den Mirakeln nicht nur von dem mit dem Kreuzpartikel erteilten Segen berichtet, sondern auch davon, daß der Kreuzpartikel den Kranken aufgelegt wurde. Neben den am Kreuzpartikel »angerührten« Andachtsbildchen waren auch berührte Kreuzchen (wohl aus einem Metall) in Umlauf. Eine Mutter »nimbt ein an dem Hl. Creutz berührtes Creuzlein, legt ihm [d.h. dem von der Frais arg geplagten Kind] selbes auf das herz, gibt ihm auch ein löffel voll geweihtes wasser ain«, und der Gesundheitszustand des Kindes bessert sich sogleich[85].

Das mehrmals erwähnte geweihte Wasser wurde wohl aus dem Brunnen geschöpft, in dem der Kreuzpartikel einst in einem Holzblock verwahrt worden war. Die Erwähnung des »geweihten Wassers« wird in mehreren Mirakeln durch den Hinweis präzisiert, daß es durch das »H. Creutz« geweiht sei. Die Gläubigen gebrauchen das »mit dem H. Creutz geweihte Wasser«, bedienen sich des hl. Wassers und nehmen es – wie das Walburgisöl – mit nach Hause. Eine Spitalerin aus Donauwörth »brauchte auch das geweyhte Wasser, welches sie von anderen, so schon allda gewesen, entlehnet«, und ein Bauer aus Schützendorf hat »von einer benachbarten Bäuerin ein durchs H.Creutz geweyhtes Wasser zu trincken bekommen.« Auch die Söldnerin von Stammham hat vom geweihten Wasser »mit grosser Hoffnung getruncken«. Das getrunkene Wasser half u.a. gegen Steinleiden, gegen »Melancholey«, gegen Gliedersucht; Augenleidende »gebrauchen« es, indem sie die kranken Augen damit benetzen; aber auch andere Körperteile, wie ein krankes Knie, werden damit gewaschen und geheilt[86].

Während die frühen Mirakel die Benediktion mit dem Kreuzpartikel und den Gebrauch des geweihten Wassers öfter erwähnen, schweigen sie über Splitter vom Holzblock, in dem das Heilige Kreuz verborgen lag. Ja, Stephan Eggl übergeht bei der Übernahme eines Briefes in das gedruckte Mirakelbuch sogar jene Passage, in der eine Nonne darum bittet, »man solte ihr ein von dem Hl. Creuz benedicirtes Hl. Wasser und von dem Kasten, darin das Hl. Creuz gelegen ein holz schicken[87]«. Jedenfalls wußte man bei den Franziskanerinnen in Landshut sowohl um das geweihte Wasser wie um das Holz des Kastens und hatte Grund zu der Annahme, daß man beides erhalten könne. Den Wallfahrtspriester bewog wohl die Sorge um jenes ehemalige Verwahrstück, das Holzblock, Kasten oder Truhe genannt wird. Wenn die Kunde, daß man in Bergen davon etwas abgebe, auch noch im gedruckten Mirakelbuch verbreitet worden wäre, mußte er befürchten, daß sich die Bitten so häuften, daß von dem Holz bald nichts mehr übrig bleiben würde.

Im Gegensatz zu mittelalterlichen Mirakelbüchern, in denen dingliche Leistungen vorherrschen, überwiegen im 18. Jahrhundert geistliche Übungen. Von den Votiv- und Lobmessen wurde bei der Erörterung der Anliegen bereits gesprochen. Auch in den Mirakelbüchern werden wiederholt die gestifteten Messen erwähnt[88]. Die »Gegenleistung« für die erlangte Hilfe richtete sich immer auch am Stand und an den wirtschaftlichen Verhältnissen des Votanten aus. Wolfgang Friedrich von Polheim und Wartenberg versprach sich samt Frau und Kindern mit »einer verlobten grossen waxkerzen vnd einer verlobtaffel nebst etlichen hl. Messen auch etwas an Geld« zum Heiligen Kreuz nach Bergen[89]. Dieser Leistung entspricht bei den ärmeren Leuten dann das Zusammenbetteln des Geldes für das Meßstipendium, das zudem als Wallfahrtserschwerung gewertet werden muß[90]. Die fast selbstverständliche Wallfahrt wird dennoch in vielen Mirakelberichten erwähnt. Nicht so häufig taucht die Verpflichtung zur »aufrichtigen Beicht« und zum Empfang der hl. Kommunion auf. Einige versprechen auch einen Rosenkranz, oder gar einen täglichen Rosenkranz zu beten[91].

Was das Mirakel berichtet oder erzählt, stellt die Votivtafel bildlich vor[92]. Beide entspringen der Verpflichtung zur Promulgation der erfahrenen Guttat. In den Mirakelbüchern erscheinen Votivtafeln keineswegs so häufig, wie man erwarten könnte[93]. Neben dem Adeligen »von Polheim und Wartenberg« ist es der »Ehrvöste Georg Adam Kandler, Forstmaister zu Deinsswang in der alten Pfalz«, der eine Votivtafel nach Bergen schickte, noch bevor er die Wallfahrt angetreten hatte, denn es heißt in dem auf den 19. November (1710) datierten Bericht von dieser Tafel: »welche schon zugegen und alhier ist«. Daneben wird nur noch die Votivtafel eines Krämers aus Wemding erwähnt[94].

Heute sind noch 15 Votivtafeln – allerdings in einem renovierungsbedürftigen Zustand – erhalten. Die Festschrift von 1976 bringt die Aufnahme einer stattlichen Votivtafel aus dem Jahre 1728. Zwei kleine Engel heben einen schweren Vorhang. Unter ihm strahlt der Kreuzpartikel vor einem wolkenumrandeten Goldgrund. Den Kreuzpartikel heben vier Engel über einem Podest. Für diese Komposition diente unverkennbar der große Stich als Vorlage. Im rechten Ausblick erscheint in hügeliger Landschaft die Kirche von Bergen. Unter dem linken, weiter herunterreichenden Vorhang betet ein kniender Mann den Rosenkranz. Neben ihm kniet eine Frau, die ein etwa dreijähriges Kind auf dem Arm hält. Unter dem Podest erzählt eine kleine Inschrift, daß dem Kind durch das Heilige Kreuz in Bergen geholfen wurde. Darunter berichtet ein größeres Band in drei, am Rand leider textlich verdorbenen Zeilen, daß das »...Kend ist verlopt worden zu der wunderdedigen wallfahrt« und daß ihm geholfen wurde, »so balt es versprochen worden ist«. Die dritte Zeile nennt den Namen »Vrsula Klingin in Milbertshausen w.Rog(g?)...[95]«. Ein Bericht von 1891 handelt von den Votivtafeln, »die heute noch beim Eingange der Kirche das Auge des Besuchers auf sich lenken«, und sagt, daß die älteste aus dem Jahre 1709 stamme. Dem Beobachter fiel dabei eine größere Tafel auf, deren Darstellung numeriert war und die eine Bildunterschrift trug: »Anno 1738 den 19. Octobris ist ein soldat zu Diseldorff auf der Fortifications-arbeit in rein [in den Rhein] gefallen und durch anruffung deß heiligen Creutz aus großer lebensgefahr entrunnen, wie allhier auf der Tafel den nro nach zu sehen ist[96]«. Düsseldorf, wo der Soldat bei den Befestigungsarbeiten in den Rhein gefallen war, lag im Herzogtum Berg, das damals zu Pfalz-Neuburg gehörte. Damit dürfte das Verlöbnis aus dem entfernten Düsseldorf nach Bergen erklärt sein.

Was die Votivtafel im Bild erzählt, stellten die meisten Votivgaben plastisch vor[97]. Lediglich ungeformtes, meist gewogenes Wachs und Kerzen, sofern man in sie nicht zu viel hineininterpretiert, erfüllen nicht den unmittelbaren Zeugnischarakter, sondern dienen der Ausstattung der Kirche zur Beleuchtung, wie die Geldopfer allgemein der Ausstattung der Kirche zugute kamen.

Für ein Kind, das ein steinharter Knopf im Gaumen quälte, bringt eine Bäuerin ein Kind aus Wachs nach Bergen. Für ihren Sohn, der an einer Geschwulst am Kopf litt, opferten die aus Rohrenfels stammenden Eltern »2 waxine Häupter«. Für Schmerzen am Fuß brachte ein Mann aus Sohrenhüll »2 wächsine Füße«, und eine Frau aus Rain verlobt ihren Sohn, dessen Sehvermögen durch eine große Warze über dem rechten Auge beeinträchtigt war, »mit wäxenen Augen anhero«. Eine Frau aus Berg im Gau, die »mit einer grossen geschwulst an dem herzen behaftet ware, verlobte (sie) sich mit einen wäxenen bild, ein kreitzer in stock vnd einen Rosenkrantz zu betten[98]«. In dem Bild aus Wachs dürfen wir – als Identifikationsopfer – wohl die Figur einer Votantin sehen, wie sie noch an manchen Wallfahrtsorten und vor allem in den volkskundlichen Sammlungen der verschiedenen Museen erhalten sind. Parallel zu einer in Bergen noch erhaltenen Votivfigur könnte man allerdings auch an ein Wachsportrait denken. Die Bergener Votivfigur, die über einem Holzkern fein mit Wachs modelliert wurde, stellt in bäuerlicher Kleidung eine Frau von etwa 25 Jahren dar. Sie ist bisher in der volkskundlichen Literatur noch nicht erwähnt. Sie ähnelt einer aus Heilig Kreuz in Augsburg stammenden Weihefigur, die allerdings eine Bürgersfrau darstellt[99].

In ländlichen Gegenden wurden oft kleine Pferde und Kühe aus Wachs – oder insbesondere bei Leonhardskirchen aus Eisen – geopfert. Da Tiere bei den Anliegen in Bergen keine große Rolle spielen, nimmt es nicht Wunder, wenn in den Mirakeln der ersten Jahre nur ein einziges Tiervotiv auftaucht. Eine Frau aus Mittenhausen verlobt einen wächsernen Ochsen[100]. Noch geringer sind die Erwähnungen von Silbervotiven. Der Wirt von Balmerstorff (wohl Ballersdorf bei Neuburg) verlobt sein blindes Töchterlein von zwei Jahren »mit zwey silbernen Augen«. Das ist das einzige eigentliche Silbervotiv. Die beiden anderen Beispiele betreffen in Silber gefaßte Erinnerungsstücke an Gefährdungen. Im September 1709 kommt eine Söldnerin aus Stammham bei Ingolstadt nach Bergen und bekundet: (Es) »seynd 4. grosse Stain von ihr gangen in beygesetzter Grösse / die sie zu ewiger Gedächtnus mit sich gen Bergen gebracht / und hats alldasiger Pfarrer in Silber fassen lassen«. Nicht etwa die Votantin, sondern der rührige Wallfahrtspriester Stephan Eggl läßt also die Steine fassen, und er setzt auch im gedruckten Mirakel wie ein Siegel einen Kreis von ca. 23 mm Durchmesser unter den Bericht, in dem die Worte »Magnitudo Lapidum« stehen. Das Anzeigen der »Größe der Steine« soll die Wunderwirksamkeit des Heiligen Kreuzes verkünden. Eine Wirtin aus Neuburg brachte ein »Better-ringlein« (von einem Rosenkranz), das ihr Söhnlein in ein Nasenloch gestopft hatte und das die Bader nicht finden konnten, nach Bergen. In der Handschrift heißt es: »...welches schon zum angedencken alhier beym Hl. Creiz eingefaster aufgehenckhet ist«, während von der Fassung in Silber nur das gedruckte Mirakelbuch redet[101].

Sicher wuchs – wie bei den Votivtafeln auch – die Zahl der Silbervotive beträchtlich an. Ein Inventar aus dem Ende des 18. Jahrhunderts zählt 118 silberne Votive auf, wobei der Begriff nicht streng wallfahrtskundlich gefaßt ist. Mit dem größten Teil des Kirchenschatzes wurden auch die Silbervotive zu Beginn des vorigen Jahrhunderts veräußert[102].

Krise, neuer Aufschwung und Rückgang der Wallfahrt

Die Chronik der Neuburger Jesuiten klagt zum Jahre 1726: »Die Wallfahrt in Bergen nimmt ab, theils wegen Armuth der Landleute, theils wegen des Betragens der Geistlichen, welche zum Dienst der Wahlfahrer aufgestellt waren[103]«. Dem Ansehen Bergens nicht förderlich war sicher auch der Umstand, daß der Wirt Ferdinand Anton Waibel im Oktober 1719 zusammen mit fünf anderen Verbrechern in Neuburg hingerichtet wurde. Ihm wurden Übergriffe auf die Wallfahrer zur Last gelegt. Dennoch beschäftigte seine Witwe neben dem Bräuknecht noch vier männliche und drei weibliche Dienstboten, ein Zeichen, daß sie einen ansehnlichen Wirtschaftsbetrieb führte[104]. Die Wallfahrt ging schließlich so weit zurück, daß seit 1730 die anfallenden Opfer nicht mehr ausreichten, um den Unterhalt der Kirche zu bestreiten[105].

In den 1740er Jahren bemühte man sich wieder, die Wallfahrt zu beleben. In diesem Zusammenhang wird man auch die Urkunde von 1741 sehen müssen, die für die sieben Altäre der Kirche zwölfmal im Jahr einen Ablaß gewährt[106]. Pfarrer Hufnagel legte 1740 auch wieder ein Register für die Votivmessen an, das allerdings nur bis 1744 reicht. An den vier Pfingsttagen des Jahres 1741 wurden gar 330 Messen begehrt[107]. Reliquienauthentiken der Jahre 1743/44 und schließlich die Translation des Katakombenheiligen Faustinus sollten das Ansehen der Wallfahrtskirche in Bergen mehren[108]. Für die Jahre 1743–1747 hat sich noch das Register jener Geistlichen erhalten, die in Bergen zelebrierten[109]. Die Jesuiten von Neuburg nehmen sich wieder stärker der Wallfahrt an. Am 3. Mai 1748 ging der Pater Inspektor mit dem Prediger nach Bergen und Anfang August kamen – wie auch im folgenden Jahr – die Gymnasiasten von Neuburg nach Bergen, »um günstigen Erfolg ihrer Skriptionen und Examina zu erlangen[110]«. All diese Bemühungen, für die Wallfahrt nach Bergen den ehemaligen Glanz zurückzugewinnen, gipfeln in dem

51

Entschluß der Neuburger Jesuiten, die Wallfahrtskirche umzubauen und sie festlich auszuschmücken. Als Zweck nennen die Baurechnungen: »...die in der Kürchen beim Hl. Kreuz vorgeweste grosse Andacht von jährlich viel Tausend Wallfahrtern mit Gotts Hilf wiederumb in Aufnahm zu bringen[111]«. Dem entspricht dann auch die Ausgestaltung der Kirche in Fresken und Altären, die Andreas Bauch als »Vision einer Kreuzestheologie« rühmt[112]. Bereits 1754 wird wieder ein Mirakel aufgezeichnet, und für die Jahre 1757–1761 liegen 132 Mirakelberichte vor[113]. Die am Michaelstag 1758 durch den Eichstätter Fürstbischof eingeweihte Kirche wurde mit weiteren Reliquien ausgestattet[114]. Am 5. Dezember 1760 gewährt eine päpstliche Urkunde der Kreuzbruderschaft einen Ablaß und im folgenden Jahr beginnen die Einträge im Bruderschaftsbuch, die bis 1841 reichen[115].

Der um die Mitte des 18. Jahrhunderts erreichte neue Aufschwung der Wallfahrt bewirkte nicht mehr die Intensität der Verehrung des Kreuzpartikels, wie sie in dem Jahrzehnt von 1708 bis 1718 herrschte. In der zweiten Hälfte des Jahrhunderts konnte sich aber auch diese Belebung der Wallfahrt nicht fortsetzen. Ein Kaplan genügte, um neben dem Pfarrer die Wallfahrt zu betreuen[116]. Der Geist der Aufklärung begann gegen das Wallfahrtswesen und die prachtvolle Ausstattung der Kirchen zu wirken. Den Neuburger Jesuiten, die sich so sehr um Kirche und Wallfahrt in Bergen verdient gemacht hatten, wurden die hohen Kosten des Kirchenumbaus und der Ausstattung zur Last gelegt. Schließlich entzog man ihnen 1767 die Verwaltung der Bergener Klostergüter und setzte einen weltlichen Administrator ein[117]. Die Wallfahrt in Bergen verlor damit auch wichtige Förderer.

Beim Volk, das die Wallfahrten liebte, ließ das Interesse dennoch erst allmählich nach. Die Eintragungen im Bruderschaftsbuch, die in den 1770er und 1780er Jahren vorgenommen wurden, und die für 1773 und für 1777–1786 aufgezeichneten Mirakel zeigen, daß die Wallfahrt zum Heiligen Kreuz nach Bergen noch vielfach und weithin bekannt war[118]. Erst die Kriegszeiten um 1800 und die Säkularisation drängten die Wallfahrt nach Bergen fast in die Vergessenheit. Im 19. Jahrhundert ist die Wallfahrt nach Bergen nur mehr in engeren Kreisen bekannt. Lediglich von vier Orten kommen jährlich noch Pilgergruppen. Im Jubiläumsjahr 1976 zählte man die Pilgergruppen aus Burgmannshofen, Gansheim, Tapfheim und Dirschhofen, die eine alte Verpflichtung ihrer Dörfer noch erfüllen. Heute kommen sie mit dem Bus oder dem Auto, während sie früher den Weg zu Fuß zurücklegten. Den alten Wallfahrtsweg über Ochsenfeld geht allerdings noch eine Gruppe aus der Dompfarrei in Eichstätt, die jedes Jahr unter der Begleitung eines Geistlichen nach Bergen zieht[119]. Nach der Beobachtung des Pfarrers steigt die Zahl der Wallfahrer in den letzten Jahren wieder an.

Wenn heute Gläubige in der Wallfahrt und im Gebet beim Heiligen Kreuz in Bergen Zuflucht suchen und in ihnen die Überzeugung wächst, in irgendeiner Weise Hilfe erlangt zu haben, dann behalten sie diese »Guttat« meist für sich und schreiten nicht – wie die Menschen des 18. Jahrhunderts – zur Promulgation in Mirakelbuch oder Votivtafel[120]. Wir aber sollten bei den für den Volkskundler und Historiker noch so interessanten Inhalten der Mirakelbücher und Votivtafeln nicht vergessen, daß es zuerst Dokumente des Glaubens sind, eines Glaubens, den heute nur die wenigsten nachvollziehen können, vor dem wir aber alle Ehrfurcht bekunden sollten[121].

Anmerkungen

[1] A. Baumstark, Abendländische Palästinapilger des ersten Jahrtausends, Paderborn 1906; B. Kötting, Peregrinatio religiosa, Münster 1950

[2] A. Bigelmair, Die Afralegende, in: Archiv f. d. Geschichte d. Hochstifts Augsburg I, 1909–11, 241–331; J. Werner (Hrsg.), Die Ausgrabungen in St. Ulrich und Afra in Augsburg, 1961–1968, 2 Bde. München 1977 (= Münchener Beiträge zur Vor- und Frühgeschichte, Bd. 23)

[3] Lexikon für Theologie und Kirche [= LThK], 1,562 (R. Bauerreiss)

[4] A. Bauch, Quellen zur Geschichte der Diözese Eichstätt I, Biographien der Gründungszeit, Eichstätt 1962 (enthält in bilinguer, gut kommentierter Ausgabe die Viten Willibalds, Wynnebalds und Solas und – in Auszügen – die Miracula S. Waldburgae); Ders., Ein bayerisches Mirakelbuch aus der Karolingerzeit. Die Monheimer Walpurgis-Wunder des Priesters Wolfhard (Quellen zur Geschichte der Diözese Eichstätt II), Regensburg 1979

[5] W. Hotzelt, Translationen von Martyrerreliquien aus Rom nach Bayern im 8. Jahrhundert, in: Studien und Mitteilungen zur Geschichte des OSB-Ordens 53, 1935, 286–343; M. Zender – J. Fellenberg gen. Reinhold, Reliquientranslationen zwischen 600 und 1200, in: Atlas zur Kirchengeschichte Hrsg. v. H. Jedin, K. S. Latourette, J. Martin, Freiburg... 1970, Karte 28; H. Fichtenau, Zum Reliquienwesen im frühen Mittelalter, in: Mitteilungen des Instituts f. Österr. Geschichtsforschung 60, 1952, 60–89; B. Kötting, Reliquienverehrung, ihre Entstehung und ihre Formen, in: Trierer Theolog. Zeitschrift, 1958, 321–334

[6] A. Bauch, Quellen I, 1. c., 87, 34 und 92, 18

[7] LThK 9, 368 f. (G. Heer)

[8] Reliquientranslationen zw. 600 u. 1200, l. c.; J.M. Friesenegger, Die Ulrichskreuze mit besonderer Berücksichtigung ihres religiösen Brauchtums, Augsburg 1937

[9] LThK 6,626 (H. Tüchle)

[10] MGH SS XVII, 635 (vgl. F. v. Guttenberg, Die Regesten der Bischöfe von Bamberg, 1932 f, Nr. 57) Die Dedicationsnotiz stammt aus dem 14. Jahrhundert. Beim »Altare occidentale« werden nach den Apostelreliquien Herrenreliquien genannt (vom Schweißtuch des Herrn; vom Grab des Herrn). Da diese Reihenfolge der Rangordnung von Reliquien völlig widerspricht, darf man einen späteren Nachtrag annehmen.

[11] J. Hemmerle, Die Benediktinerklöster in Bayern, Augsburg 1970 (= Germania Benedictine II), 75–78 (Lit.); 950 Jahre Kreuzpartikel in Donauwörth (Festschrift), Donauwörth 1979

[12] (Sutter), Notizen über die Einweihung von Kirchen und Altären im Bistum Eichstätt, in: Pastoralblatt des Bistums Eichstätt 9, 1862, 137

[13] Pastoralblatt des Bistums Eichstätt 6, 1859, 20: Meginwardus, peregrinus et exul propter Deum in reditu de Jerosolimis felici et optato bonis omnibus transitu magravit ad Dominum.

[14] Annales Altahenses maiores, SS Schulausgabe 67–71; Guttenberg, Die Regesten der Bischöfe von Bamberg, Nr. 361 ff

[15] H. Thummerer, Die Konsekrationen des Westchoraltares im Augsburger Dom und seine Reliquien, in: Jahrbuch d. Vereins f. Augsburger Bistumsgeschichte 10, 1976, 16–26

[16] Notae Buranae MGH SS 17, 321; vgl. dazu: Volkert-Zoepfl, Die Regesten der Bischöfe und des Domkapitels von Augsburg, Augsburg 1955 ff, Nr.301

[17] Clm 7384 f 106a, ohne Reliquienverzeichnis wiedergegeben bei Steichele-Schröder, Das Bistum Augsburg IV, Augsburg 1883, 859; der Codex nennt folgende Herrenreliquien: »vom Kleid, mit dem der Herr zur Passion geführt wurde; vom Grab; von der Krippe des Herrn; von der Erde, auf der er stand, als er in den Himmel auffuhr; von den Schuhen und von dem Unterkleid, mit dem er bekleidet war; von der Kerze, die vor der Pascha-Zeit in Jerusalem von himmlischen Feuer entzündet wurde«; H. Tüchle, Eine Handschrift aus Ilmmünster und eine Hohenwarter Tradition, in: Bavaria Christiana. Zur Frühgeschichte des Christentums in Bayern, FS f. A. W. Ziegler (= Deutingers Beiträge 27), 161–175 überliefert aus einer jetzt im Vatikan liegenden Handschrift (CVL 3101) eine Traditionsnotiz aus dem späten 11. Jahrhundert, wonach eine »quaedam nobilis femina Wildrut« Güter an Hohenwart schenkte.

[18] H. Tüchle, Dedicationes Constantienses, Freiburg 1949, Nr. 33

[19] M. Thiel, O. Engels, Die Traditionen, Urkunden und Urbare des Klosters Münchsmünster, München 1961 (QE NF 20), Nr. 62, Herrenreliquien im Altar der Peterskirche: »vom Land der Verheißung; vom Sand des Jordans, wo Christus von Johannes getauft wurde; vom Tisch, an dem der Herr saß, als er Wasser in Wein verwandelte; von den Broten; von der Säule, an der er gegeißelt wurde; vom Kalvarienplatz; von seinem Grab; vom Fels auf dem Berg, über dem stehend der Herr in den Himmel auffuhr; vom heiligen Altar, an dem das Kreuz gefunden wurde; von

seinem Kleid; von seiner Leinwand; vom Kreuz des Herrn«, im Verzeichnis der nicht in den Altären enthaltenen Reliquien erscheinen noch darüber hinaus: »von der Windel, in die Christus eingewickelt wurde, als er in die Krippe gelegt wurde und von dieser Krippe selbst; von der Patene, die der Herr selbst in den Händen hielt; von der Eucharistie, das ist vom Kelch des Herrn«;

[20] H. O. Münsterer, Die doppelbalkigen Partikelkreuze aus Scheyern, Wiblingen und Donauwörth, in: Bayer. Jahrbuch f. Volkskunde, 1952, 50–64;
[21] H. Tüchle, l. c. Nr. 58 und Nr. 68
[22] Ebenda S. 82 ff
[23] J. Hemmerle, Benediktinerklöster, l. c., 85 f (Lit.)
[24] Bild und Beschreibung der Urkunde: Aus 1200 Jahren. Das Bayerische Hauptstaatsarchiv zeigt seine Schätze, München 1979, Nr. 30; Beschreibung: Die Zeit der frühen Herzöge. Von Otto I. zu Ludwig dem Bayern. Katalog der Ausstellung auf der Burg Trausnitz in Landshut, München 1980, Nr. 41
[25] Ebenda Nr. 42, vgl. auch die Nr. 38–40; P. Fried, Die Herkunft der Wittelsbacher, in: Die Zeit der frühen Herzöge. Beiträge zur Bayerischen Geschichte und Kunst 1180–1350, München 1980, 29–41; W. Störmer, Die Hausklöster der Wittelsbacher, ebenda 139–150
[26] H. O. Münsterer, l. c. (Anm. 20)
[27] A. Bauch, Die Kloster- und Wallfahrtskirche zu Bergen, in: Festschrift zur 1000-Jahr-Feier, Hrsg. K. Bigler, Bergen 1976, 13–27
[28] K. Bigler, 1000 Jahre Heiliges Kreuz in Bergen, ebenda S. 49–55
[29] A. Hämmerle, Die ehemalige Kloster- und Wallfahrtskirche zu Bergen bei Neuburg a.D., ihre Geschichte und Beschreibung (=Sammelblatt des Historischen Vereins Eichstätt 21, 1906), 9 nach: Pastoralblatt des Bistums Eichstätt 6, 1859, 20
[30] Pflug-Hartung, Acta Pontificum Roman. II, 253 Nr. 80: »Pergin vocatum in honore sancte Marie virginis sanctique Johannis ev. consecratum«
[31] K. Reindel, Die bayerischen Luitpoldinger 893–989, München 1953, Nr. 125; Die dort registrierte Nr. 126, eine Urkunde Konrads II. vom gleichen Datum und Ausstellungsort spricht vom »monasterium Pergense, quod in honore sancte Crucis sancte Marie virginis et S. Johannis ewangelistae fundavit.« H. Bresslau (MGH D D K II) weist auf Interpolationen in der erst in einem Vidimus des Eichstätter Bischofs von 1357 erhaltenen Urkunde hin, unter die wohl auch die Nennung des Patroziniums fällt.
[32] A. Hämmerle, l. c. 8–10
[33] F. Heidingsfelder, Regesten der Bischöfe von Eichstätt I, Erlangen 1938, Nr. 1088, 1260, 1634, 1672, 1680
[34] Monumenta Boica 50, Nrr. 676 und 767
[35] A. Bauch, Ein benediktinisches Psalterium des Neuburger Raumens, in: Festschrift (l. c.), 56 f (Lit.)
[36] H. Aurenhammer, Lexikon der christlichen Ikonographie, Wien 1967, 232–249
[37] F. M. Weiß, Die Urkunden Benediktinerinnenklosters Bergen, in: Neuburger Kollektaneenblatt 117, 1964, Nr. 146
[38] R. Röhricht, Die Deutschen im Heiligen Land, Innsbruck 1894, 2
[39] vgl. neben Tüchle, Dedicationes, l. c. 82 f, W. Deinhardt, Dedicationes Bambergenses, Freiburg 1936, Register
[40] G. Nebinger, Überblick über die Geschichte des Klosters Bergen, In:Festschrift (l. c.), 28–48 hier 29 ff

[41] S. 349–356; zu Bruschius vgl. LThK 2, 735 f (H. Angermeier)
[42] S. 350 »coenobium Bergense in honorem Christi, filii Dei, ejusque Sanctae Genitricis, Sancti item Joannis et S. Crucis«. Das »in honorem Christi, filii Dei« taucht so oder ähnlich in vielen Weiheurkunden auf und darf nicht als eigentliches Patrozinium gewertet werden.
[43] R. Kriss, Die Volkskunde der altbayerischen Gnadenstätten, Bd. 3, München-Pasing 1956, 91–101
[44] Fruecht Von dem Baum des Lebens/Das ist: Wunder-Würdige Gutthaten/ Welche GOTT/ durch die Krafft des heylmachenden Particul von dem Heiligen Creutz ... hat angedeyen lassen ..., Neuburg bei Augustin Bogner 1712
[45] Texte der jetzt sehr hoch hängenden Bilder in: Neuburger Kollektaneenblatt 14, 1848, 21 f
[46] Der leider in einzelnen Zeilen zerstörte Stich jetzt im Pfarrhof.
[47] Vgl. K. Reindel, Die bayer. Luitpoldinger, l. c. Register
[48] LThK 8,998 (R. Bauerreiss)
[49] Acta SS Juni IV, 747: »His enim instructus assumpto peregrini (ut assolet) habitu, B. Rasso cum Juditha, Henrici principis Bojorum et Saxonum conjuge ... primum Hierosolymam petiit: ubi aestuantissimo venerandi loca sacra animo cum abunde satisfecisset, magno sanctarum Reliquiarum thesauro dilatus«
[50] Annal. Boiorum libri VII, Ingolstadt 1554, 495; deutsche Ausgabe von 1566, 372 v. Aventin rühmt Judith als »ein vberauß schöne/ehrbare vnnd keusche Fürstin«; zu Aventin: LThK 1, 1142 f (H. Rall)
[51] P. Fried, Die Herkunft der Wittelsbacher, in: Die Zeit der frühen Herzöge, l. c., 35 (Stammtafel der Luitpoldinger nach K. Reindel)
[52] Fruecht Von dem Baum des Lebens, l. c. (Anm. 44), 18–20
[53] Neuburger Kollektaneenblatt 12, 1846, 97 Anmerkung. Ähnliche Verhaltensweisen kennen wir auch von anderen Wallfahrtsorten, sodaß dieser Notiz durchaus Glauben zukommt. In offiziellen Dokumenten, als die man in diesem Zusammenhang auch Mirakelaufzeichnungen ansehen darf, werden sie allerdings relativ selten erwähnt.
[54] Pastoralblatt des Bistums Eichstätt 38, 1891, 43 Anm. 1. Damit hatte auch Bergen– wie viele andere Wallfahrtsorte – seinen besonders geheiligten Brunnen
[55] Ebenda 43 f
[56] A. Hämmerle, l. c. 36 f
[57] Neuburger Kollektaneenblatt 12, 1846, 97
[58] Fruecht 1708 Nr. 2–6; 1709 Nr. 1 (Schönfeld), Nr. 3 (Eberswang), Nr. 2 (Rain) Nr 5 (Inningen), Nr. 19 (Scheyern), Nr. 40 (Landshut), Nr. 10 (Lenting), Nr. 12 (Ingolstadt), Nr. 36 (Wuehn), Nr. 32 (Lobsing), Nr. 24 (Berghausen), Nrr. 31 und 48 (Fünfstetten), Nr. 34 und 52 (Wemding)
[59] Hier soll nicht verschwiegen werden, daß mehrere Namen trotz intensiver Nachforschungen in verschiedenen Ortsverzeichnissen, Ortsnamen- und Urkundenbüchern und Landkarten nicht identifiziert werden konnten. Das liegt sicher zum Teil an der so verdorbenen Schreibweise, die ja nach phonetischen Gesetzen erfolgte, so daß man beim besten Willen keinen Bezug mehr zu einem bestehenden Ortsnamen herstellen kann, zum Teil aber auch daran, daß sich Benennungen kleiner Siedlungen geändert haben können, daß sie ab- oder in größeren Siedlungen – aufgegangen sind.
Trotz dieser zugestandenen Mängel dürfte sich das aufgezeigte Einzugsgebiet durch weitere, identifizierte Namen nicht wesentlich ändern.

[60] Fruecht ... 1709 Nr. 15 (Pöttmes), 1710 Nr. 122 (Gremertshausen), Nr. 106 (Tapfheim), Nr. 111 (Sachsen bzw. Eichstätt), Nr. 133 (Holnstein)
[61] Liber Beneficiorum (im Pfarrhaus Bergen) Nr. 211; Ehrenbach bei Idstein.
[62] Fruecht ...1710 Nr. 146 (= Liber Beneficiorum Nr. 232)
[63] Liber Beneficiorum Nr. 249 = Fruecht 1710 Nr. 175
[64] Zu den Mirakelbüchern (in Auswahl): G. Schreiber, Deutsche Mirakelbücher. Zur Quellenkunde und Sinngebung (= Forschungen zur Volkskunde H. 31/32),Düsseldorf 1938; H. Bach, Mirakelbücher bayerischer Wallfahrtsorte (Untersuchungen ihrer literarischen Form und ihrer Stellung innerhalb der Literatur der Zeit), phil. Diss. München 1963; D. Harmening, Fränkische Mirakelbücher (phil. Diss. Würzburg 1965/66), in: Würzburger Diözesangeschichtsblätter 28, 1966, 25–240; A. Weitnauer, Himmel voller Helfer – Welt voller Wunder (darin Nachdruck des Mirakelbuches von Maria Steinbach, 1738), Kempten 1969; M. Springer, Das Mirakelbuch der Wallfahrt zum hl. Leonhard in Lauingen, in: JbHV Dillingen LXXIII, 1971, 52–65; G. Stahl, Die Wallfahrt zur Schönen Maria in Regensburg (II. Teil: Die Wallfahrt im Spiegel der Mirakelbücher S. 97–177), in: Beiträge z. Gesch. d. B. Regensburg 2, 1968, 35–281; W. Hartinger, Die Wallfahrt Neukirchen bei heilig Blut (besonders IV, 7: Auswertung der Mirakelbücher), ebenda 5, 1971, 23–240; A. Döring, St. Salvator in Bettbrunn (besonders IV. Die Mirakelbücher 173–194), ebenda 13, 1979, 35–233; B. Heller, Wallfahrtskundliche und kulturhistorische Aussagen im Mirakelbuch von St. Valentin in Endlhausen 1675-1687, in: BJVk 1976/77, 88–121; W. Pötzl, Mirakelgeschichten aus dem Landkreis Augsburg, Augsburg 1979
[65] Liber Beneficiorum Peregrinantibus ad S. Crucem in Bergen prope Neoburgum ad Danubium prodigiosam, collatorum, anno, mense et die ...notatis; vgl. dazu: Pastoralblatt des Bistums Eichstätt 38, 1891, 44 f und F. X. Buchner, Archivinventare der kath. Pfarreien in der Diözese Eichstätt, München und Leipzig 1918, 77 Nr. 10
[66] Vgl. Anm. 44 und Abbildung S. 43. In der Sammlung Hartig im Diözesanarchiv Regensburg befindet sich ein Andachtsbildchen, das ikonographisch ziemlich genau dem Bild im gedruckten Mirakelbuch entspricht, das allerdings um ca. 15 mm höher und entsprechend breiter ist. Zu weiteren Andachtsbildchen vgl. die Abbildungen
[67] Vgl. E. Merzbacher, Verzeichnis einer Sammlung Bayer. Wallfahrts-, Kloster und Kirchenmedaillen, München 1895, Nrr. 111–113; F. Och, Münzen bayer. Klöster, Kirchen, Wallfahrtsorte und anderer geistlicher Institute, in: Oberb. Archiv 50, 1897, 131–229 Nrr. 47–49
[68] Freundl. Mitteilung von Dözesanarchivar Brun Appel, Eichstätt
[69] F. X. Buchner, Archivinventare der kath. Pfarreien in der Diözese Eichstätt, München und Leipzig 1918, 76–79 Nrr. 11 und 12. Der Titel des Meßregisters von 1709 verrät die Anlage des Bandes: »In Hoc libro continentur Missae votivae a Peregrinantibus ad St. Crucem Bergae Miraculosam datae vna cum Nominibus tam voventium, quam illorum, Qui eas legerunt initium suum cepit Sub. R. Domino Stephano Eggl ibidem Parochho, Anno, Mense, ac die folio sequenti notatis«
[70] F. X. Buchner, Das Bistum Eichstätt I, Eichstätt 1937, 93
[71] Pastoralblatt des Bistums Eichstätt 1891, 51
[72] Buchner, Bistum I, 93

[73] Pastoralblatt 1891, 46; zum Vergleich: Im schwäbischen Lechfeld zählte man 1683 35100 und im Jahre 1729 86000 Kommunionen; in Violau wurden im frühen 18. Jahrhundert 15000 Kommunionen ausgeteilt (W. Pötzl, Mirakelgeschichten, l. c. 9). In Kirchhaslach brauchte man 1752 2100 große und 24000 kleine Hostien (H. Urban, Die Marienwallfahrt Kirchhaslach und ihr Mirakelbuch, Zulassungsarbeit an der Gesamthochschule Eichstätt 1979/II, 47). Im fränkischen Maria Buchen reichte man im Jahr 1759 20000 Kommunionen (W. Brückner, Maria Buchen. Eine fränkische Wallfahrt, Würzburg 1979, 126). In Bettbrunn liegt die höchste Zahl der am Beginn des 18. Jahrhunderts gereichten Kommunionen bei 17500 (A. Döring, St. Salvator l. c. 234)

[74] Liber benf. Nr. 229

[75] Vgl. Anm. Nr. 69. Die gewählten Beispiele sind den Monaten Januar–März 1710 entnommen.

[76] Fruecht... 1709 Nr. 47 und 49; 1710 Nr. 142, 104 und 109

[77] Fruecht... 1709 Nr. 40 (= Liber benef. eingelegter Brief der Oberin. Im Druck fehlt allerdings die Passage: »... aber khan sie wegen dem anhaltenen podegra (sc. die Wallfahrt) nit verbringen, hatt also ihr gliebt verrichten lassen, bittende, man solte ihr ein von dem Hl. Creuz Benedicirtes Hl. Wasser Vnd Von dem Kasten, darin das Hl. Creuz gelegen ein holz schicken«... Es scheint so, als habe Pfarrer Stephan Eggl, die Stelle von der nicht vollständig erfolgten Heilung im Druck bewußt weggelassen. Dabei überging er auch die so interessante Bitte um Wasser und Holz. Er nimmt aber dann den Text des Briefes wieder auf, der kurz von der Heilung einer weiteren Klosterfrau berichtet. Er wandelt dabei die Stelle »vnd 30 kr. in den Stock« in »Opfer« um und läßt den letzten Halbsatz »gleichfalls vmb ein hl. wasser vnd particul von der Truhen bittend« sowie Datum und Unterschrift weg.

[78] Fruecht... 1710 Nr. 115 und 129

[79] Die Altmühl in Eichstätt drohte in der kurzen Zeit gleich 2 Kindern zum Verhängnis zu werden. Der dreijährige Sohn der Barbara Rührin von Eichstätt fiel vor dem 17. Oktober 1709 in die Altmühl und am 14. Mai 1710 verunglückt der 14jährige Peter Brandel, der »in des Prödinger Closters zu Eystett diensten« stand, indem er »ober der schlagbrücken vndter dem Hochfürstl. Residenz Schloß aus einem schiff in die Altmühl, alwo der Flus schir am tieffisten«, stürzte (Fruecht 1709 Nr. 42 und 1710 Nr. 134 = wörtl. im Liber benef. Nr. 216 eingetragener Brief des Fr. Josephus Neumayr, Prior Eystadianus ord. Praedicatorum)

[80] Fruecht... 1710 Nr. 108 und 174

[81] Fruecht... 1710 Nr. 173; Liber benef. Nr. 168,

[82] Liber benef. Nr. 198; Frücht 1709 Nr. 27 und 1710 Nr. 152

[83] Liber benef. Nr. 209; Fruecht 1710 Nr. 163

[84] P. Assion, Geistliche und weltliche Heilkunst in Konkurrenz. Zur Interpretation der Heilslehren in der älteren Medizin- und Mirakelliteratur, in: BJVk 1976/77, 7–23

[85] Fruecht... 1708 Nr. 1 u. 3; Liber benef. Nr. 204 u. 214; Fruecht... 1710 Nr. 159

[86] Fruecht... 1709 Nr. 27 u. 28, 35, 49, 16, 17, 49; 1710 Nr. 128

[87] vgl. Anm. Nr. 77

[88] Ein mühevoller und überaus zeitraubender Vergleich der Mirakelbücher mit den Meßregistern könnte interessante Aufschlüsse zu Einzelfragen bringen.

[89] Liber benef. Nr. 229

[90] Liber benef. Nrr. 191 u. 199 (=Fruecht... 1710 Nrr. 116 u. 123)

[91] Vgl. Liber benef. Nrr. 221 u. 223; Fruecht... 1710 Nr. 153

[92] Literatur zu den Votivtafeln (in Auswahl): L. Kriss-Rettenbeck, Ex voto. Zeichen, Bild und Abbild im christlichen Votivbrauchtum, Zürich u. Freiburg 1972; E. Harvolk, Votivtafeln. Bildzeugnisse von Hilfsbedürftigkeit und Gottvertrauen, München 1979; W. Theopold, Votivmalerei und Medizin. Kulturgeschichte und Heilkunst im Spiegel der Votivmalerei, München 1978; W. Jäger, Augenvotive. Votivgaben, Votivbilder, Amulette, Sigmaringen 1979; W. Theopold, Das Kind in der Votivmalerei, München 1980

[93] Nur gelegentlich gehen die wallfahrtskundlichen Monographien auf die Entsprechung von Mirakelbericht und Votivtafel ein. Dabei wird das Verfahren gewählt, nach erwähnten Votivtafeln zu suchen. Die Frage, ob alle vorhandenen Votivtafeln auch im Mirakelbuch Erwähnung finden, wird nicht aufgeworfen. Aus ihr könnte man ersehen, ob die doppelte Promulgation – durch Mirakelbericht und Votivtafel – erforderlich oder ins Belieben des Votanten gestellt war. Andererseits ist bekannt, daß vor allem die Herausgeber gedruckter Mirakelbücher Texte aus vorhandenen Votivtafeln übernahmen oder erschlossen.

[94] Liber benef. Nr. 229 (»verlobttaffel«), Nr. 232 (= Fruecht...1710 Nr. 146), Fruecht... 1709 Nr. 52

[95] Festschrift zur 1000-Jahr-Feier, Hrsg. v. K. Bigler, Neuburg 1976, S. 44.

[96] Pastoralblatt 1891, 50

[97] Literatur zu den Votivgaben (in Auswahl): R. Andree, Votive und Weihegaben des kath. Volkes in Süddeutschland, Braunschweig 1904; G. Ritz, Der Votivfund von St. Corona-Altenkirchen, in: BJVk 1954, 123–136; R. Kriss, L. Kriss-Rettenbeck, L. Römmelt. Eisenopfer. Das Eisenopfer in Brauchtum und Geschichte, München 1957; L. Kriss-Rettenbeck, Ex voto (l. c. Anm. 92); G. Schober, Die Votiv- und Graffitifunde in der Laurentiuskapelle Unterbrunn, in: BJVk 1976/77, 227–245; Geformtes Wachs. Begleitpublikation der Ausstellung 1980/81 des Schweizer Museums für Volkskunde Basel, bearb. v. Th. Gantner, Basel 1980; W. Hailer, Eine alte Wachszieherei in Pfaffenhofen, in: Volkskunst 3, 1980, 102–106; Ch. Angeletti, Geformtes Wachs. Kerzen, Votive, Wachsfiguren, München 1980; G. Ritz, Lebensgroße Kindervotive. Zur Geschichte der angekleideten Wachsfiguren in fränkischen Gnadenstätten, Volkach 1981

[98] Fruecht... 1709 Nr. 46, Nr. 92, Nr. 88, 1710 Nr. 120 (= Liber benef. Nr. 186), Nr. 136 (=Liber benef. Nr. 136)

[99] jetzt im Maximiliansmuseum Augsburg. Abbildung bei Ch. Angeletti, Geformtes Wachs, l. c. Abb. Nr. 223; dort auch zahlreiche andere Wachs-Votanten (Nr. 210–247)

[100] Fruecht... 1709 Nr. 65

[101] Liber benef. Nr. 195 (= Fruecht... 1710 Nr. 129); Fruecht... 1709 Nr. 27; Liber benef. Nr. 248 (=Fruecht... 1710 Nr. 174). Ein anderes Beispiel für eine Nachzeichnung eines Gegenstandes in einem gedruckten Mirakelbuch bei Pötzl, Mirakelgeschichten (l. c. Anm. 64), S. 60: ein von einem Kind verschlucktes Gläslein aus dem 1662 gedruckten Lechfelder Mirakelbuch.

[102] Pastoralblatt 1891, 55

[103] Pastoralblatt 1891, 54

[104] Ebenda; Von dem Wirt ging das Gerücht er habe Fremde, die bei ihm übernachteten, umgebracht und den Gästen Menschenfleisch vorgesetzt. Im Urteil ist davon allerdings keine Rede. Die Verbrecher sind »in Puncto Furti, Robariae et Abiegatus« überführt.

[105] ferner: G. Nebinger, Die Tafernen in Bergen, in: Festschrift 1976, 58–60.

[105] A. Hämmerle, Die ehemalige Kloster- und Wallfahrtskirche zu Bergen... l. c. (Anm. 29), 39

[106] Buchner, Archivinventare, l. c. (Anm. 69), 77 Nr. 7

[107] Ebenda Nr. 11 und Pastoralblatt 1891, 51

[108] Buchner, Archivinventare 77, Nrr. 1–3. Für die Reliquie des Hl. Johannes Nepomuk stellte ein Prager Kanoniker, für eine Reliquie des hl. Sebastian der Bischof von Massa (in der Toscana) und für den Leib des hl. Faustinus Kardinal Joh. Anton Guadagni eine Urkunde aus. Zu den Katakombenheiligen vgl. jetzt H. Achermann, Die Katakombenheiligen und ihre Translationen in der schweizerischen Quart des Bistums Konstanz, Stans 1979 (Beiträge zur Geschichte Nidwaldens H. 38)

[109] Buchner, Archivinventare 77 Nr. 12 und Pastoralblatt 1891, 51

[110] Pastoralblatt 1891, 51

[111] A. Hämmerle l. c. 39

[112] A. Bauch, Die Kloster- und Wallfahrtskirche zu Bergen, in: Festschrift 1976 13–27 hier 22

[113] Büchner, Archivinventare 77 Nr. 10 und Pastoralblatt 1891, 45

[114] Buchner, Archivinventare 78 Nr. 18 und K. Bigler, 1000 Jahre Heiliges Kreuz von Bergen, in: Festschrift 1976, 49–55 zit. Stelle 53; Authentik des Kardinals Guadagni für eine Reliquie des hl. Franz Xaver, des Patriarchen von Antiochien für eine Reliquie des hl. Aloisius und in Rom ausgestellte Urkunde, in der die Genehmigung für die Transferierung einer Reliquie des hl. Bernhard aus der Kirche in Neuburg erteilt wird (Buchner, Archivinventare 77 Nrr. 4–6)

[115] Buchner, Archivinventare 77 Nr. 7 (Ablaßurkunde) und 14 (Liber confraternitatis s. Crucis). Die Bruderschaft trug den Titel »Trostreiche Bruderschaft von dem hl. Kreuz, In der Hofmarkt Bergen« (Pastoralblatt 1891, 54). Zum Bruderschaftswesen vgl. die Aufsätze im Jahrbuch für Volkskunde 3, 1980, 89–165 (L. Remling, Bruderschaften als Forschungsgegenstand; L. Baron Döry, Bruderschaftsmedaillen; E. Krausen, Die Bruderschaftsbriefe der Sammlung Dr. Anton Roth; Th. Finkenstaedt u. F. Krettner, Die Bruderschaft zum geißelten Heiland in der Wies). Die Beiträge gehen auf Referate zurück, die 1979 in Salzburg auf der Tagung der Görres-Gesellschaft, Sektion Volkskunde, gehalten wurden. L. Remling hat für 1981 seine theol. Dissertation »Bruderschaften in Franken« angekündigt.

[116] K. Bigler, Festschrift 1976, 54; vgl. Buchner, Archivinventare 78 Nrr. 20 u. 27

[117] A. Hämmerle 51 f; Buchner, Bistum I, 93

[118] Pastoralblatt 1891, 45 und Buchner Archivinventare 77 Nr. 10 und 78 Nr. 18

[119] K. Bigler, Festschrift 1976, 54; Pastoralblatt 1891, 55

[120] Einige, noch intensiver begangene Wallfahrtsorte zeigen auch Votivtafeln aus unserer Zeit (Altötting, St. Walburg in Eichstätt, Wemding, Violau, Neuhäder u.a.). Die Schrecken des letzten Krieges, die harten Jahre der Gefangenschaft und Verkehrsunfälle dominieren dabei.

[121] Es soll abschließend nicht der Hinweis fehlen, daß für einen Beitrag dieses Umfangs bei weitem nicht alles Material zur Wallfahrt in Bergen ausgewertet werden konnte. Das wäre Aufgabe einer Dissertation, wie sie für andere Wallfahrtsorte erstellt werden (vgl. Anm. 64).

Anhang I

Anno Domini 1710, Mense Januario die 6to Hinderbrachte Andreas Agner von Handzell, bey Pettmeß gelegen, drey sonderbahre Guethaten, welche sich in Folgenden ereignet. Erstlich hatte er ein Pferdt, so in die 4 Täg/:weis nit woher, vermuetlich von bösen Leuthen, als durch welche ihme das Maul mechte gespehrt werden seynß/ nichts fressen können : auf die Verlobnus zum hl: Creutz hat es wider angefangen. Anderens ware sein Sohn durch unglückliche Feuersbrunst, so durch den Hannff auskhommen, also erschröckhlich im Schlaff an Armben und sonderbahr im Angesicht verbrennet worden, daß sie ein lauteres Fleisch worden, ware auch der Knab für todt aus der Brunst herausgezogen worden; sobald er ihn aber zum hl: Creutz verlobet, ist nit nur allein der Knab zu sich selbsten kommen, sonder ist auch an seinen Armben und Angesicht ohne weiters angewendetes Mitl völlig curieret worden. Drittens so hat er selbsten 3 ganzer Täg im Leib grosses Nagen und Beissen gelitten, also vast, daß er Tag und Nacht vor unleidentlichen Schmerzen khein Ruech gehabt, nur auf den einzigen Gedanckhen, sich zu dem hl: Creutz zu verloben, hat alles im Augenblückh nachgelassen.

Anhang II

Das ich Endtsunderschribner aus gewisen Intent und mit damahls in einer zugestossnen Noth mich sambt Frau und Kinderen, auch einer verlobten grossen Waxkerzen und einer Verlobtaffel nebst etlichen hl: Messen, auch etwas an Geld zu dem hl: Creuz nacher Bergen versprochen und verrichtet. Und da solches geschehen, so ist mir aus meiner Noth geholffen worden und ich also zu meinem vorgehabten Intent gelanget, welches ja niemand anderst als dem hl: Creiz zuzuschreiben ist, und ich solches hiemit crafft diss an Aydtsstatt, auch meiner eignen Handt Underschrifft und Bettschafft bezeuge und bekräfftige. Neuburg den 9. Oct(o)b(ris): 1710.

Wolffgangus Fridericus H(err): von Polheim und Wartenburg, F(rei)h(err):, Ihre Durchl(aucht) zu Pfalz Landtobristleuttenant:

Anhang III

Eine Closterfrau, welche mit Schmerzen gebeiniget wordten etliche Jahr, als ihr eines Abents umb 4 Uhr von dem hl: Creuz die Miracul khundtbar wordten, sich alsobaldt dahin mit einer hl: Mösß und 30 Kr: in den Stokh verlobt, iber welches ist zue Nachts umb 9 Uhr auß ihrem Kopfkiß und Bolster ein langer Federkhiell von sich selbsten empor khomen, in welchen lauter kleine Kigelein von Federn geflochten, so kein Menschenhandt machen khönte, gefundten, und alß man noch weiter gesuecht, fant man in dem Bolster vill – einer welschen Nuß grosß – dergleichen von Federn geflochtne Kigelein, auf weider Nachsuechung in dem Lig- und Dukhbett fant man noch zwey grosßer Schäffel voll, ingleichen einer Faust groß Kigelein, welche – alß manß verbrennen wolt – hatt solche das Feuer nit angriffen. Alß man aber das erste Mall das Feuer benediciert, seint sie zwar erschwarzt und nit verbrohnen; wie man aber das andere Mahl benediciert, seint sie alle verbrohnen. Und khan ruehen und schlaffen, gehen und stehen, aber khan sie wegen dem anhaltenten Podegra nit verbringen, hatt also ihr Geliebt verrichten lassßen, bittente, man solte ihr ein von dem hl: Creuz benediciertes hl: Wasßer und von dem Kasten, darin das hl: Creuz gelegen, ein Holz schickhen, Deßgleichen hatt sich ein andere Closterfrau an einem Zuestandt mit einer hl: Mösß und 30 Kr: in dem Stokh verlobet, welcher auch geholffen wordten, gleichfals umb ein hl: Wasßer und Particul von der Trugen bittent. So alles geschechen den 21 Septembris Anno 1709

*(L.S.)
Johanna Cecilia von Seibel-Storff Ordiniß S(ancti) F(rancisci) der dritten Regl*

Trostreiche Bruderschaft
von dem heil. Kreuz,
In der Hofmarkt Bergen, oder Baring, des Bistums Eichstädt, ohnweit Neuburg an der Donau, aufgerichtet Anno 1761.

Wahre Abbildung deß Heil. Creuz zu Bergen, bey Neuburg an der Donau, in dem Aychstätis. Bistumb gelegen.

In diese Bruderschaft wurde eingeschrieben den   Tag des Monats

Satzungen dieser Bruderschaft.

I.

Am Tag der Einverleibung in die Bruderschaft soll man nebst verrichteter heil. Beicht und Communion seine Andacht in der Bruderschaftskirche, (oder, so diese nicht geschieht, in einer andern) verrichten, dabey aller abgestorbener und lebendiger Mitglieder ingedenk seyn.

2. Täglich soll man zwey Vater unser und Ave Maria betten, eines für die Abgestorbene der Bruderschaft, das andere für die Lebendige derselben um ein glückseliges Sterbstündlein. Zu solcher Meinung soll man auch von seinen guten Werken selbiges Tags etwas aufopfern.

3. Jährlich soll jedes Mitglied zwey heilige Messen lesen, oder lesen lassen, und zwar, wenn es seyn kann, in der Kirch zu Bergen, eine für die Abgestorbene, die andere für die Lebendige der Bruderschaft, oder, so auch dieß zu schwer fiel, wenigstens zwey heil. Messen anhören, und dabey zu erstbesagter Meinung zwey Rosenkränz betten.

4. Jährlich sollen alle, wenigst einmal, so es möglich, den wunderthätigen heil. Kreuzpartikul zu Bergen besuchen, ihre Andacht verrichten, des heil. Ablaßes sich theilhaftig zu machen trachten, und aller abgestorbenen und lebendigen Mitglieder ingedenk seyn.

5. An den zweyen Festen der Erfindung und Erhöhung des heil. Kreuzes, wie auch an den 4 nachfolgenden Bruderschaftsfesten, als am Ostermontag, am Pfingstmontag, am Fest der heil Magdalena, und zu Weihnachten am Fest des heil. Joannis Evangelisten (als welche zwey Heilige sich besonders um das heil. Kreuz verdient gemacht) sollen alle in der Kirch zu Bergen, um der verliehenen Abläße theilhaftig zu werden, erscheinen, oder, so dieß nicht seyn kann, wenigst anderswo ihrer Bruderschaft sich erinnern, und in ihre Andacht auch alle Lebendige und Abgestorbene der Bruderschaft einschließen.

6. Sollen alle sich befleißen, die Andacht zu dem heil. Kreuz, besonders zu dem wunderthätigen Kreuzpartikul in Bergen, wie es die Gelegenheit an Hand giebt, zu befördern, und bey andern auszubreiten: und so ihnen einige erwiesene Gutthaten von besagtem heil. Kreuzpartikul

kul bekannt, selbige bey der Wahlfahrt und Geistlichkeit zu Bergen angeben, damit solche zur grösseren Ehre Gottes weiters bekannt gemacht werden können. Es sollen auch alle, so viel es seyn kann, etwas geweichtes, so an dem heil. Kreuzpartikul berührt, als Ablaßpfenning, Fingerring, Kreuzlein, Rosenkränz, Bildlein rc zur öfteren Verehrung, Vertrauen und Gedächtniß bey sich tragen.

Endlich 7. Soll nach dem Tod dieser Bruderschaftschein eingeschicket werden.

NB. Anbey ist allen zu wissen, daß diese Satzungen unter keiner weder schwerer noch läßlicher Sünde verbinden.

Abläß und Gnaden, welche Jhro Heiligkeit Clemens XIII. allen Einverleibten dieser Bruderschaft gnädigst verliehen hat, den 5. Dezember 1760.

1. Jede Person erlangt an dem Tag, da sie sich dieser Bruderschaft einverleiben läßt, nach vorhergehender heil. Beicht und Communion vollkommenen Ablaß.

2. Wer in Todsnöthen nach verrichteter wahrer Beicht und Comunion, oder, da dieses nicht seyn kann, aus reumüthigen zerknirschtem Herzen den heil. Namen Jesus mit Mund, wann aber auch dieß nicht seyn kann, wenigstens mit Herzen anruft, erlangt vollkommenen Ablaß.

3. Wer am Fest der Erfindung des heil. Kreuzes, wo acht Tage hindurch vollkommener Ablaß, nemlich von dem Vorabend dieses Festes, oder von der Vesperzeit des 2ten May, bis zur Sonne Untergang des zehnden May, wie auch am Fest der Erhöhung des heil. Kreuzes, das ist die ganze Woche vom 13ten September von der Vesperzeit an bis zur Sonne Untergang den 21ten September von jeden obiger 8 Tage einen beliebigen wählet; die Bruderschaftskirche besuchet, und nach reumüthiger Beicht und heiliger Communion auch das gewöhnliche Ablaßgebeth verrichtet, erlangt vollkommene Nachlaß der Sünden.

4. Wer an den 4 oben benannten Bruderschaftsfesten beichtet und kommuniziert, und in der Kirche nach oben gemeldter Weiß und Meinung seine Andacht verrichtet, erlangt jedesmal 7 Jahr Ablaß, und 7 Quadragenen. 5. Wer

5. Wer in besagter Kirche einer heil. Meß, oder einem andern Gottesdienst, oder den öffentlichen sowohl, als besondern Zusammenkünften der Bruderschaft, wo immer solche gehalten werden, beywohnet: Item wer die Arme beherberget: Wer Fried und Einnigkeit unter Feinden stiftet, oder dazu hilft: Wer die Leich eines Verstorbenen, oder einen von dem Bischof gut geheißenen Bittgang und Prozeßion, oder das hochwürdige Gut, wann es in einer Prozeßion, oder zu den Kranken, oder wo immer hingetragen wird, begleitet, oder da man von diesem verhindert, auf angehörtes Glockzeichen ein Vater unser und Ave Maria bethet: Item wer für die Seelen der Abgestorbenen aus der Bruderschaft 5 Vater unser und Ave Maria bethet: Wer einen Sünder auf den Weeg des Heils führet: Wer die Unwissende in den Gebothen Gottes, und andern Heilsmitteln unterrichtet: Wer endlich ein anders Werk der Andacht, oder christlichen Liebe ausübet, erlangt für jedesmal 60 Tag Ablaß.

6. Ein jeder weltlicher oder Ordenspriester, der auf dem privilegierten Bruderschaftsaltar zu Bergen am aller Seelen Tage, und diese ganze Oktav hindurch, wie auch an einem jeden Dienstag im ganzen Jahr, eine Meß leset, kann allzeit damit eine Seel eines aus der Bruderschaft Verstorbenen aus dem Fegfeuer erlösen.

NB. Nebst erst angezeigten Abläßen und Gnaden, können die Mitglieder der Bruderschaft auch jene Abläß gewinnen, so sonst von andern Christglaubigen zu Bergen können erlangt werden. Diese sind folgende:

Wer das Jahr einmal die heil. Kreuz oder Wallfahrtskirche zu Bergen an einem selbst zu erwählenden Tage besuchet, und nebst verrichteter heil. Beicht und Communion seine Andacht allda zur Ausreutung der Ketzerey, Fried und Einnigkeit der christlichen Fürsten, und Aufnahm der katholischen Kirche verrichtet, erlangt vollkommenen Ablaß.

O. A M. D. G.

Neuburg, gedruckt bey Felix Anton Grießmayer, kurfl. Hof, und Landschaftsbuchdrucker, 1794.

Erich Steingräber

Ein illuminiertes fränkisches Psalterium des 13. Jahrhunderts

Das Heimatmuseum in Neuburg a.d. Donau bewahrt ein von der Buchmalerei-Forschung bisher wenig beachtetes Psalterium aus dem Besitz des Historischen Vereins, das angeblich aus dem eine Wegstunde nordwestlich von Neuburg gelegenen ehemaligen Benediktinerinnenkloster Bergen stammen soll[1]. Die übrigen Bibliotheksschätze dieses einst reichen und angesehenen, nach 976 von Biletrudis, der Gemahlin des Bayernherzogs Berthold und Nichte Kaiser Ottos I. gegründeten Klosters wurden im Zuge der Einführung der Reformation durch Ottheinrich konfisziert. Beweiskräftige Unterlagen für die Herkunftsangabe fehlen allerdings. Die Handschrift enthält die Psalmen mit Magnificat, Benedictus, Te Deum, Symbolum fidei und Allerheiligenlitanei[2]. Außer vier ganzseitigen Initialminiaturen sind fünf (davon drei ganzseitige) Bilder erhalten. Der Judaskuß (fol. II v) steht der Initiale D(ominus illuminatio) gegenüber; Christus vor Pilatus (fol. 25 v) steht der Initiale Q(uid gloriaris) gegenüber; die drei Frauen am Grabe (fol. 37 v) stehen der Initiale S(alvum me fac) gegenüber; Christus in der Vorhölle (fol. 51 v) steht der Initiale E(xultate) gegenüber; die auf fol. 71 v wiedergegebene Auferstehung Christi besitzt ihr ursprüngliches Gegenüber nicht mehr.

Initial- und Bildfelder besitzen Goldgründe und werden abwechselnd von ockerfarbigen und zinnoberroten profilierten Leisten gerahmt. Die Initialkörper sind in Ocker und Blau als plastisch profilierte Körper, die den Rahmen bisweilen überschneiden, vor den Goldgrund gesetzt; die Initiale zum Psalm »Salvum me fac« wird von einem ockerfarbigen, weiß gehöhten Drachen gebildet, dessen Rachen eine menschliche Figur zu entrinnen sucht; den Querbalken des Q(uid gloriaris) bildet ebenfalls ein Drache, dessen Rachen eine Blattranke entwächst, die auch in den übrigen Initialfeldern die von den Buchstabenkörpern eingeschlossenen Flächen füllt. Den volutenförmig geführten Ranken entwachsen lange, zungenförmige Blätter, die ähnlich wie die Fangarme von Polypen mit ihren eingerollten Enden den Rankenschaft umklammern. Die Ranken sind grün, die Blätter abwechselnd ockerfarbig, blau und rot mit weiß gefransten Rändern. Die schachbrettartigen Buchstabenfelder unterhalb der Initialen, die wechselnd Rosa, Blau, Grün und Zinnober aufweisen, werden von silbernen Leisten gerahmt.

Der Stil der bildlichen Darstellungen wird durch die zuckende Bewegung und dramatische Spannung der »Gewandfiguren« charakterisiert. Die Liniendynamik der in scharfkantigen Säumen drapierten Gewänder trägt wesentlich zur Veranschaulichung des geistigen Gehaltes der biblischen Vorgänge bei. Das unorganische Eigenleben der Gewänder bedeutet weitgehenden Verzicht auf körperliche Modellierung zugunsten einer auf das Typische ausgerichteten schematischen Verhärtung. Auch die stereotypen Köpfe in Dreiviertelansicht mit den eigentümlich »blitzenden« Augen und den blauen Nimben nehmen an der seelischen Erregung teil. Architektonisches Beiwerk spielt nur als notwendigstes Requisit eine Rolle. Die Figuren beherrschen das Bildfeld, besonders deutlich in der dichtgedrängten Darstellung des »Judaskusses«, die offensichtlich von einer anderen Hand derselben Werkstatt herrührt. Die durch den Goldgrund gesteigerte Leuchtkraft der Farben beschränkt sich auf Zinnober, Grün, helles Blau und Ocker, das bisweilen zu einem bräunlichen Rosa tendiert. Auffallend ist die intensive Weißhöhung. Die kräftigen Buntfarben werden von harten Federstrichen konturiert, die die Figuren in dynamisch bewegte Umrisse einspannen. Zeichnung und Farbe sind auf knappe, eindringliche Formeln gebracht.

Der spätstaufische »Zackenstil«, dem die Miniaturen des Neuburger Psalteriums offensichtlich verpflichtet sind, empfing wesentliche Impulse durch die byzantinische Buchmalerei und gipfelte in der thüringisch-sächsischen Malerschule, die Arthur Haseloff in seiner grundlegenden Jugendarbeit bekanntmachte[3]. Indessen verweisen Stil und ikonographische Eigentümlichkeiten der Psalterminiaturen sowie nicht zuletzt die in der Heiligenlitanei genannten Kilian, Burchard und Kunigunde auf die fränkische Buchmalerei, deren eigenständige Züge erst in neuerer Zeit von der Forschung herausgearbeitet worden sind[4]. Neben Bamberg und Würzburg spielte vor allen Dingen das Zisterzienserkloster Ebrach eine wesentliche Rolle als Pflegestätte der Buchmalerei. Auch in Komburg, Heidenheim und im Zisterzienserkloster Heilbronn sind sehr wahrscheinlich Buchmalerei-Werkstätten beheimatet gewesen. Dabei setzen sich die Erzeugnisse der Würzburger, Ebracher und Komburger Werkstätten, denen sich auch die Miniaturen des Neuburger Psalteriums zuordnen lassen, entschieden gegen die in Bamberg und der Eichstätter Diözese angestammte Buchmalerei ab.

Am sinnfälligsten ist der künstlerische Zusammenhang mit den Miniaturen einiger Handschriften, die wahrscheinlich für oder in Komburg gefertigt wurden[5]. Die Initialminiaturen des Neuburger Psalters haben ihre unmittelbarsten Entsprechungen in den Initialen eines aus Weingarten stammenden Psalters, dessen Litanei eindeutig auf die Würzburger Diözese weist[6]. Die Verwandschaft ist so eng, daß man an eine gemeinsame Werkstatt denken könnte. Während eine Initiale die fächerförmig ausgreifenden Rankenblätter mit weiß gefransten Rändern aufweist, wie sie für den Neuburger Psalter charakteristisch sind, läßt sich die weiß gefranste Dreiblattform der zweiten Initiale mit der Ornamentik auf dem Deckel eines Psalters verbinden, der aus der alten Komburger Klosterbibliothek stammt[7]. Fast wörtlich nach der Deckelminiatur dieser Komburger Handschrift kopiert ist die Majestas in einem aus Kaisheim stammenden Psalter, dessen ursprünglicher Festkalender ebenfalls auf die Diözese Würzburg weist[8]. Abgesehen von den Initialen stimmt auch der Stil der figürlichen Miniaturen im Sinne eines gemeinsamen örtlich gebundenen Dialektes mit den Neuburger Miniaturen überein. Ferner ist ein ehemals in Dresdner Privatbesitz befindlicher Psalter sowohl im Hinblick auf die streng verwandte Initialornamentik als auch auf die blattgroßen Miniaturen zu nennen[9]. Die Initialen entsprechen fast wörtlich denen des Psalters aus Weingarten, so daß beide Handschriften derselben Werkstatt entstammen dürften. Dasselbe läßt sich schließlich von einem nur fragmentarisch erhaltenen Psalter der Graphischen Sammlung in München sagen, der laut Eintrag wie der Stuttgarter Psalter aus Weingarten stammt[10]. Ob alle diese ins 2. Viertel des 13. Jahrhunderts zu datierenden Handschriften, deren Miniaturen sich durch eigentümliche Verhärtung und Schematisierung auszeichnen, auf Grund ihrer Verwandtschaft mit den Deckelminiaturen des Komburger Psalters nach Komburg lokalisiert werden dürfen, bleibt eine offene Frage. Sie sind jedenfalls im Bannkreis der Würzburger Buchmalerei entstanden.

Material gründlich gesichert und wesentliche Erkenntnisse hinzugewonnen: Studien zur fränkischen Buchmalerei im XII. u. XIII. Jahrhundert. Diss. Halle. Gießen 1931, S. 72 ff. Rosy Schilling machte mit Recht auf die thüringisch-sächsische Buchmalerei als wichtigste künstlerische Voraussetzung für die Handschriftenillumination in den fränkischen Skriptorien aufmerksam: Zwei Psalterien, ihre Stellung zu fränkischen Bildhandschriften des 13. Jahrhunderts, in: Belvedere XII, 1934/37, S. 33 ff. Corpusmäßig erarbeitet wurde die fränkische Buchmalerei schließlich von Hanns Swarzenski: Die lateinischen illuminierten Handschriften des XIII. Jahrhunderts in den Ländern an Rhein, Main und Donau. Berlin 1936, S. 63 ff.
[5] Vgl. H. Swarzenski, op. cit., S. 67 ff.
[6] Stuttgart, Landesbibliothek H. B. II Bibl. 25; Swarzenski, Abb. 847b, 847c.
[7] Stuttgart, Landesbibl. Bibl. fol. 46; Swarzenski, Abb. 842–847.
[8] München, Bayer. Staatsbibl. Cod. lat. 7915; Swarzenski, Abb. 848–850.
[9] Swarzenski, Abb. 847a, 850d–f; vgl. hierzu auch R. Schilling, op. cit.
[10] Swarzenski, Abb. 850a–c.

Der vorstehende Aufsatz erschien erstmals in: Anzeiger des Germanischen Nationalmuseums, 1963, S. 23–27 (Anmerkungen 1, 2 aktualisiert).

Anmerkungen

[1] Im Zusammenhang mit der Klostergeschichte flüchtig erwähnt und abgebildet von Pfarrer [J.] Sedelmayer (in: Neuburger Kollektaneenblatt 94, 1929, S. 99) und A. Horn u. W. Meyer (Die Kunstdenkmäler von Bayern V: Stadt- u. Landkreis Neuburg a.d. Donau. München 1958, S. 291, Abb. 252). Vgl. auch A. Bauch, Ein benediktinisches Psalterium des Neuburger Raumes (in: Festschrift zur 1000–Jahr-Feier der Gründung des Benediktinerinnen-Klosters zum hl. Kreuz in Bergen im Jahr 976, Bergen 1976, S. 56–57). Herrn Ludwig Prändl, dem damaligen ehrenamtlichen Betreuer des Neuburger Heimatmuseums, dankt der Verfasser für die Erlaubnis zum wiederholten Studium der Handschrift.
[2] Neu gebunden: Lederrücken (braun) (1976) Decken aus Rotbuchenholz mit alter Schließe. 107 Bll.; Blattgröße 23,5 : 16,3 cm. Leider ist die Handschrift nicht vollständig erhalten. Neben dem Kalender und dem Anfang des Psalters weist der Codex noch weitere Lücken aus, so daß auch das bildliche Programm unvollständig überkommen ist.
[3] Eine thüringisch-sächsische Malerschule des 13. Jahrhunderts. Straßburg 1897.
[4] Auch hierfür gab A. Haseloff den ersten Hinweis, in: André Michel: Histoire de L'Art II, 1. Paris 1906, S. 364. Eberhard Lutze hat später das von Haseloff gruppierte

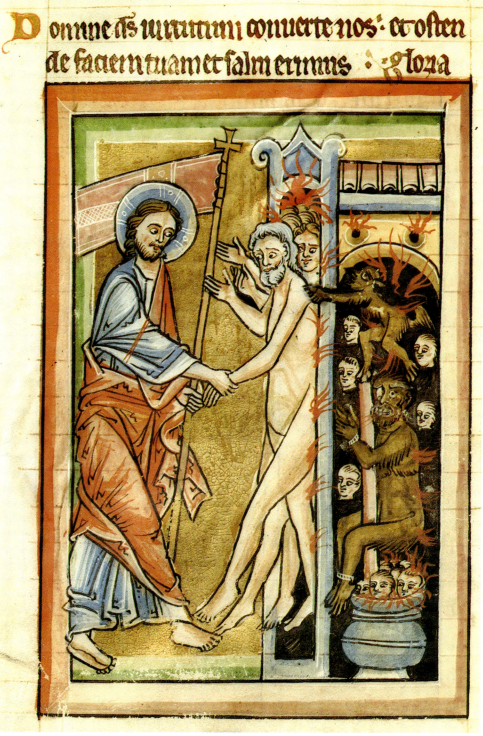

Psalterium aus Bergen, 13. Jahrhundert
57 Initiale Q mit Drachen, dessen Rachen eine Blattranke entwächst
58 Christus in der Vorhölle

Psalterium aus Bergen, 13. Jahrhundert
59 Christus vor Pilatus
60 Initiale E (Exultate)

Bruno Bushart

Das malerische Werk des Augsburger »Kunst- und Historienmalers« Johann Wolfgang Baumgartner und seine Fresken in Bergen

Seitdem Alois Hämmerle 1906/07 die Fresken von Bergen ausführlich beschrieben und ihren Maler zutreffend gewürdigt hat[1], sind diese Meisterwerke des süddeutschen Rokoko und ihr Urheber nie wieder Gegenstand einer eingehenderen Untersuchung gewesen. Hämmerles Forschungen gebührt um so höhere Anerkennung, als es zu jener Zeit keineswegs selbstverständlich war, sich mit der deutschen Kunst des 18. Jahrhunderts ernsthaft zu beschäftigen. Immer noch haftete ihr der Verdacht des bloß Dekorativen, Unsinnigen und Unseriösen an. Besonders das Augsburger Rokoko, dem die Fresken in Bergen zugezählt werden müssen, hatte in den Augen der Kritiker schon zur Zeit ihrer Entstehung als geschmacklose Fratzenmalerei gegolten[2]. Erst die großen Ausstellungen in München und Darmstadt 1913 und 1914[3] sollten den Weg freimachen zu einem besseren Verständnis jener schmählich mißachteten Kunst. Ihre eigentliche Wiederentdeckung indessen setzte nach dem Ende des Ersten Weltkrieges ein. Dennoch mußten sich die Fresken in Bergen und ihr Maler bisher mit beiläufigen und summarischen Zitierungen in Fach- oder Reiseliteratur begnügen[4]. Lediglich Baumgartners graphischem Œuvre, das freilich fast unüberschaubare Dimension besitzt, ist eine noch nicht abgeschlossene Dissertation gewidmet[5]. Seine Tätigkeit als Maler und Freskant hingegen harrt nach wie vor der Neubearbeitung.

Diesen Mangel zu beheben, würde das Thema unseres Beitrags um ein Vielfaches überschreiten und wäre in dem zur Verfügung stehenden Zeitraum auch nicht zu bewältigen. Nachdem aber Hämmerles mehr als siebzigjähriger Standardaufsatz allenfalls noch in Spezialbibliotheken greifbar ist und inzwischen einiges Material zur Werkvorbereitung der Bergener Fresken bekannt wurde, sollten die folgenden Ausführungen keiner Begründung bedürfen, selbst wenn sie für den Kenner wenig Neues erbringen. Eine anschließende Zusammenstellung der übrigen Fresken, Freskoentwürfe, Altarblätter und Staffeleibilder Baumgartners mag vielleicht den dringendsten Bedürfnissen nach einer Monographie des Künstlers vorerst abhelfen. Nicht aufgenommen, weil in den Bereich der genannten Dissertation gehörig, wurden Baumgartners gemalte Vorbilder für druckgraphische Reproduktionen.

Die Fresken und Altarblätter in Bergen

Der Umbau der romanischen Hallenkirche in Bergen ab 1755 durch Johann Dominikus Barbieri ergab einen hohen saalartigen Raum mit querschiffähnlichen Anbauten im Norden und Süden, sowie einen eingezogenen tiefen Chor, den offene Oratorien oberhalb seitlichen Sakristeien begleiten. Die Decken sind entweder als weitgespannte Tonnengewölbe oder als flache Klostergewölbe ausgebildet. Im Verein mit dem überreichen Licht aus neun Fensterachsen bot sich dem Freskanten ein ideales Betätigungsfeld, zumal die sparsamen Stukkaturen von Joseph Köpf in ihrer Zartheit und farblichen Zurückhaltung keine Konkurrenz für die Malereien darstellen.

Baumgartners Werk sind 10 größere und kleinere Fresken, sowie drei der fünf Altarblätter. Der Aufgabe und dem Patrozinium der damaligen Wallfahrtskirche entsprechend ordnen sie sich alle dem Thema der Geschichte, Verehrung und Wirkung des Kreuzes Christi unter. Den Ausgangspunkt des Darstellungsprogramms bildet das beherrschende Hochaltarblatt mit Christus am Holz des Kreuzes in der Einsamkeit seines Sterbens (Abb. 63). Die überlebensgroßen seitlichen Engelstatuen mit Lanze und Essigschwamm sowie die Engel mit den Leidenswerkzeugen im Auszug des Altars vergegenwärtigen die Stationen seiner Passion. Ist damit, in engem Bezug auf das Meßopfer als unblutiger Erneuerung des Kreuzesopfers, die heilsgeschichtliche wie auch heilswirksame Bedeutung des Kreuzes, von dessen Stamm die Bergener Kirche einen Splitter als ihre kostbarste Reliquie besitzt, herausgestellt, so verweisen die Bilder der vorderen Seitenaltäre auf die Heilsbestimmung des Kreuzes. Der Marienaltar auf der Frauenseite (Abb. 64) zeigt die Gottesmutter, wie sie den Kopf der Schlange unter dem Halbmond zertritt und mit beiden Händen das Christuskind dem Kreuz entgegenhält, das Gottvater durch Engel herbeitragen läßt. Das Altarblatt der Männerseite deutet die Werkstatt des hl. Joseph an (Abb. 65). Der Christusknabe hilft seinem Ernährer bei der Arbeit an einem Kreuz und erklärt ihm, unter Verweis auf ein aufgeschlagenes Buch mit der Stelle »ITA EXALTARI OPPORTET« den Sinn seiner Sendung: »Und wie Moses in der Wüste eine Schlange erhöht hat, so muß auch des Menschen Sohn erhöht werden, auf daß alle, die an ihn glauben, nicht verlorengehen, sondern das ewige Leben haben« (Johannes 3, 14/15). Analog dazu erblickt man im Hintergrund Moses, wie er die Israeliten auf das Heilszeichen der ehernen Schlange auf dem Kreuzesstamm hinweist.

In losem Bezug zu den Seitenaltären erscheinen über den beiden östlichen Seitenschiffjochen links und rechts des Hochaltars als Freskenmedaillons das Herz Mariae (Abb. 66) und das Herz Jesu. Den Faden des Kreuzesthemas nimmt zunächst das Fresko des Chorraums auf (Abb. 69). Es berichtet von der wunderbaren Wiederauffindung des Kreuzes durch Kaiserin Helena im Jahre 320. Im Beisein von Bischof Makarios, zahlreichen Klerikern, Dienern und Zuschauern werden die drei Kreuze von Golgatha vor dem Hintergrund Jerusalems einer kranken Frau aufgelegt, die bei der Berührung des Kreuzes Christi gesundet. Über den Wolken thront Christus, von Engeln umgeben, und sendet den Strahl der Gnade aus seiner Seitenwunde auf das wahre Kreuz herab.

Das Hauptfresko im Langhaus mit der stattlichen Größe von 17 zu 12 m stellt den triumphalen Einzug des oströmischen Kaisers Heraklius in Jerusalem im Jahre 628 dar (Abb. 71 ff.). Der Kaiser hatte das heilige Kreuz dem Perserkönig Chosroas im Krieg entrissen und wollte es in triumphalem Einzug auf seinen Schultern in die Grabeskirche von Jerusalem zurückbringen. Am Stadttor verwehrte ihm ein Engel den Eintritt, worauf der Patriarch Zacharias dem Kaiser den Rat gab, seine prunkvollen Kleider abzulegen und sich barfuß in ein schlichtes Gewand zu hüllen nach dem Vorbild dessen, der auf einem Esel demütig seinem Leiden entgegengegangen war. So sieht man links das siegesstolze Gefolge des Kaisers, rechts die herbeieilende Bevölkerung Jerusalems, vor dem Stadttor aber den Kaiser, der auf die Mahnung des Patriarchen hin Krone und den roten Überwurf den knieenden Pagen reicht, während der Engel das Kreuz festhält.

Beziehen sich die beiden Hauptfresken auf das Patrozinium der Kirche, Kreuzauffindung (3. Mai) und Kreuzerhöhung (14. September), so stellen die nächsten fünf Fresken einzelne Heilige in der Verehrung des Kreuzes vor. Über dem nördlichen Oratorium empfängt Franz von Assisi bei Alverna im Jahre 1226 von einem gekreuzigten Seraphim die Wundmale Christi, während sein Begleiter von einer Höhle aus das Wunder der Stigmatisation beobachtet (Abb. 80); Auf der Gegenseite über dem südlichen Oratorium kniet Ignatius von Loyola vor Christus, der ihm bei einer Kapelle vor den Toren Roms erscheint mit dem Kreuz auf den Schultern (Abb. 79). Auf Christi Worte »vobis Roma propitius ero«, in Rom werde ich euch näher sein, beschließen Ignatius und seine Gefährten Laynez und Faber, in Rom die Gesellschaft Jesu zu gründen. Deren Wahlspruch »omnia ad maiorem dei gloriam«, Alles zur größeren Ehre Gottes, steht mit den Initialen in dem geöffneten Buch, während ein weiterer Putto Pilgerstab und Pilgerhut hält in Erinnerung der Jerusalemfahrt des Heiligen. Wie das Ignatiusfresko auf die Betreuung von Kirche und Wallfahrt durch die Jesuiten anspielt, so das Hubertusfresko über der nördlichen Seitenkapelle (Abb. 82) auf die weltliche Herrschaft, auf die Zugehörigkeit von Bergen zu Pfalz-Neuburg. Kurfürst Johann Wilhelm von der Pfalz hatte am 29. September 1708 den Hausorden der kurpfälzischen Wittelsbacher, den St.-Hubertus-Ritterorden erneuert. Ein Engel schwebt mit Ordensband und Ordenskreuz über dem knieenden Hubertus, dem 727 auf der Jagd ein Hirsch mit einem Kreuz im Geweih begegnet sein soll, worauf sich der ritterliche Jäger zum Christentum bekehrt habe. Das Pendant auf der Südseite schildert eine ähnliche Legende (Abb. 84). Auch der römische Offizier Eustachius bekannte sich nach der Erscheinung eines kreuztragenden Hirsches zu Christus, um dafür in einem glühend gemachten Stier aus Erz das Martyrium zu erleiden. Die Reihe der Heiligenfresken schließt mit der Bittprozession des hl. Carl Borromäus (Abb. 86), der als Kardinal 1576 anläßlich der Pest in Mailand mit einem schweren Kreuz durch die Straßen der verseuchten Stadt zog. Die Engel darüber, die das Schwert der Heimsuchung in die Scheide stecken, deuten die Erhörung seines Gebets an. Das Engelskonzert unter dem westlichen Gewölbe schließt die Reihe der Fresken ab (Abb. 88).

Das Borromäusbild unter wie auch das Engelskonzert über der Orgel sind so orientiert, daß sie erst beim Verlassen der Kirche richtig zu sehen sind. Wie das Volk von Mailand, so soll auch der Pilger nach der Verehrung des Kreuzes der verzeihenden Gnade Gottes gewiß sein dürfen. Das Kreuzreliquiar selbst, im Zustand des frühen 18. Jahrhunderts, wird im Orgelfresko noch einmal durch Engel vorgezeigt. Dem Heiligen Kreuz zu Ehren erklingt dort Musik, ausgeführt auf Orgel, Violinen, Laute, Posaunen, Pauken, Blockflöte und Kontrabaß. Den Gesang übernehmen mehrere große und kleine Engel unter Anleitung eines Dirigenten. In dem aufgeschlagenen Buch steht der Text ihres Lobgesangs: TE DEUM LAUDAMUS.

Der Auftrag

Dieses einheitliche Bildprogramm ist gleichwohl nicht in einem Zug entstanden. Die von A. Hämmerle publizierten und heute teilweise nicht mehr auffindbaren Dokumente gestatten es, Baumgartners Tätigkeit für Neuburg genau zu rekonstruieren. Der erste Vertrag mit P. Inspektor Karl Auffenberg vom Jesuitenseminar in Neuburg a. D. wurde am 22. Dezember 1756 geschlossen[6]. Darin verpflichtete sich Baumgartner, bis Ende August des folgenden Jahres binnen 4 bis 5 1/2 Monaten »nach den mit farben vorgelegten haubt sgizen« fünf Deckenfresken in Bergen unter Berücksichtigung der gewünschten Korrekturen für 800 fl. zu malen. Damit sind die beiden großen Fresken in Chor und Mittelschiff, das Hubertus- und Eustachius- Fresko sowie das Engelskonzert über der Orgel gemeint. Baumgartner erhält für sich und seinen »zugenohmen mithelffer« außerdem ein Zimmer für die Dauer der Arbeit in Bergen. Für den benötigten Kalk und den »aufdrag des Maurers«, den Auftrag der Putzschichten für das Fresko also, sorgt P. Auffenberg.

Während des Jahres 1757, als Baumgartner bereits die Fresken ausführte, arbeiteten noch die Maurer und die Zimmerleute an der Kirche. 1758 wurde der Chor umgebaut, Baumgartner malte das dafür vorgesehene Fresko der Kreuzauffindung. Als einziges der Fresken trägt es eine Signatur: JOAN WOLFFGANG BAUMGARTNER INVEN. PINX. Auch das Hochaltarblatt war schon fertiggestellt, wie aus Baumgartners Brief vom 23. April 1758[7] hervorgeht. Darin betont er, daß er an dem Werk keine Mühe gespart habe und nicht bezweifle, es werde seinen Dienst vollkommen verrichten, da ihm von verständigen Kennern der Kunst versichert worden sei, alles Vergnügen gegeben zu haben. Er hoffe, daß P. Auffenberg geschickte Leute anhand habe, um das Blatt unter Aufsicht eines Malers aufzuspannen, damit es nicht verderbe. Er empfiehlt sich bereitwilligst für die übrigen Stücke, die in Bergen noch benötigt werden und erinnert an

Dokument I

L.D.S

Hochwürdtig in Gott geistl(icher) Hochgelehrt
und geehrtister H(err): P. Inspector

Mit dissem wohlte mein Verspröchen halten, woh-
bey ich kheine miehe gespahrt, wie auch nit zweiffle, das
es seine vollkhomene dienst nit verrichten solt,
da ich von verstendigen khönnern der Kunst versichert bin, alles Vergniegen gegeben zu haben, so-
dan überlass ich auch selwes dero geneigten und
hochen currection, wie auch in hoffnung, Ew: Hochw:
Inspector werdten geschigte leid an handten haben,
selwes aufzuspahnen, damit es nit verderbt. damit
doch ein Mahler darbey sey, will höfflichist erinnerd haben.
sollte aber wider alles verhoffen sollicher nit wehr, so solte
das blad nit verschnidten werden, es werdten woll die
hochwerdte Herrn Klauber selwes vermeld haben bey
ihrer ankompft, vernehrnes Recomantiere ich mich
noch meine dienstferdigkheit allerbereidwilligist die
überige stuckh, so noch benettig seind in der H:X
Kirchen zu Bäring [Bergen], selwe zu bedienen, und wan
gefellig Ew: Hochw: wie ich innen gerißene zeichnungen, deren
sie sich villeicht noch erinneren khenen, oder ander concebt verlangt
wurdten, so wil ich sie auch verschaffen, was u: wie sie es verlangen,
nur bitte mich in beldtisten zu berichten, damit ich mich versehen khendte
und die sach nit übereillet wurdte, lewe ich der sachen ganz gedröst, und
under verspröchung einer fordtauerndter freindschafft, verharre
Augspurg 23 ab(ril) 1758
Ew. Hochw: bereidwilligister diener
Joa: Wolf: Baumgartner

[Lagerort: Staatsarchiv Neuburg a. d. Donau, Seminar Neuburg 331]

Dokument II

L.D.S:

Hochwürdiger in Gott geistlicher, Hochgelehrtister
Herr Herr Patter Inspector etc.

Hiemit übersende gegenwerdtiges Frauenalthar-
bladt, in anhoffung, es werdte auch so gefahlen alls-
wie es hier in augspurg denen H. H. R. P. Jesuiteren
gefallen hatt, benebst dereren Kunstverstendigen
und Kenner der Kunst gefallen, so dan Ew: Hochw.
Herr Patter Ponschab schon meldten wird in seiner schreiben.
übrigens hätte würckhlich des heilligen Josephblad
schon under handen genohmmen, selbes allerbaldigst zu ver-
ferdigen, und deren ausgesezten Nota fleissigst zu
observieren bedacht sey, und allso ein rechte fleissigste
arweid sich widerumb zu gedresten haben, damit ich mich noch
Verneres in dero hoches wollwollen und recomentation
gunst gewogenheid aller underthenigist befleissen werde.
mit aller gehorsambster ersuechung mir in zeid durch disse meine
arbeid was auszuwirkhen, wan anderst in dem hl: orden solte
was gemacht werden, alle Kunst und fleiss hervorduehen
würdte, nicht mir zum ruehm, sonder Ew: Hochwürden H(errn) P:
Inspector selwes ewiglich verbleiben würd; worunder
mich allergehorsambst empfelche, ersterbe zugleich nebst
aller hochachtung und veneration.
Ew: Hochwürden H(errn) P: Inspector
Augspurg den 7 feb(ruar) 1759
allerunterthenigister
gehorsambster Diener
Joan Wolffgang Baumgartner
Kunst u Historien Mahler

[Lagerort: Staatsarchiv Neuburg a. d. Donau, Seminar Neuburg 331]

»gerissene Zeichnungen«, die er offenbar früher schon geliefert hatte. Falls andere Konzepte verlangt würden, wolle er sie ebenfalls beschaffen. Er bittet nur um baldige Nachricht, damit die Sache nicht übereilt würde.

Am 20. Juni 1758 schloß P. Auffenberg daraufhin einen Zusatzvertrag über weitere Arbeiten ab. Nach Hämmerles Angaben[8] hatte Baumgartners Werk solchen Beifall gefunden, daß ihm die Jesuiten aus freien Stücken den Auftrag für die beiden Fresken über den Oratorien, die kleinen Fresken mit den Herzen Jesu und Mariae und das Fresko unter der Orgelempore, ferner für zwei Seitenaltarblätter erteilten. Insgesamt erhielt Baumgartner 1060 fl. für die Freskoarbeiten, 150 fl. für das Hochaltarblatt und je 100 fl für die Seitenaltarblätter. Sämtliche Fresken waren bis 1758 ausgeführt worden. Das Hochaltarblatt kam im April in Bergen an, Baumgartner hatte es also wohl während des Winters in Augsburg gemalt.

Das Frauenaltarblatt kündigt Baumgartner am 7. Februar 1759 an, es ist also in den vorangegangenen Wintermonaten entstanden[9]. In seinem Brief betont er erneut, wie sehr das Bild den Kunstkennern in Augsburg und den dortigen Jesuiten gefallen habe. Das Josefsaltarblatt werde nach den »ausgesetzten Nota« allerbaldigst verfertigt werden. Sollte irgendwann anderswo in dem Hl. Orden etwas gemacht werden, so bittet er um Fürsprache. Er werde alle Kunst und Fleiß aufwenden, nicht zum eigenen Ruhm, sondern zum ewiglichen Verbleib des H. P. Inspektor selbst.

Das Josefsaltarblatt trägt die Signatur: JOAN WOLFF-GANG BAUMGARTNER PINX 1759. Die Leinwandbilder wurden unaufgespannt, d.h. wohl aufgerollt, nach Neuburg geschickt. Baumgartner hatte – dem verschollenen Brief vom 17. November 1759 zufolge – Anweisung gegeben, wie man die Bilder am leichtesten auf Blendrahmen aufspanne. Die Rückseite der Leinwand solle gut angefeuchtet werden, damit sie recht anziehe. Weil die Altarblätter in Augsburg bei vielen Herrschaften und besonders bei den P. P. Jesuiten großen Beifall gefunden hätten, bittet er um ein gutes Trinkgeld.

Insgesamt zieht sich Baumgartners Tätigkeit für und in Bergen über mindestens drei Jahre hin. Themen und Komposition scheinen bei Abschluß des Vertrages vom 22. Dezember 1756 bereits fixiert gewesen zu sein, sogar die »mit farben vorgelegten haubt sgizen« waren schon approbiert. Da letzteren zweifellos Vorbesprechungen und Vorentwürfe vorausgegangen sein müssen, wird die Arbeit Baumgartners spätestens im Laufe des Jahres 1756 begonnen haben. Chor- und Langhausfresko wurden, trotz der durch ein Jahr getrennten Ausführung, gleichzeitig vergeben. Selbst den fünf letzten Fresken von 1758 lagen offenbar ältere Entwürfe zugrunde. Die Seitenaltarblätter bilden den Abschluß, doch wissen wir nichts darüber, ob und wann Vorzeichnungen dafür vorgelegt wurden. Die Auftraggeber hatten offenbar nicht nur das Bildprogramm entworfen, sondern sich auch das Recht zu Korrekturen bei der Ausführung vorbehalten. Inwieweit sie bei der Konzeption des Programms nicht bereits von dem erfahrenen und wendigen Maler beraten worden waren, entzieht sich der Kenntnis. Die Blätter der Seitenkapellen stammen nicht von Baumgartner. Das Bild des Leonhardsaltars auf der Südseite und das des Franz-Xaver-Altars auf der Nordseite sind signiert: »Jo. Chrysostimus Wink« und »Joh. Chrysostimus Wink Maler in Eichstätt[10]«. Sie sind erst 1765, also nach dem Tode Johann Wolfgang Baumgartners, entstanden. Stilistisch schließen sie sich so eng dem Vorbild Baumgartners an, daß Wink unter dessen Schüler gerechnet werden muß. Vielleicht ist er identisch mit dem genannten »mithelffer« des Akkords vom 22. Dezember 1756. Wink schuf auch die 14 Kreuzwegstationen (1773).

Der Werkprozeß

In dem Akkord vom 22. Dezember 1756 ist von den farbigen Hauptskizzen die Rede, die den auszuführenden Fresken unter Beachtung der angebrachten Korrekturen zugrundegelegt werden sollten. Hämmerle konnte keine davon nachweisen, dagegen zwei Bleistiftskizzen Baumgartners im Neuburger Studienseminar für das Ignatius- und Franziskusfresko. Die »anspruchslose Federzeichnung ebenda, darstellend das Kreuz des Ordens vom hl. Hubertus«, die er ebenfalls unter Baumgartners Zeichnungen für Bergen aufführt[11], ist in ihrer akkuraten, im Figürlichen aber linkischen Wiedergabe sicherlich eine Modellzeichnung von fremder Hand. Vorder- und Rückseite des Ordens waren wohl als Vorlage für den Maler gedacht. Sie beweisen die Sorgfalt, mit der die Auftraggeber auf richtige Darstellung dieses Details bedacht waren, und den Grad ihrer Einwirkung auf den Maler.

Heute kennen wir acht, wenn nicht neun Zeichnungen und eine Ölskizze, die vielleicht mit einer der genannten farbigen Hauptskizzen identisch ist. Sie alle geben die verschiedenen Stadien der Werkvorbereitung wieder, stehen der Ausführung unterschiedlich nahe und vertreten zugleich verschiedene Techniken. Dadurch vermögen sie eine lebendigere Vorstellung von der Entstehung des Werkes zu vermitteln, als es selbst einer lückenlosen Korrespondenz möglich wäre.

Eine besonders frühe Stufe des Entwurfs vertritt eine flüchtige, seitlich beschnittene Bleistiftzeichnung für das Engelskonzert (Abb. 96), das sich auf der Rückseite einer im Ellwanger Schloßmuseum aufbewahrten Zeichnung von anderer Hand, vielleicht von Josef Wintergerst, erhalten hat[12]. Um ein Achsenkreuz mit Maßunterteilungen ordnen sich die kleinen und großen Musikengel in zwei aufeinanderstoßenden Halbkreisen. Die Zahl der Figuren ist geringer als im Fresko, anstelle des Kreuzpartikels von Bergen erscheint das Trinitätszeichen in den Wolken. Wäre dieser Entwurf ausgeführt worden, so hätte sich das Fresko locker über Gurtbogen und Zwickel der Abschlußwand hinweggezogen, Hauptthema wäre die Verherrlichung der Dreifaltigkeit gewesen. Die Zeichnung dürfte demnach noch vor dem Vertrag vom 22. Dezember 1756 entstanden sein, wo anstelle des Trinitätszeichens bereits das Kreuz von Bergen genannt wird.

Eine zweite Zeichnung, ebenfalls in Ellwangen[13], ist nicht nur ausführlicher im Detail, reicher in der Figurenzahl und anspruchsvoller in der Wirkung, sondern kommt auch dem Fresko näher (Abb. 95). Immerhin erlaubt sie noch Varianten, denn der unten angefügte und mit den Buchstaben NB versehene Posaunenengel kann nach Belieben oben eingefügt oder weggelassen werden. Die Ausführung verzichtet auf ihn, wie sie es sich überhaupt angelegen sein läßt, dem Fresko mehr Luft zu geben. So wird der Engel mit dem Kreuzpartikel abgerückt von dem Orgelprospekt, der Rahmen des Freskos zur Höhe hin ausgeweitet. Das wundertätige Kreuz rückt näher an die Mittelachse heran und wird dem in der Kirche gezeigten Kreuzreliquiar ähnlicher gebildet.

Große Unterschiede gegenüber der Ausführung weisen auch die beiden in Neuburg aufbewahrten Bleistiftzeichnungen auf[14]. Sie geben die Komposition sogar seitenverkehrt wieder, weniger in die Breite gezogen als auf die Mitte zu konzentriert.(Abb. 97, 98) Das symbolhafte Kirchengebäude wird auf dem Ignatiusfresko zur Andeutung eines offenen Kirchenraums, der Seraph des Franziskus dagegen zur Erscheinung des geflügelten Christus. Besondere Aufmerksamkeit, erkennbar durch die Verwendung von Farbe, beansprucht das die Basis überspielende Rokokoornament, aus dem die Figuren organisch herauszuwachsen scheinen. Die Stukkatur der Ausführung läßt von solcher Verwischung der Realitätsgrenzen wenig übrig. In der Zeichnung dagegen besitzt dies halb vegetabilisch, halb abstrakt gebildete Basisornament eine ähnlich dekorative Rahmenfunktion wie in den Augsburger Kupferstichen dieser Zeit. Ohne Kenntnis der Ausführung möchte man um so weniger an eine Freskovorzeichnung denken, als die Schrägen und Verkürzungen der Unteransicht des Deckengemäldes vermieden, wenigstens aber gemildert sind. Während im Fresko der Seraph Christus bzw. der kreuztragende Christus vom Altar im Osten auszugehen scheinen, Franziskus und Ignatius in Richtung zum Altar hin knien, wäre bei seitengleicher Ausführung der Zeichnungen das Verhältnis umgekehrt und der Sinnzusammenhang gestört worden. Andererseits ging durch die Umsetzung der Zeichnungen in das gestreckte Breitformat des Freskos einiges von der Einheitlichkeit der Komposition verloren. Man vergleiche die schwungvolle Kurve, die Ignatius, Christus und das Kirchengebäude zu einer geschlossenen Gruppe verbindet, mit der flächig auseinandergezogenen Anordnung im Fresko. Ähnlich lockert sich die spannungsreiche Ornamentform der Franziskuszeichnung in der Ausführung zu einer mehr isolierten steifen Komposition. Aus all diesen Symptomen darf geschlossen werden, daß diese – auch im Strich flüchtig und flüssig skizzierten – Zeichnungen, zumal sie aus der Neuburger Korrespondenz stammen, identisch sind mit den »gewissen Zeichnungen«, an die Baumgartner im Brief vom 23. April 1758 erinnert.

Ähnliches gilt für die Eustachius- und Hubertus-Zeichnung (Abb. 99) in Ellwangen[15]. Blaupapier, Ovalrahmung, Tuschfeder, Weißhöhung und Lavierung verleihen ihnen zwar bildhaftere Wirkung als den Bleistiftzeichnungen, von der Ausführung im Fresko stehen sie dennoch so weit entfernt, als seien sie für ein Ölgemälde bestimmt. Statt des Querrechteckformats bemühen sie das Hochoval, die Komposition entwickelt sich seitenverkehrt, dafür einleuchtender und sinnvoller. Das Fresko macht daraus drei getrennte Szenen, die sich freilich mit den benachbarten Stukkaturen zusammen wiederum zum sprühend bewegten Ornamentbild vereinen. Nimmt man an, daß auch das Ignatius- und Franziskusfresko zunächst in ähnlich bildhafter Weise konzipiert waren, so müßten die obigen beiden rahmenlosen Bleistiftskizzen mit der Andeutung der Stukkaturen ein fortgeschritteneres Planungsstadium darstellen, noch nicht ausführungsreif zwar und noch nicht abgestimmt auf den endgültigen Ort und das Format des Freskos, aber doch schon eine Vorstellung davon vermittelnd.

Geringer, aber nicht weniger aufschlußreich sind die Unterschiede zwischen Vorzeichnung und Fresko bei der »Pestprozession des hl. Carl Borromäus«[16]. Die Zeichnung hebt sich vom Fresko nicht nur durch den querovalen Umriß ab, sondern wiederum durch den lebendigeren und frischeren Erzählungston. Im Fresko wirkt die Hauptgruppe weiter von den Vordergrundsfiguren abgerückt, anstelle des Laien trägt ein Kleriker das Prozessionskreuz. Nicht allein segnend, wie es die Geschichte berichtet, sondern selbst mit dem Kreuz beladen, zieht der Heilige durch die Stadt. Der Traghimmel weicht dem Patriarchenkreuz, die Begleiter des Kardinals werden zu frommen Betern. Der Akzent verschiebt sich deutlich vom Wunder zur Aufforderung zu Gebet und Buße.

Wie um alle Spekulationen über die Stellung der Entwürfe im Werkprozeß hinfällig zu machen, deuten das regelmäßige Quadrierungsnetz und der Maßstab unterhalb des Ovals der Zeichnung darauf hin, daß dieses Blatt ohne weitere Zwischenstufe der Übertragung in das Fresko zugrundegelegt werden sollte. Derartige Hilfsmittel der Vergrößerung pflegen der Ausführung im Fresko unmittelbar voranzugehen, sofern sie nicht zur Anfertigung von originalgroßen Kartons dienten. Das würde aber besagen, daß nicht sämtliche Änderungen im Laufe des Werkprozesses zeichnerisch vorbereitet wurden, sondern auch frei Hand während des Malens an der Decke erst vorgenommen werden konnten.

Andererseits beweisen die Wiener Ölskizze[17] und die Nürnberger Zeichnung für das Langhausfresko[18], wie genau – mindestens in diesem Falle – die endgültige Fassung schon lange vor der Ausführung festgelegt werden konnte. Die mit düsteren Farben auf Leinwand gemalte (Abb. 101) und die auf Blaupapier mit Lavierung und Weißhöhung bereicherte Federzeichnung (Abb. 102) stimmen bis auf geringe Unterschiede überein. Die Zeichnung ist durch Faltung in Quadrate eingeteilt, ob zur Übertragung in das Fresko oder als Vorlage für die Ölskizze, ist schwer zu entscheiden. Auch die Ausführung hält sich eng an beide Entwürfe. Von der geschweiften Umrißform abgesehen beschränken sich die wenigen Veränderungen auf den Gnadenstrahl von Christus zu seinem Kreuz herab, auf einige Gesten und auf die Architektur. Die Ölskizze dürfte zu den im Vertrag genannten farbigen Hauptskizzen gehören. Wie viele solcher Vorbilder damals geliefert worden waren, erfahren wir nicht. Das erhaltene Material läßt nur den Schluß zu, daß ein verbindliches Schema für den Werkprozeß nicht nachgewiesen werden kann und daß die ursprüngliche Zahl der Ölskizzen und Zeichnungen unterschiedlicher Ausführungstreue beträchtlich größer gewesen war.

Betrachtet man diesen Skizzenbestand unter dem Gesichtspunkt seiner Herkunft, so ergibt sich ein differenzierteres Bild. Die beiden Neuburger Bleistiftzeichnungen gehören zur dortigen Korrespondenz zwischen dem Maler und seinen Auftraggebern für Bergen. Sie dürften einem seiner Schreiben beigefügt gewesen sein und erklären sich am einfachsten als Verbesserungsvorschläge vorangegangener Entwürfe, seien es Ölskizzen oder Zeichnungen gewesen.

Die Wiener Ölskizze stammt aus der Sammlung des Grafen Anton Lamberg-Spritzenstein in Wien, der sie 1821 der Wiener Akademie der bildenden Künste vermacht hat. In seinem Sammlungskatalog wird sie ohne Namen zitiert. Sie müßte demnach irgendwann zuvor abgegeben oder verkauft worden sein und bestätigt dadurch den Status eines autonomen Kunstwerks, den das 18. Jahrhundert solchen Ölskizzen zuzugestehen bereit war.

Die Ellwanger Zeichnungen lassen sich dem künstlerischen Nachlaß des Malers Anton Wintergerst (1737–1805) in Wallerstein bzw. Schrezheim bei Ellwangen zuweisen, der die Rückseite des zuvor beschnittenen Blattes mit dem Engelskonzert für eine ihm zuzuschreibende Zeichnung benützt hat. Wie Wintergerst an die Baumgartnerzeichnungen gekommen ist, wissen wir nicht, doch legt die Tatsache, daß sich darunter auch Entwürfe für Baumgartners Fresken in Baitenhausen befinden, den Schluß nahe, er habe sie, unmittelbar oder mittelbar, aus dessen Hinterlassenschaft erworben. Sie dürften also nicht den Auftraggebern, sondern dem Maler gehört haben. Sie waren Arbeitsmaterial des Künstlers, das dieser aus irgend welchen Gründen der Aufbewahrung für würdig befunden hatte, nicht aber Kontraktunterlagen oder Korrekturentwürfe für den Auftraggeber.

Das Nürnberger Blatt war zusammen mit einer weiteren, auf ähnlich blauem Papier und in gleicher Technik gefertigten Zeichnung (Abb. 103) 1930 aus dem Frankfurter Kunsthandel erworben worden und stammt aus der dortigen Sammlung A. Klein[19]. Das zweite, ebenfalls hochformatige Blatt stellt die Verehrung des Kreuzes durch die Vier Erdteile dar. Zuseiten der Weltkugel, hinter der ein Kuppelbau als Symbol der Kirche sichtbar wird, bieten die allegorischen Gestalten von Afrika, Amerika, Europa und Asien mit ihrem Gefolge dem von Engeln getragenen und verehrten Kreuz ihre Gaben dar. Die Ausführung sollte sicherlich als Fresko erfolgen, wie Rahmung, Untersicht und Mehransichtigkeit des Blattes beweisen. Thematisch paßt es sich dem Bilderzyklus von Bergen so gut ein, daß man sich fragen muß, ob es nicht einen verworfenen Entwurf für ein dortiges Fresko darstellt. Dafür könnte auch dieselbe Herkunft wie die Vorzeichnung der Kreuzauffindung sprechen, zumal Baumgartner keine weitere Kirche mit dem Kreuzpatrozinium auszumalen hatte.

Dieser Annahme stehen mehrere Argumente entgegen. Sämtliche übrigen Entwurfszeichnungen für Bergen unterscheiden sich stilistisch von der »Kreuzverehrung«. Die Figuren sind kleiner und zierlicher, die Gewandfalten zerknitterter und spitziger, der Strich nervöser. Jene voluminösen Gestalten, die weicheren Faltenrundungen, der formumschreibende Strich, die das Blatt charakterisieren, finden wir bei Baumgartners Zeichnungen für die Fresken in Baitenhausen aus dem Jahre 1760. Die Gruppe der Asia samt dem Pferd Europas und den beiden Pagen rechts außen erinnert an die linke Hälfte des Bergener Hubertusfreskos. Nachdem der Maßstab links unten auf der Zeichnung und ihre Mehransichtigkeit auf ein kleineres freistehendes Fresko hinweisen, wird man annehmen müssen, das Blatt sei, unter dem Einfluß der Arbeiten in Bergen, wenig später für eine unbekannte Heiligkreuzkapelle angefertigt worden.

Auch ohne diese Zeichnung ist der Vorbereitungsprozeß der Bergener Fresken überraschend reichhaltig dokumentiert. Die Lückenhaftigkeit des Materials läßt ahnen, wie viele der einstmals angefertigten Vorarbeiten verlorengegangen sind. Dennoch beweist der erhaltene Bestand, zumal die in den öffentlichen Sammlungen bewahrten Arbeiten, welches Interesse Baumgartners Zeichnungen und Skizzen durch die Jahrhunderte hindurch zu erwecken vermochten.

Das Kunstwerk

Will man Baumgartners künstlerische Leistung in Bergen zu würdigen versuchen, so bietet sich dazu am besten ein Vergleich des Chorfreskos mit dem Mittelschiff-Fresko gleichen Themas von Christoph Thomas Scheffler (1699–1756) in der Jesuitenkirche zu Landsberg am Lech an[20]. Der ehemalige Jesuitenbruder und spätere Augsburger Freskant Scheffler war einer der bevorzugten Maler der Jesuiten gewesen. Die Landsberger Fresken von 1753–54 sind sein letztes großes Werk, das er wahrscheinlich schon als schwerkranker Mann geschaffen hatte. Die Neuburger Jesuiten haben in Baumgartner wohl den – über die Augsburger Ordensniederlassung empfohlenen – Nachfolger Schefflers erblickt, denn die enge Übereinstimmung des Bergener Freskos mit dem in Landsberg wird eher auf den Wunsch der Auftraggeber als auf den Maler zurückgehen.

Die Gemeinsamkeiten beider Fresken sind selbst für die damaligen Verhältnisse überraschend groß, enger jedenfalls als die zwischen Schefflers Fresko und dem Bild gleichen Themas seines Lehrers Cosmas Damian Asam von 1733 in Wahlstatt[21]. Der Hinweis auf Motivübernahmen wie die der Zentralgruppe, der kranken Frau, der antiken Tempelfragmente, des Gnadenstrahls, aber auch auf die allgemeine Anordnung des Freskos mag genügen. Dennoch und gerade daher läßt sich Baumgartners Eigenleistung um so deutlicher fassen. Der Schauplatz ist einfacher und übersichtlicher. Die Bildränder sind nicht mehr rundum besetzt mit Figurengruppen, Architektur- oder Landschaftskulissen. Wie bei einem monumentalen Altarblatt beinahe ordnen sich die Ränge logisch von unten nach oben: der Chor der Kranken und Zuschauer im unteren Bilddrittel, in der Mitte, bühnenhaft erhöht, die Protagonisten Makarios und Helena, darüber in himmlischer Ferne Christus als Urheber der Wunderheilung. Das komplizierte theologische Programm Schefflers wird zu einem historischen Bericht. Dieser ist bei Scheffler nur ein Teil eines überzeitlichen Heilsplanes, für Baumgartner dagegen der geschichtliche Augenblick, da Gottes Absichten offenkundig werden.

Es wäre sicherlich unrichtig zu behaupten, diese thematische Verlagerung habe zwangsläufig auch die künstlerischen Unterschiede bewirkt. Der »Kunst- und Historienmaler« Johann Wolfgang Baumgartner, wie er sich selbst im Brief vom 7. Februar 1759 an die Neuburger Jesuiten bezeichnet, darf nicht mit einem Historienmaler des 19. Jh. verglichen werden. Die Historie der Kreuzauffindung verwandelt sich unter seinen Händen zu einem Kunstwerk, dessen Qualitäten auf anderem Gebiet liegen als dem der gemalten Geschichtsschreibung. Betrachten wir als vielleicht instruktivstes Beispiel die Anordnung der drei Kreuze. Das echte Kreuz Christi führt vom unteren Bildrand schräg in den Bildraum hinein. Die so gewonnene Vorderbühne nimmt die sitzende Kranke ein, die durch die Kraft des Kreuzes geheilt werden wird. Die Rückseite des Kreuzes ist der Hauptfigurengruppe zugewandt, der rechte Kreuzarm weist auf die Kaiserin. Das zweite Kreuz ist nahezu senkrecht aufgerichtet und grenzt den mittleren Aktionsraum nach links ab. Ihm antwortet, aus der Tiefe heraus in entgegengesetzter Richtung vorgeneigt, der Sonnenschirm über der Kaiserin. Von hier zurück zum vorderen Bildrand führt der Querarm des flach auf dem Boden liegenden dritten Kreuzes. Den dadurch entstehenden Zwickel zwischen den Kreuzesarmen füllt die kniende Figur eines bärtigen Mannes, der das erste Kreuz zu halten hilft. Ihm gegenüber, aber nicht auf ihn bezogen, stehen Makarios und Helena einander zugewandt und schließen die zentrale Vordergrundbühne nach rückwärts ab. Kreuze, Schirm und Figuren schaffen und umgrenzen einen leeren Raum, in welchen von oben her der Gnadenstrahl Christi hineindringt. Die Ränder dieses Raumes sind verstärkt und erweitert durch den Ring der Zuschauer, durch Architekturmotive, Felsbänke und Wolken. In der Höhe antwortet ein wolkenumsäumter und von Engeln umkreister Lichtraum. Alle Formen üben eine doppelte Funktion aus: sie gliedern die hochformatige Bildfläche und bewirken zugleich die Illusion eines tiefenhaltigen Bildraums.

Eine wichtige Aufgabe kommt dem schweren goldenen Stuckrahmen zu. Die abgeflachte Unterkante betont die Einansichtigkeit des Freskos, sie bildet die Basis und den festen Halt der Komposition. An den Langseiten wechseln unterschiedlich gekrümmte oder geschweifte Kurvensegmente mit kurzen scharfen Zacken. Sie nehmen dabei Richtungsenergien auf, die von den Bildmotiven ausgehen. So weist das zweite Kreuz auf den Zacken rechts oben, die Körperachse des mit ausgebreiteten Armen rechts unten stehenden Zuschauers auf den gegenüberliegenden Zacken. Die Bildkomposition wird in der Rahmenform befestigt, diese scheint bestimmt zu sein von den Bewegungen und Richtungen auf der Bildfläche. Haltung und Gebärden der Gestalten, Fluß und Schwung ihrer Gewänder, aber auch die Bänder der Wolken schwingen oder entsprechen sich in ähnlicher Weise wie der Umriß des Rahmens. Mit Schefflers aufdringlicher Buntheit hat Baumgartners vom Licht aufgesogene oder im Dunkel verdämmernde Farbenpracht vollends nichts gemein. Seine Farben schimmern, als seien sie auf Perlmuttgrund aufgetragen oder mit leuchtendem Staub überzogen. Sie sind dem Licht zugewandt und von Schatten belebt wie dicht wachsende Blumen in der Sonne. Ihr Auftrag ist leicht und weich, manchmal durchsichtig, fast dünn, dann wieder kompakt und präzis.

Auch das große Mittelschifffresko folgt ähnlichen Gestaltungsprinzipien, wenngleich es auf Allansicht angelegt, enger gefüllt und bunter ist. Der Kranz der Gebäude schafft die Standflächen für die weitgespannten Figurenaufzüge und die Genreszenen. Er ordnet, akzentuiert und überhöht die Gruppen und bildet zugleich eine selbständige Gegenstimme zum Umrißverlauf des Rahmens. Er erweitert den Bildraum nach oben, aber auch in die Tiefe der Landschaft hinein. Dabei ergeben sich schwierige perspektivische Probleme, mit denen Baumgartner nicht immer zurecht kommt. Architektur bedeutet für ihn bewegte Kulisse, aber keine geometrische Konstruktion unter bestimmten Augenpunkten. Trotz des imposanten Aufgebots an Akteuren und Zuschauern, trotz der Spannung, die sich von den Enden oben zum Mittelpunkt unten vielfältig und zusehends steigert, bleiben wiederholte, manchmal virtuos überbrückte Längen, die die Mühen der Bewältigung sichtbar machen.

Kein Zweifel, Baumgartners Stärke sind die einansichtigen Bilder, von denen er als Zeichner für den Kupferstich seit Jahrzehnten schon viele Hunderte verfertigt hatte. Hier sind seiner Vorstellungskraft keine Grenzen gesetzt, ob es sich um historische Ereignisse handelt, wie die Pestprozession des hl. Borromäus oder um Himmelserscheinungen, wie das große Engelskonzert. Man tut sich schwer, die zutreffende Charakteristik zu formulieren. Es sind keine Aufgüsse älterer Vorbilder, aber auch keine traditionslosen Neuerfindungen. Baumgartner ist in seine Zeit gebunden. Seine Engel gleichen Rokokodamen, seine Putti sind wohlgesittet wie Musterkinder, seine Todkranken nehmen elegante Posen ein, seine Heiligen bewahren stets vornehme Haltung und seine Ministranten schauen distanziert zum Publikum hinab. Bald meint man Einflüsse von Asam und Bergmüller, bald von Augsburger Zeitgenossen der nächsten Generation wie Günther, Holzer und Göz, bald von Tiepolo erkennen zu können. Was aber mehr zählt, ist seine souveräne Gestaltungsfähigkeit, die angesichts des fertigen Bildes von der Sorgfalt der Vorbereitungsarbeit nichts mehr verspüren läßt.

Auf der Pestprozession tauchen die Beter aus der Tiefe auf, formieren sich zu einem Halbkreis und verschwinden wieder in der Tiefe des Kirchenportals. Die Kranken bilden einen zweiten äußeren Halbkreis, dessen Mitte frei bleibt, um den Blick auf den Heiligen zu lenken. Im Rot-Weiß seines Gewandes sammeln sich Licht und Farbe, aber der Richtungszwang der Halbkreisbewegung gibt der Hauptfigur etwas Transitorisches. Ähnlich setzt sich auch die Engelsmusik mit ihrem Wogen und Weben, Spielen und Lobpreisen auffällig ab von dem frontal in der Mitte sitzenden kleinen Engel mit aufgeschlagenem Buch auf den Knien. Diese Gestalt, die schon in dem ersten Bleistiftentwurf dieselbe Stelle einnahm, markiert den Schnittpunkt der Horizontal-, Vertikal- und Tiefenachse, um die sich das Engelskonzert in lockerer Gruppierung entwickelt. Hinter der Leichtigkeit und Gelöstheit der Baumgartner-Kompositionen verbirgt sich stets ein ordnendes Grundgerüst. Auch die Farbigkeit ist nicht willkürlich oder nach dekorativen Gesichtspunkten gewählt. Die lichtübergossenen und die verschatteten Partien, die warmgoldenen, weißschimmernden, hellblauen oder changierenden Töne sind zueinander in sinnvollen Bezug gesetzt und bewußt abgestimmt. Sie übernehmen raumbildende, lichtregulierende, Materie auflösende Funktion. Durchsichtig oder rauchig, bewirken sie den Eindruck einer lichten Himmelswelt, die in der Gegenständlichkeit des Irdischen nur gleichnishaft dargestellt werden kann.

Baumgartners ureigenste Leistung, die kein anderer Maler zu imitieren oder weiterzuführen vermochte, liegt in den kleinen Fresken der Oratorien und Seitenkapellen. Daß sie auf die Rahmung verzichten, ist nur ein äußerliches Merkmal. Auch ihre Nähe zum Rokokoornament, ihre Verwandtschaft mit dem Züngeln, Sprühen, Schäumen des Stucks sagt zu wenig über ihre Besonderheit aus. Das Neue ist die Identität des Bildgrundes mit dem hellen Gewölbefeld. Die Malerei beginnt im Irgendwo und versickert ebendort. Der Weißgrund färbt und formt sich, um Felsen, Pflanzen, Wolken, Tiere und menschliche Gestalten zu entlassen. Nicht als umrandeter Ausschnitt im Gewölbe und Einblick in jenseitige Bereiche, aber auch nicht als quasi versetzbares Bild präsentieren sich diese Gebilde. Einer Projektion von oben gleich treten die Erscheinungen aus der Decke heraus und geben sich als Darstellungen von Geschehnissen zu erkennen. Aber das Geschehen besitzt die Realität von Träumen, als könnte es unversehens zurücksinken in die leere Helligkeit des Gewölbes. Von dort kommt das Licht, so daß die Vorderseiten der Bäume und Felsblöcke verschattet sind. Weniger als die übrigen Fresken nehmen diese Bilder Bezug zum Menschen im Kirchenraum unten, sie kümmern sich nicht um ihn. Ihre Wirklichkeit unterliegt nicht den Zwängen von Raum und Zeit. Nichtzusammengehöriges und Fragmentarisches fließt ineinander zu einer eigenen Wirklichkeit. Ein Fenster und eine Säule genügen, um einen Kirchenraum zu schaffen, ein ausgehöhlter Felsblock reicht als Mönchsklause, ein Brückenbogen und ein überhängender Fels deuten Einöde an, einige Baumstücke vermitteln den Eindruck von Waldesdickicht. Gewächse, Tiere und Steine nehmen die Gebärden der Menschen an und werden selbst zu Gebärden. Nichts ist fest und endgültig, alles wandelt und verwandelt sich, kleidet sich in Wohllaut, farbigen Schimmer, Beschwingtheit und raumdurchbrechende Grenzenlosigkeit.

Sicher ist es richtig, diese Bildform dem weiteren Begriff des Augsburger Rokoko zuzurechnen, sicherlich hat Baumgartner dabei auch die Erfahrungen seiner eigenen Tätigkeit als Erfinder phantasievoller Skizzenbilder, Kupferstiche und Zeichnungen eingebracht. Doch die Übertragungen solcher Gestaltungsprinzipien auf das Fresko und dessen Durchleuchtung aus der Tiefe des Gewölbespiegels heraus verleiht dem Visionsbild eine bisher unbekannte Dimension.

Die Lebensgeschichte des Malers

Baumgartners Lebensgeschichte wurde von A. Hämmerle in vorbildlicher Weise erforscht. Seine Quellen waren die kurz nach Baumgartners Tod niedergeschriebene handschriftliche Biographie des Augsburger Kupferstechers und Verlegers Georg Christoph Kilian[22], der darauf basierende Abschnitt über Baumgartner in den »Erläuterungen der in Kupfer gestochenen Vorstellungen aus der Geschichte der Reichsstadt Augsburg« von Paul von Stetten d. J.[23], sowie zeitgenössische Augsburger, Neuburger und Bergener Urkunden und Briefe.

Johann Wolfgang Baumgartner ist demnach in oder bei Kufstein in Tirol geboren, angeblich am 16. Juni 1712. Weder das genaue Geburtsdatum noch der Geburtsort sind in den Kirchenbüchern oder Archivalien nachweisbar, doch führen die Altersangaben der Biographien zu diesem Jahr. Nach Kilian erlernte er zuerst das Schmiedehandwerk bei seinem Vater in Kufstein. In Salzburg verdingte er sich bei einem Musikus, der ihn in der Malerei auf Glas, also wohl Hinterglasmalerei, unterrichtete. Die Wanderschaft führte ihn nach Italien, Österreich, Ungarn, Steiermark und Böhmen. Am 26. November 1733 sucht er in Augsburg für sich und seine Ehefrau Anna Katharina Mayr um die »Gnade des Beisitzes« nach, d. h. um die Erlaubnis zu Aufenthalt und Arbeit. Sein Gesuch wird am 12. Dezember 1733 genehmigt, weil es im Bereich der Hinterglasmalerei keine Konkurrenz in Augsburg gab. 1736 erneuerte er das Gesuch. Nach P. v. Stetten malte er Landschaften, Prospekte mit schöner Architektur usw., die er in einer besonderen Manier mit Terpentin auf Glas auftrug. Den größeren Teil seiner Tätigkeit scheinen aber schon damals Zeichnungen für die Augsburger Kupferstecher und Verlage gebildet zu haben. Gleichzeitig besuchte er die Reichsstädtische Kunstakademie unter der Leitung von Johann Georg Bergmüller in Augsburg.

1735, 1737, 1738 und 1741 läßt er Kinder im Dom taufen[24]. 1746 wird eine weitere Tochter Anna Maria Ludovica genannt. Alle diese Kinder sind früh gestorben. In diesem Jahr erwirkte er das Bürgerrecht für sich und seine Frau, jedoch nicht für die Tochter. Sein Vermögen ist mit 200 fl angegeben, 150 fl hatte er 1733 als Ersparnis besessen. Mit der Aufnahme in die Malerzunft am 16. August 1746 erreicht er das Recht, auch in Öl und Fresko zu arbeiten, doch stammen die frühesten nachweisbaren Gemälde erst aus dem Jahre 1754. Wo Baumgartner diese Techniken gelernt hat, wissen wir nicht. Besonders die Freskomalerei setzt neben den künstlerischen Fähigkeiten ein hohes handwerkliches Können voraus, das wohl nur durch Mitarbeit bei anderen Meistern erworben werden konnte. Nachdem sich Baumgartners Fresken durch gediegene Ausführung auszeichnen, wird man in ihrem Maler kaum einen Autodidakten erblicken dürfen, wenngleich Kilian betont, daß er keinen »rechten Lehrmeister« gehabt habe.

1754 malte er für die hundert Jahre später abgerissene Pfarrkirche in Gersthofen bei Augsburg zwei Fresken mit Szenen aus dem Leben des Kirchenpatrons St. Jacobus. Auch den Bilderschmuck der Orgelbrüstung scheint er geschaffen zu haben. Von den im Winter 1754/55 verfertigten Gemälden der drei Altäre blieben nur die beiden kleineren mit der Begegnung von Joachim und Anna sowie die Madonna mit den hl. Johann Nepomuk und Antonius erhalten (Abb. 110, 111). Das verschollene Hochaltarblatt stellte den hl. Jacobus auf dem Schimmel reitend in der Schlacht von Clavijo (822) dar und kostete 40 fl, die beiden Seitenaltarblätter 54 fl. Schon bei diesem Auftrag ist der Beifall hervorgehoben, den die Gemälde bei der hohen Geistlichkeit des Augsburger Domes erzielten. Ein Bild des hl. Bruno, das Baumgartner 1760 für Gersthofen malte, ist ebenfalls verloren.

Den nächsten und größten Auftrag bilden die Fresken und Altarblätter in Bergen 1756–59. Kilian und v. Stetten berichten auch von einer Kirche in Eggenhausen nahe Augsburg, die Baumgartner ausgemalt habe. Ort, Datum und Werk lassen sich aber nicht nachweisen. 1758 schmückte er für Wolfgang Anton von Langenmantel die Seitenkapelle der kleinen Loretokirche auf dem Kobel bei Augsburg mit Deckenfresken (Abb. 114). Vergleicht man die Preise für die – freilich größeren – Blätter in Bergen mit den für Gersthofen überlieferten, so darf man auf ein gestiegenes Ansehen Baumgartners schließen.

Dafür spricht die bei Hämmerle[25] abgedruckte Bemühung Baumgartners um den Auftrag für die berühmte Wallfahrtskirche Vierzehnheiligen bei Bamberg. In dem nicht mehr auffindbaren Brief vom 17. November 1759 an P. Auffenberg bittet er diesen um Fürsprache bei dem Auftraggeber, dem Zisterzienserkloster Langheim. Der Vorschlag ging von den Gebrüdern Klauber in Augsburg aus, die Baumgartner früh schon als Zeichner für ihren Kupferstichverlag beschäftigt und vielleicht auch nach Neuburg empfohlen hatten. Diese haben es, schreibt er »mir wiederumb gedan und mich vorgeschlagen vor dem Herrn Goez sowoll in Invention als Zeigung (Zeichnung?) in (und?) fremdter Coleren so wollgefellig zu gebrauchen sei...« P. Auffenberg soll ihn dem Bibliothekar in Langheim, P. Adam Beyer (Bayer) empfehlen. »Herr Feichtmeyer hat es schon veraccordirt zur Stuccadoren, das concept mehr darein zu machen die 14 hl. Nothhelffer in der cubel wie sie in dem himmlischen Jerusalem sein, in der Offenbarung Joannes etc. und seind ville neben cublen und genug zu mahlen«.

Den Hinweis auf Vierzehnheiligen hatte Baumgartner demnach wohl einem der Gebrüder Feichtmayr in Augsburg zu verdanken, die die Stukkaturen einschließlich der Altäre und Stuckplastiken in Vierzehnheiligen ausführten. Diese pflegten gerne mit Augsburger Freskanten zusammenzuarbeiten, zunächst mit Bergmüller, dann vor allem mit Günther. In Zwiefalten und Säckingen war Franz Joseph Spiegler ihr Partner gewesen, der aber 1756 starb. Wenn Baumgartner, wie später in Meersburg, anstelle des genannten Gottfried Bernhard Göz oder auch des vielbeschäftigten Matthäus Günther in Erwägung gezogen wurde, so zeugt dies ebenso für sein Selbstbewußtsein wie für die Anerkennung, die er sich mit der Ausmalung von Bergen erworben hatte.

Ob Baumgartner mit seinem Anliegen in Neuburg oder gar in Langheim Erfolg hatte, wissen wir nicht. Die Ausstattung von Vierzehnheiligen, das erst 1763 eingewölbt wurde, war infolge des Siebenjährigen Krieges zum Erliegen gekommen. Als sie 1764 fortgesetzt wurde, war Baumgartner bereits verstorben. Es mag aber zu bedenken geben, daß die Fresken in Vierzehnheiligen schließlich von demselben Josef Appiani (1706–1785/89) ausgeführt wurden, der schon in Meersburg Baumgartners Nachfolge antreten sollte.

Baumgartners nächste und letzten Aufträge führten ihn an den Bodensee, wohin ihn der Konstanzer Bischof, Kardinal Franz Konrad von Rodt, berufen hatte. Dieser war seit 1728 Domherr, von 1744 bis 1747 Domdekan in Augsburg gewesen. Baumgartner hatte für ihn 1745/47 Entwürfe zu einem Wappenkalender[26] und weitere graphische Blätter gezeichnet; er soll bei ihm nach dem Zeugnis von Stettens »in großen Gnaden« gestanden haben. In Meersburg warteten drei Aufträge, von denen Baumgartner nur noch zwei ausführen konnte. Die kleine Wallfahrtskirche in Baitenhausen, ein schmuckloser, kreuzförmiger Bau mit Anbauten an den Chor, war 1701/02 überwiegend mit Geldern des Konstanzer Fürstbischofs Marquard Rudolf von Rodt errichtet worden. Sein Neffe und vierter Nachfolger beauftragte fast 60 Jahre später Baumgartner mit der Ausmalung des Innern. Baumgartner erhielt 1760 zwei Briefe und den Riß des Kirchleins nach Augsburg geschickt[27]. Die im gleichen Jahre ausgeführten Fresken brachten ihm den geringen Betrag von 500 fl ein. Die Bilder sind in derselben vorzüglichen Technik ausgeführt wie in Bergen und weisen Baumgartner auch in seinem handwerklichen Können als einen der besten Freskanten seiner Zeit aus.

Im gleichen Jahre entstanden – gegen die Konkurrenz von G. B. Göz – die Fresken des kleinen Sommerpavillons unterhalb des Neuen Schlosses in Meersburg[28]. Am 25. August 1760, zusammen mit der Ausbezahlung für Baitenhausen, quittierte Baumgartner dem Kardinal den Empfang von 200 fl für diese Arbeit. Daß er auch für das Schloß selbst herangezogen werden sollte, läßt sich nicht nur aus den Augsburger Nachrichten, sondern aus einer Zeichnung schließen[29]. Nach Kilian kehrte Baumgartner krank vom Bodensee zurück, da er stetig bis in den Herbst hinein malte und ihm die dortige Luft und der Wein nicht gut bekamen. Er konnte sich nicht mehr erholen und verfiel der Schwindsucht. Am 7. September 1761 ist sein Tod in den Sterberegistern der Augsburger Dompfarrei vermerkt: »Johann Wolfgang Baumgartner pictor«. Seine Witwe lebte noch im Jahre 1765, denn am 25. Februar dieses Jahres wurden 1000 fl zu Auslösung der allhiesigen verwitweten Kunstmalerin Maria Catharina Baumgartner an die Hochfürstliche Steuerkasse in Augsburg eingeliefert[30].

Das Werk Baumgartners

Trotz dieses überaus bescheidenen und kurzen Lebens hat Baumgartner ein reiches Œuvre hinterlassen, das sich mit dem anderer Zeitgenossen ehrenvoll messen kann und das die meisten von ihnen an Qualität übertrifft. Sieht man von den offenbar verlorenen Hinterglasmalereien der frühen Jahre und den Hunderten von Entwürfen für die Augsburger Kupferstecher und Verleger ab, läßt man auch die bislang meist unter fremden, oft anspruchsvollen Namen laufenden Ölskizzen für druckgraphische Folgen beiseite, so bleibt eine stattliche Zahl bedeutender Gemälde samt ihren Vorzeichnungen, die den Funden der letzten Jahre zufolge keineswegs als abgeschlossen zu gelten hat. Obgleich ein großer Teil von ihnen weder signiert noch datiert oder archivalisch belegt ist, fügen sie sich zu einem einheitlichen Lebenswerk zusammen. Es umfaßt zwar nur wenige Jahre, wahrscheinlich weniger als ein einziges Jahrzehnt, dennoch wird darin eine zielstrebige künstlerische Entwicklung sichtbar, die den Verlust ermessen läßt, den die deutsche Malerei durch den frühen Tod Baumgartners erlitten hat.

Die frühesten gesicherten Bilder, die beiden Seitenaltarblätter aus Gersthofen bei Augsburg von 1754/55 (Abb. 110, 111) zeigen Baumgartner bereits als einen reifen, selbständigen Künstler von ausgeprägter Eigenart[30a]. Die Palette ist zurückhaltend. Gedeckte und gedämpfte Töne von Gelb, Weiß, Braun, Lila und dünnem Rot herrschen vor. Flackerndes Licht erfüllt die Bildräume, die sich auf wenige Angaben zur Örtlichkeit beschränken. Die Figuren sind schwer, aber nicht voluminös im Sinne plastisch gerundeter Gestalten. Ihre Gesichter sind kantig und asketisch, die Blicke streng und scharf. Die Gewänder knicken und zipfeln in scharfen Falten, in denen sich Licht und Schatten verhängen. Trotz der übersichtlichen Anlage kennzeichnet eine nervöse Unruhe und kleinteilige Oberflächenstruktur diese Bilder.

Diese Eigenschaften treten noch stärker hervor bei der Ölskizze für ein Kuppelgemälde im Österreichischen Barockmuseum Wien[31], deren Bestimmung und Ausführung unbekannt ist (Abb. 104). Sie stellt die Himmelfahrt Mariens dar, begleitet von zahlreichen, im Kreis angeordneten Einzelfiguren und Figurengruppen. Im Zentrum der kreisrunden Komposition hält die Dreifaltigkeit die Krone bereit für die emporgetragene Himmelskönigin. Unten, flankiert von geschwungenen Mauern, versammeln sich die Apostel um den leeren Sarkophag. Johannes mit dem Adler leitet rechts zur Gruppe der Evangelisten über, links steht Petrus mit dem Himmelsschlüssel. Rechts schließen sich die vier lateinischen Kirchenväter an, dahinter männliche Ordensheilige. Nach der hohen Opferschale, für die ein Putto die brennende Fackel bereithält, folgen, gegenüber der Apostelgruppe, elf der vierundzwanzig Ältesten der Apokalypse. Ein Engel zeigt ihnen das geöffnete Buch mit den Sieben Siegeln. Ein runder Altartisch mit dem geopferten Lamm und dem siebenarmigen Leuchter, von Engeln verehrt, leitet über zum Alten Testament im linken Kreisviertel. Es wird durch Adam und Eva, Noah mit der Arche, Moses mit den Gesetzestafeln, Abraham, Melchisedek, David und andere vertreten. In einem zweiten inneren Kreis erscheinen rechts der Schutzengel mit der als Kind gebildeten Seele des Menschen, weibliche Heilige, Veronika, Nonnen und Nothelferinnen, links die Vorläufer und Vorahnen Christi, darunter Johannes der Täufer und die hl. Anna. Als Rahmung dient eine alternierende Architektur mit verschiedenen Lösungen für die Gestaltung der Zwickel. Links werden Atlanten und Sklaven als Gewölbeträger und Füllung vorgeschlagen, dazu Embleme weltlicher Macht: Visierhelm, Rüstung, Löwe, Hellebarde, Fahnen und Rüstungsstandarte. Rechts umgeben eine kauernde Harpye, ein Genius mit Buch und Fanfare sowie zwei Putti mit Fernrohr, Globus und Zirkel die leere Eckkartusche. Für den dritten Zwickel genügt eine männliche nackte Sitzfigur, die eine Blumengirlande hält, vielleicht als Symbol der Jahreszeiten, der vierte Zwickel ist nicht markiert. An mehreren Stellen wird die Rahmenarchitektur von den Figuren des Kuppelbildes überschnitten.

Eine lavierte Federzeichnung im Schloßmuseum Ellwangen[32] läßt einige Details besser erkennen als die düstere Ölskizze, aber auch sie gibt keine Auskunft über den Besteller oder Adressaten des Entwurfs (Abb. 105). Die kriegerischen und wissenschaftlichen Abzeichen der Zwickel sprechen für einen weltlichen Auftraggeber und damit für die Kirche oder Kapelle eines Schlosses. Das anspruchsvolle Bildprogramm spannt sich von der Erschaffung des Menschen bis zum Ende der Zeit und umfaßt die ganze Geschichte des Heils. Dem inhaltlichen Aufbau entspricht die klare Komposition, die trotz der zahlreichen Figuren übersichtlich bleibt. Im Detail wie auch in der Farbigkeit ergeben sich große Übereinstimmungen mit den Gersthofener Bildern. Die eckigen Brüche und die unruhigen Falten der Gewänder, die raubvogelartig scharfen Gesichter, die flackernde Lichtführung erlauben den Schluß, daß Ölskizze und Zeichnung etwa zur selben Zeit wie jene entstanden sind.

Genauere Eingrenzung ist durch die elegante Rückenfigur des knienden Ältesten auf der Ellwanger Zeichnung möglich, denn diese geht auf den Pagen in Tiepolos »Vermählung Kaiser Barbarossas« im Kaisersaal der Würzburger Residenz von 1752 zurück. Aus Cosmas Damian Asams (zerstörtem) Deckenfresko in St. Anna am Lehel in München (1729) sind – in Seitenverkehrung – die Figuren des David, Melchisedek (dort Zacharias) und der hl. Anna übernommen. Andere Figuren scheinen durch das Kuppelfresko Johann Evangelist Holzers im mainfränkischen Münsterschwarzach angeregt zu sein, das Baumgartner freilich auch über die in Augsburg verbliebenen Ölskizzen kennengelernt haben kann. Eine davon befand sich sogar im Besitz seines Augsburger Schülers Andreas Dahlweiner[57].

Diesen Entwürfen, die die Zeitspanne zwischen den Aufträgen in Gersthofen und Bergen füllen könnten, schließen sich einige größere und kleinere Ölbilder an. Wenngleich die meisten von ihnen thematisch und teilweise auch kompositionell mit Kupferstichen nach Baumgartner verwandt sind, fällt die Entscheidung schwer, ob sie zu den selbständigen Gemälden oder zu den gemalten Entwürfen zu zählen sind. Sie hier ausführlich zu behandeln, würde den Rahmen dieses Beitrags sprengen.

Unter Holzers Namen lief vor einigen Jahrzehnten ein in düsteren Farben mit zuckenden Helligkeitskontrasten gemaltes Kleinbild (Abb. 106), das Christus auf den Wellen zeigt, wie er Petrus zu sich aus dem Schiff ruft[33]. Ein zweites in Münchner Privatbesitz[34] stellt den »Sturm auf dem Meere« (Abb. 107) dar, ein drittes größeres im Österreichischen Barockmuseum Wien[35] die »Aufnahme des guten Schächers Dismas ins Paradies« (Abb. 108). Eine größere Fassung des »Sturm auf dem Meer« besitzt das Bodenseemuseum in Friedrichshafen[36], wobei die ornamentalen Randszenen auf die Ausführung als Kupferstich hinweisen könnten (Abb. 109). Ähnlich aufgebaut ist eine gleichfalls galeriebildgroße »Berufung Petri« in der Deutschen Barockgalerie Augsburg[37], zugleich als Allegorie des Wassers und Allegorie der christlichen Kirche zu deuten (Abb. 112). Die volleren Farben, die weicheren Gewandfalten und gleichmäßigere Ausleuchtung des Bildes sprechen freilich für eine spätere Datierung um 1758. Wohl noch vor die Jahre der Bergener Fresken gehört ein Kleinbild in der Salzburger Barockgalerie[38], dessen Thema und Bestimmung bisher nicht zu klären sind (Abb. 113). Ein dicker Feldherr oder Fürst wird auf einen blauen Teppich gehoben, während um ihn herum der Kampf um einen Flußübergang und eine befestigte Stadt tobt. Die Beziehungen zu den Fresken in Bergen sind nicht zu übersehen, wenngleich sich das Bildchen in Baumgartners Werk etwas fremd ausnimmt.

Das 1758 datierte Fresko in der Beichtkapelle des Loretokirchleins auf dem Kobel in Augsburg ist nicht gut erhalten (Abb. 114). Dennoch würde man es auch bei besserem Zustand nicht selbstverständlich in die Zeit der Bergener Arbeiten setzen. Baumgartner hat sich eine neue Freiheit, Größe und Ökonomie des Schaffens angeeignet, die ihm in Baitenhausen und Meersburg zugutekommen wird. In dem hochovalen Hauptbild thront die Muttergottes mit dem Kind auf Wolken neben dem heiligen Hause Loreto, das von Engeln getragen wird. Ihr Szepter weist auf die Gestalt der Ecclesia, gekennzeichnet durch Tiara, päpstliches Gewand, Kreuzstab, Buch, Kelch und den Fels Petri. Im Hintergrund erhebt sich ein Zentralbau mit Kuppel als Symbol der Kirche. Oberhalb der Putti, die die Sternenkrone Mariens tragen, steht auf dem Spruchband »Terra in qua stas Terra sancta est« (2. Moses 3,5). Maria und die Ecclesia sind majestätische, gelassen agierende Personen. Die Körper runden sich in praller Plastizität, die Gewänder schwingen in großen Falten um die Form, das Licht verteilt sich gleichmäßiger. Der Bildraum ist weiter geworden und heller, er quillt nicht mehr über von erregten Figuren. Die Akzente verteilen sich ausgewogen über die Fläche, eine kaum merkbare Symmetrie verleiht ihnen Ruhe. Auch in der Durchzeichnung des Details herrscht mehr Sorgfalt und Wirklichkeitstreue. Die Gesichter verlieren die raubvogelhafte Übertreibung und gewinnen an stiller Schönheit.

In den Zwickeln des Mittelfeldes schließen sich vier Kartuschen in Rosa an: die Arche als Zuflucht für Tauben und Raben (Umschrift: »corvis pater aliquis columbis«), der Rabe verläßt die Arche (»est corvus qui negligit illam«), die Arche auf dem Felsen (»suus est in pace locus«), Auszug aus der Arche (»Inde refloruit orbis«). Die Arche Noah wird hier gleichgesetzt mit dem heiligen und heilbringenden Hause Mariae, das die Engel der Legende nach aus Nazareth nach Loreto versetzt hatten. Auf dem rechten Seitenbild zieht Hannah, die Mutter Samuels, zur Arche in Silo (1 Samuelis, 1, 9 ff), dabei steht: »Zur heiligen Arch in Silo zu wallen hat Samuels Muetter gemacht ein Gelübd. Welich auch Gott hatte also gefallen, dass er nach dero Wunsch er erhört ihre Bitt«. Links betet ein Pilger vor dem Gnadenbild: »Verlobung zur Bildnus zukünftigen Archen, weil Anna sehr nützlich und gfällig bei Gott. Verlobung zu Gottes lebendiger Archen ist gewißlich weit nüzer und gfälliger Gott«.

In die Jahre zwischen 1758 und 1760 wird man die beiden mittelgroßen Leinwandbilder im Österreichischen Barockmuseum Wien[40] datieren müssen. Sie stellen die »Zurückweisung der Kaiserin Eudoxia durch den hl. Johannes Chrysostomus« (Abb. 115) und die »Zurückweisung des Kaisers Theodosius durch den hl. Ambrosius vor dem Mailänder Dom« (Abb. 116) dar. Als Vorlage für das erstere hatte die Illustration in einem 1734 in Augsburg erschienenen geistlichen Buch gedient. Im Gegensatz zu meiner früheren Meinung glaube ich nicht mehr, daß es sich bei den Gemälden um Entwürfe für nicht ausgeführte Deckenbilder des Meersburger Schlosses handelt. Ihr Thema ist das Vetorecht der Kirche gegenüber ungerechten Vertretern der weltlichen Macht. Wahrscheinlich gehörten sie zu einer mehrteiligen Serie von historischen Beispielen, die der Konstanzer Bischof bei Baumgartner bestellt haben könnte.

Beide Bilder beweisen Baumgartners Fertigkeiten als Maler von Historien mit großem Aufwand an Akteuren, Zuschauern, Nebenszenen und Architekturen, den er in Bergen bereits bei der »Kreuzerhöhung« – einem Thema vergleichbaren Inhalts – inszeniert hatte. Neu ist die exakte Durchbildung der Bauten, neu vor allem aber die Rolle des Lichtes, das sich wie ein farbiger Schmelz über die Gegenstände und Formen legt. Der Begriff »dekorativ« besagt zu wenig. Farbe und Licht haben nicht mehr die Aufgabe, den Ausdruck der Figuren, den Sinngehalt des Berichtes zu steigern, sie dienen aber auch nicht ihrer realistischen Wiedergabe, sondern erhalten einen Eigenwert, der die Bilderzählung in ein Fest für das Auge verwandelt. Da verselbständigt sich der Pinselstrich zu Kringeln, Lichtfäden oder bunten Punkten. Die Farbe changiert, schimmert, gleitet, leuchtet oder versinkt. Das Licht löscht die Farbe aus, durchdringt die Form und verhüllt den Grund. Gelb wird zu Gold, Blau zu Gletschereis, Weiß zu Firn, Rot zu Rubinen und Grün zu Smaragd. Was das Gegenständliche an natürlicher Wiedergabe und Detailtreue gewonnen hat, das gibt es wieder auf im freien Spiel von Licht, Farbe und Pinselductus.

Zu dem Theodosiusbild besaß die Staatliche Graphische Sammlung München eine flüchtige Vorzeichnung mit Feder und Lavierung[41], die, im Krieg zerstört, Matthäus Günther zugeschrieben war (Abb. 117). Sie fixiert den Schauplatz und die – in der Ausführung großenteils veränderte – Position der Hauptfiguren und ihre Funktion. Der Vergleich mit dem Bild beweist, wieviel minutiöse Arbeit bis zur endgültigen Fassung notwendig war. Einzelne Figuren wurden hinzugefügt, andere verworfen oder umgeformt. Von dem malerischen Reichtum des fertigen Bildes dagegen vermag die Zeichnung keine Vorstellung zu vermitteln.

Eine Zeichnung im Düsseldorfer Kunstmuseum[42] erweist sich thematisch wie auch stilistisch so eng zugehörig zu den beiden Wiener Historienbildern, daß man entweder auf eine ehemals größere oder aber größer bzw. anders geplante Serie schließen darf. Das bisher nicht sicher gedeutete Blatt (Abb. 118) stellt den hl. Laurentius vor Kaiser Decius dar, wie er dessen Befehl, die Schätze der Kirche an den Staat auszuliefern, mit dem Hinweis auf die Armen, Blinden und Lahmen als den ewigen Schätzen der Kirche beantwortet[43]. Der Aufbau der Bildbühne samt Ausblick auf eine Nebenszene im Hintergrund gegenüber der Hauptgruppe entspricht den Wiener Gemälden. Die Zeichnung ist ähnlich flüchtig angelegt wie das Münchner Blatt. Der Figurstil aber wirkt zierlicher, die Anordnung bewegter, der Strich nervöser, so daß man diese prächtige Skizze vor der allgemeinen Verfestigung und Beruhigung von Baumgartners Stil ansetzen möchte.

In den Baitenhausener Fresken[27] erreicht Baumgartners Meisterschaft den Höhenpunkt. Dem Patrozinium entsprechend stehen alle fünf größeren und vier kleineren Freskenbilder in unmittelbarem Bezug zu Maria. Nur das prächtige, sicherlich ebenfalls Baumgartner zuzuschreibende Kardinalswappen über dem Chorbogen ist allein der Person des Stifters zuzuordnen (Abb. 122). Dadurch, daß der Auftraggeber an zentraler Stelle im Hauptfresko erscheint, ist jedoch auch ein geistiger Zusammenhang mit dem Wappen geschaffen. Dieses die Vierung beherrschende querformatige Deckenbild vereint mehrere Szenen. Die obere Hälfte nimmt die Himmelfahrt und Krönung Mariae durch die Dreifaltigkeit ein. Mit dem Rahmen verflochten, betont ein Spruchband das Hauptthema: DEI GENITRICI IN COELOS ASSVMPTAE, der in den Himmel aufgenommenen Gottesmutter geweiht. Darunter deuten Stufen, Vasen, Säulen, Vorhang und eine Fensterfront ein vornehmes Gebäude an, in dem der Kardinal auf einem rot überzogenen Betschemel kniet, umgeben von geistlichen und weltlichen Würdenträgern. Er bittet: »Erhöre das Gebett deines Volckes«. In ihrer gleichsam abgekürzten Zitierung erinnert die Architekturkulisse an das Ignatiusfresko in Bergen. Links davon versammelt sich eine Gruppe von Kranken, Bettlern und Hilfesuchenden beiderlei Geschlechts, Arme und Reiche. Eine Bettstatt, der Giebel eines Bauernhauses, der Gipfel des Säntis genügen ebenso zur Illustration der Situation wie auf der gegenüberliegenden Seite ein Streifen des Bodensees mit einem in Sturmesnot geratenen Segelschiff, die rebenbestandenen Hügel des Ufergestades und die Pyramide der Rufenden und Flehenden. Vier der Engel, die zwischen dem irdischen und dem himmlischen Bereich vermitteln, tragen Spruchbänder mit Anrufungen aus der Lauretanischen Litanei: »Heyl der Kranken«, »Trösterin der Betrübten«, »Zuflucht der Sünder«, »Helfferin der Christen«.

Das Weihnachtsgeschehen im Chorgewölbe (Abb. 120) erhält eine geradezu halsbrecherisch unstabile Bühne zugewiesen. Kein fester Rahmen umschließt mehr das Bild, Schnörkel, Stufen, gemauerte Bögen ersetzen die Basis. Bald bewegt sich ein Hirte hart am Abgrund, bald wuchern Gräser oder Blumen über den Rand hinaus oder liegen Geschenke auf einem Felsstück im Irgendwo, bald ragt ein schmales Brett so weit vor, daß es unter der Last des hl. Josef nach unten zu kippen droht, sofern sich dieser in seinem Entzücken noch weiter vorneigen sollte. Die geschwungene Ruinenarchitektur des Stalles nachzubauen, wäre bestenfalls einem Krippenschnitzer möglich. Der Schauplatz dreht und verändert sich wie in einem Kaleidoskop. In den Gängen und Nischen, auf den Podesten und Ecken ist alles untergebracht, was zu einer volkstümlichen Weihnacht gehört, die Hirten mit ihren fürsorglichen Gaben, das Vieh, der Hund, das heilige Paar mit dem göttlichen Kind, die Engel mit dem fehlerhaften Spruchband »GLORIA IN EXCOELLSIS DEO...« und der eifrige Cicerone im Hintergrund. Die heilige Nacht ist gerade dunkel genug, um das Kind zum Quell des Bildlichtes zu machen, aber die äußeren Wolken und die Architekturansätze wachsen unmerklich aus dem hellsten Gewölbeweiß hervor. Die Grate des zweijochigen Kreuzgewölbes bewirken eine leichte Knickung der Malfläche und dadurch wechselnde Helldunkeleffekte auch für die Malerei.

Vier Medaillons in gemaltem Rocaillestuck begleiten das Weihnachtsbild. AFFERO PACEM steht über der Arche Noah, NOSCITVR EX FRVCTV über einem großen Baum inmitten von kleinen, IRRIGO TERRAM über einer regenspendenden Wolke und PARIO PARIENTEM über der aufgehenden Sonne hinter einer Kapelle. Sie weisen auf Maria hin, die der Erde Frieden, gute Frucht, Segen und den Erlöser bringen wird.

Das dritte Fresko, die »Beweinung Christi« im Westteil des Langhauses (Abb. 123), ist wieder von einem festen Rahmen symmetrisch eingefaßt. Baumgartner versucht zwar den Eindruck einer Ansicht von unten zu geben, aber die Verkürzungen wirken unglaubhaft und erzwungen. Die düsteren Farben von Hintergrund und Himmel ergeben mit den flackernden Lichtern auf Tuch und Leichnam Christi einen dramatischen Helldunkelkontrast. Am besten geglückt sind die würdevolle Haltung und der gesammelte Gesichtsausdruck der Schmerzensmutter. Neben dem Baumstamm links steht die Signatur: IWB 1760 fecit.

Mit den kleinen Fresken der Querarme zuseiten des Hauptbildes krönt Baumgartner sein Schaffen in Baitenhausen. Ähnlich wie in Bergen ist der Rahmen durch ein lichtes Gespinst aus Rokokoornamenten, Muscheln, Zweigen und Wurzeln ersetzt. Das rechte Fresko (Abb. 124, 127) wiederholt sogar in wesentlichen Partien das Hubertusbild von Bergen, nur erblickt der vornehme Herr, der, von einem Diener begleitet, in die Knie gesunken ist, anstatt des Hirsches das Marienmonogramm vor der Sonne. Neu ist der Anteil der Natur, der Landschaft und Tiere. Vögel, Ziege, Schafe, Kühe und Pferde gesellen sich zu den Menschen. Hinter der sonnigen Hügelkuppe dehnt sich das weite Salemer Tal, wie man es heute noch von Baitenhausen aus überschauen kann. Auf dem Spruchband steht unter Hinweis auf das Hohe Lied »Außerwählt wie die Sonne. cant. 6«. Das Gegenstück links (Abb. 125) stellt den Untersee zwischen Meersburg und Konstanz dar, im Hintergrund die Alpen mit dem Säntis. Die topographische Situation ist mit aller Genauigkeit geschildert, einschließlich des neuen Priesterseminars in Meersburg[26] und des alten Münsterturms in Konstanz. Die Männer in dem vorderen Nachen schauen zum nächtlichen Himmel empor, wo zwischen den Wolken die Sterne aufleuchten. Zwischen großem Bär und Orion erscheint das Marienmonogramm über der Mondsichel. Das Spruchband lautet: »Schön wie der Mond, cant. 4«. So ungewohnt die Aufnahme der heimischen Landschaft, ihrer Bewohner und Tiere in das Bildprogramm einer Kirche anmuten mag, so wenig darf die konkrete Absicht, die damit verbunden ist, überraschen. Es handelt sich letztlich, wie beim Hauptfresko, um nichts anderes, als das Hier und Jetzt der damaligen Gläubigen konkret in den Gnadenbereich der Wallfahrtsstätte einzubinden, nicht aber um die Schilderung von Landschaften um ihrer selbst oder ihrer malerischen Werte willen.

Auch der Auftrag für Baitenhausen war zeichnerisch sorgfältig vorbereitet worden. Erhalten blieben jedoch nur zwei lavierte Federzeichnungen in Ellwangen, während die Münchener Ölskizze des Weihnachtsfreskos kaum eigenhändig sein dürfte. Von Schwächen, wie dem mißlungenen großen Anbetungsengel abgesehen, stimmen weder die Farbskala noch der Pinselstrich noch die summarisch skizzierten Figuren mit Baumgartners Kleinbildern überein. Fehlinterpretationen, wie das Brett unter dem Fuß des hl.

61–62 Bergen, Dorf und ehem. Kloster, als »Rodungsinsel« auf der Fränkischen Alb, zwischen den Tälern von Altmühl und Donau gelegen

63
Heilig-Kreuz-Kirche Bergen. Hochaltar von Johann Michael Fischer (Dillingen) als Bildhauer und Jakob Steinle (Neuburg) als Schreiner geschaffen.
Altarbild von Joh. Wolfgang Baumgartner: Christus am Kreuz. 1758

64–65 Heilig-Kreuz-Kirche Bergen. Nördlicher Seitenaltar mit Altarblatt
von Johann Wolfgang Baumgartner: Maria und das Jesuskind schauen das Kreuz. 1758.
Altarfiguren hll. Walburga und Barbara, im Altarauszug St. Anna.
Südlicher Seitenaltar mit Altarbild von Johann Wolfgang Baumgartner:
Der Jesusknabe deutet dem hl. Josef das Kreuz. 1758.
Altarfiguren hll. Wendelin und Rochus, im Altarauszug St. Joachim

67–69 Heilig-Kreuz-Kirche Bergen. Fresken von Johann Wolfgang Baumgartner im Chor: Auffindung des Heiligen Kreuzes durch Kaiserin Helena. 1758. Vgl. auch die folgenden Seiten, Tafel 68, Tafel 69

66 Heilig-Kreuz-Kirche Bergen. Fresken von J. W. Baumgartner im Chor: Herz Mariae. 1758

70–71
Heilig-Kreuz-Kirche Bergen. Fresken von Johann Wolfgang Baumgartner im Langhaus: Verherrlichung des Heiligen Kreuzes. 1757

72–73 Heilig-Kreuz-Kirche Bergen. Fresken von Johann Wolfgang Baumgartner im Langhaus: Erzbischof Makarius veranlaßt Kaiser Heraklius beim Einzug des Kreuzes in Jerusalem, die Prunkgewänder abzulegen. 1757. Auf den folgenden Doppelseiten Tafel 74–75 und 76–77 Details hierzu

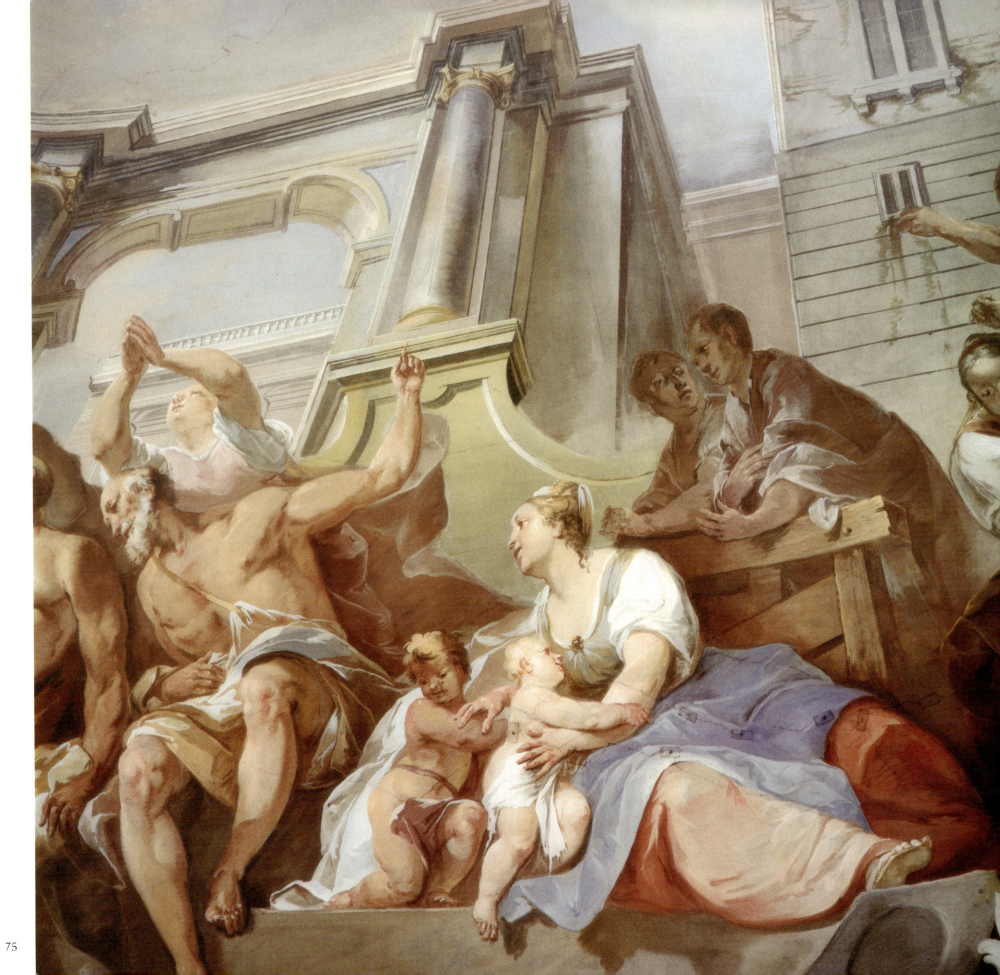

79–80

78–81 (vorhergehende Doppelseite)
Heilig-Kreuz-Kirche Bergen. Fresken von Johann Wolfgang Baumgartner.
Christusvision des Ordensgründers der Jesuiten St. Ignatius v. Loyola:
»In Rom werde ich euch näher sein«. 1758 (südliches Oratorium)
Stigmatisation des hl. Franz v. Assisi. 1758 (nördliches Oratorium)

82 Heilig-Kreuz-Kirche Bergen. Fresko von Johann Wolfgang Baumgartner in der nördlichen Seitenkapelle: Vision des hl. Hubertus. 1757

83–84 Heilig-Kreuz-Kirche Bergen. Fresko von Johann Wolfgang Baumgartner in der südlichen Seitenkapelle: Vision des hl. Eustachius. 1757

85–86 Heilig-Kreuz-Kirche Bergen. Fresko von Johann Wolfgang Baumgartner unter der Orgelempore: Pestprozession des hl. Carl Borromäus. 1758

87–88 Heilig-Kreuz-Kirche Bergen: Fresko von Johann Wolfgang Baumgartner über der Orgelempore: Engelskonzert. 1757

89
Heiliger Rasso (»Graf Rath«), der in der Bergener Legende
als Bruder der Judith-Gisela bezeichnet wird und mit ihr »Viele
Heilthümer« aus Jerusalem, so auch den Bergener Kreuzpartikel,
mitgebracht habe. Gemälde an der Westwand des Kirchenschiffes,
um 1710/20 (im Hintergrund des Bildes sein Stammsitz Andechs)

90
Judith-Gisela, nach der Bergener Legende Tochter des Herzogs Arnulf,
die nach einer Pilgerfahrt ins Heilige Land in den 930er Jahren
sowohl Stift Niedermünster in Regensburg (im Bildhintergrund) als
auch Bergen, dieses mit dem Kreuzpartikel, beschenkt habe.
Gemälde an der Westwand des Kirchenschiffes, um 1710/20

91–92 Kreuzpartikelmonstranz, in ihrer Form das Ergebnis mehrerer kunstgeschichtlicher Stilperioden (etwa 1300 – um 1750/60). Das 1718 von Kurfürst Karl Philipp gestiftete goldene Gehäuse wurde 1806 ein Opfer der Säkularisation

93–94 Nebenaltäre in den Seitenkapellen, wieder von Fischer und Steinle erstellt 1765/67.
Nördlich der Jesuitenaltar mit Altarbild: Kreuzesvision des hl. Franz Xaver,
von Johann Chysostomus Winck, 1765. Altarfiguren hll. Franz von Borgia und Stanislaus Kostka.
Südlich Benediktineraltar mit Altarbild: St. Leonhard (als Benediktinerabt)
befreit einen Gefangenen. 1765. Altarfiguren die Benediktiner St. Gallus und Magnus

95 Johann Wolfgang Baumgartner, Engelskonzert. Vorzeichnung für das Fresko in Bergen, um 1757. Ellwangen, Schloßmuseum

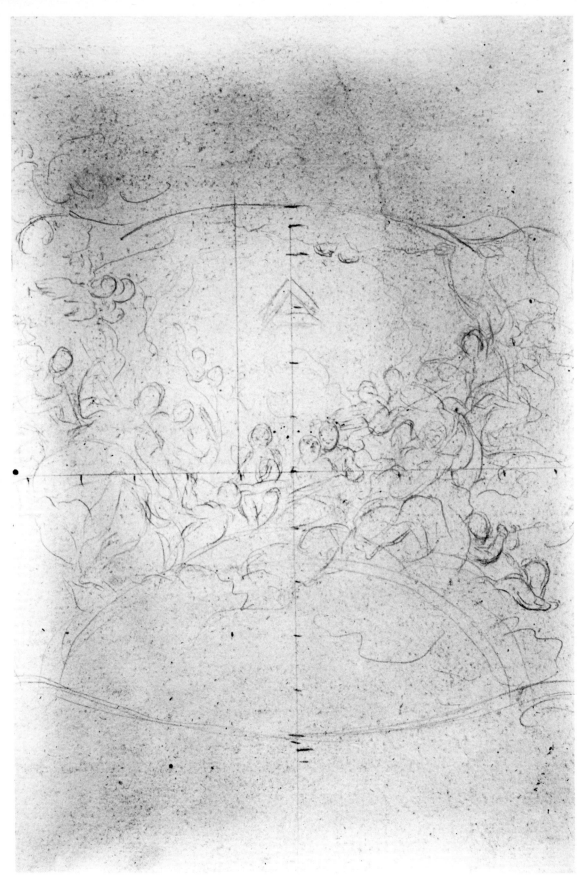

96
Johann Wolfgang Baumgartner,
Engelskonzert. Entwurf für
das Fresko in Bergen, um 1756.
Ellwangen, Schloßmuseum

97
Johann Wolfgang Baumgartner,
Christus erscheint dem
hl. Ignatius. Entwurf für
das Fresko in Bergen, um 1757 –
Neuburg an der Donau,
Staatsarchiv

98
Johann Wolfgang Baumgartner,
Stigmatisation des hl. Franz
von Assisi. Entwurf für das Fresko
in Bergen, um 1757.
Neuburg an der Donau, Staatsarchiv

99
Johann Wolfgang Baumgartner,
Vision des hl. Eustachius.
Vorzeichnung für das Fresko
in Bergen, um 1757.
Ellwangen, Schloßmuseum

100 Johann Wolfgang Baumgartner, Pestprozession des hl. Carl Borromäus.
Vorzeichnung für das Fresko in Bergen, um 1758. Ellwangen, Schloßmuseum

101–102 Johann Wolfgang Baumgartner, Auffindung des Heiligen Kreuzes.
Ölskizze für das Fresko in Bergen, um 1756.
Wien, Gemäldegalerie der Akademie der bildenden Künste (Bild links)
Vorzeichnung für das Fresko in Bergen, um 1756.
Nürnberg, Germanisches Nationalmuseum (Bild rechts)

103
Johann Wolfgang Baumgartner,
Verehrung des Hl. Kreuzes
durch die Erdteile. Vorzeichnung
für ein unbekanntes Fresko,
um 1760.
Nürnberg, German. Nationalmuseum

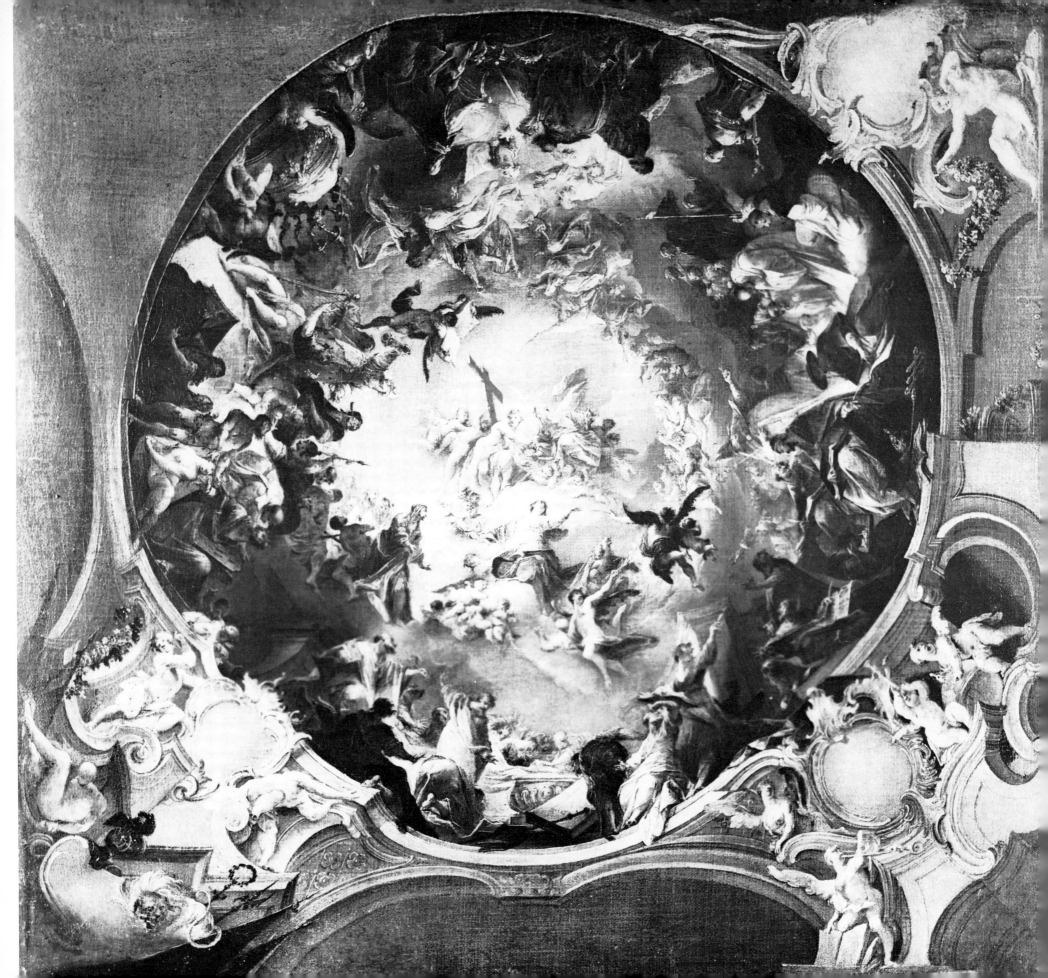

104
Johann Wolfgang Baumgartner, Himmelfahrt Mariae. Ölskizze für ein unbekanntes Kuppelfresko, um 1754. Ellwangen, Schloßmuseum

105
Johann Wolfgang Baumgartner, Himmelfahrt Mariae. Vorzeichnung für ein unbekanntes Kuppelfresko, um 1754. Ellwangen, Schloßmuseum

106 Johann Wolfgang Baumgartner, Christus ruft Petrus zu sich. Um 1754. Ehem. Kunsthandel, München

107 Johann Wolfgang Baumgartner, Sturm auf dem Meere. Um 1754. Privatbesitz München

108 Johann Wolfgang Baumgartner, Aufnahme des guten Schächers in das Paradies. Um 1756. Wien, Österreichisches Barockmuseum

109 Johann Wolfgang Baumgartner, Sturm auf dem Meere.
Um 1756. Friedrichshafen, Städtisches Bodenseemuseum

110
Johann Wolfgang Baumgartner, Joachim und Anna.
Ehem. Seitenaltarblatt der Pfarrkirche Gersthofen, 1754.
Augsburg, Deutsche Barockgalerie

111
Johann Wolfgang Baumgartner, Muttergottes mit Kind
und den hll. Antonius von Padua und Johann Nepomuk.
Ehem. Seitenaltarblatt der Pfarrkirche Gersthofen, 1754.
Augsburg, Deutsche Barockgalerie

112 Johann Wolfgang Baumgartner, Berufung Petri. Um 1758. Augsburg, Deutsche Barockgalerie

113
Johann Wolfgang Baumgartner,
Kriegerische Szene. Um 1758.
Augsburg, Deutsche Barockgalerie

114
Johann Wolfgang Baumgartner,
Die Muttergottes vom Hause Loreto
als Beschützerin der Kirche.
Deckenfresko der Beichtkapelle,
Wallfahrtskirche Kobel bei Augsburg.
1758

115
Johann Wolfgang Baumgartner,
Rückweisung der Kaiserin Eudoxia. Um 1760.
Wien, Österreichisches Barockmuseum

116
Johann Wolfgang Baumgartner,
Rückweisung des Kaisers Theodosius. Um 1760.
Wien, Österreichisches Barockmuseum

117
Johann Wolfgang Baumgartner,
Rückweisung des Kaisers Theodosius. Vorzeichnung
für ein unbekanntes Gemälde, vor 1760.
Düsseldorf, Kunstmuseum, Graphische Sammlung

118
Johann Wolfgang Baumgartner,
Der hl. Laurentius vor Kaiser Decius. Vorzeichnung
für ein unbekanntes Gemälde, vor 1760.
Düsseldorf, Kunstmuseum, Graphische Sammlung

119
Johann Wolfgang Baumgartner,
Anbetung der Hirten. Vorzeichnung
für das Fresko in Baitenhausen,
um 1760. Ellwangen, Schloßmuseum

120
Johann Wolfgang Baumgartner,
Anbetung der Hirten. Chorfresko.
Baitenhausen, Wallfahrtskirche,
1760

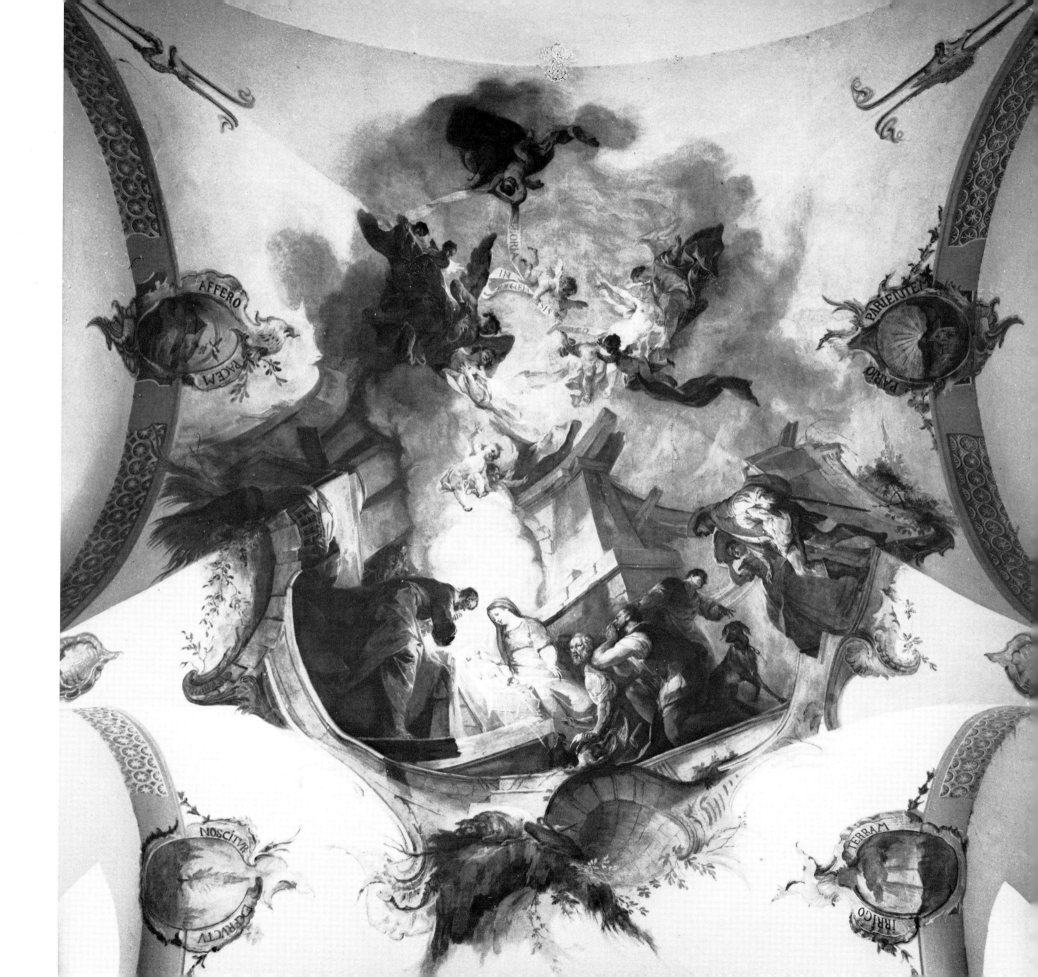

121
Johann Wolfgang Baumgartner, Himmelfahrt Mariae. Vorzeichnung
für das Fresko in Baitenhausen, um 1760. Ellwangen, Schloßmuseum

122
Johann Wolfgang Baumgartner, Kardinalswappen und
Himmelfahrt Mariae. Mittelfresko. Baitenhausen, Wallfahrtskirche, 1760

123
Johann Wolfgang Baumgartner, Beweinung Christi. Westliches Fresko. Baitenhausen, Wallfahrtskirche, 1760

124
Johann Wolfgang Baumgartner,
Auserwählt wie die Sonne.
Nördliches Querarmfresko,
Baitenhausen, Wallfahrtskirche,
1760

125
Johann Wolfgang Baumgartner,
Schön wie der Mond.
Südliches Querarmfresko,
Baitenhausen, Wallfahrtskirche,
1760

126 Johann Wolfgang Baumgartner, OMNIA TEMPUS HABENT (Alles hat seine Zeit).
Deckenfresko im Gartenpavillon des Neuen Schlosses in Meersburg, 1760

127 Johann Wolfgang Baumgartner, Auserwählt wie die Sonne.
Nördliches Querarmfresko, Baitenhausen, Wallfahrtskirche, 1760

128 Johann Wolfgang Baumgartner, Szenen aus dem Leben eines geistlichen Würdenträgers. Vorzeichnung für das Treppenhausfresko im Neuen Schloß zu Meersburg. Um 1760. Nürnberg, Germanisches Nationalmuseum

129–131
Johann Wolfgang Baumgartner. Leinwandbilder an der Brüstung der Orgelempore der Pfarrkirche Winkl bei Landsberg am Lech, um 1760. Oben: Berufung Petri. Rechte Seite, oben: Sturm auf dem Meere. Rechte Seite, unten: Schlüsselübergabe an Petrus (dieses Bild unter Beteiligung von Mitarbeitern)

132 Johann Wolfgang Baumgartner, Jupiter und Juno.
 Vorzeichnung für ein unbekanntes Kuppelfresko, um 1760.
 Ellwangen, Schloßmuseum

133 Johann Wolfgang Baumgartner, Schlüsselübergabe an Petrus.
 Vorzeichnung für das Gemälde in Winkl, um 1760.
 Ehem. München, Staatliche Graphische Sammlung

134
Johann Wolfgang Baumgartner, Sturm auf dem Meere. Vorzeichnung für das Gemälde in Winkl, um 1760.
Augsburg, Städtische Kunstsammlungen, Graphische Sammlung

135 Johann Wolfgang Baumgartner,
Die Rache der Israeliten an den Midanitern, um 1754/55.
Augsburg, Deutsche Barockgalerie

136 Johann Wolfgang Baumgartner. Omnia tempus habent. Vorzeichnung für das Deckenfresko im Gartenpavillon des Neuen Schlosses in Meersburg. Um 1760. Oslo, Nationalgalerie

Josef, erklären sich am einfachsten als Folge einer freien Kopie nach der Vorzeichnung. Das Ellwanger Blatt[45] dürfte wegen seiner Quadrierungslinien als Vorlage für die Ausführung gedient haben (Abb. 119). An den Rändern und in geringfügigen Details wurden Änderungen vorgenommen. Gravierender sind die Unterschiede bei der Vorzeichnung für das Himmelfahrtsbild[46]. Der kniende Kirchenfürst trägt hier den Kardinalshut (Abb. 121), ist also nicht als der Onkel des Auftraggebers, sondern als dieser selbst zu verstehen. Landschaft und Personen wurden im Fresko der Gegenwart und der Örtlichkeit zuliebe aktualisiert. Dafür besitzt die Zeichnung mehr plastische Kraft und plastische Fülle, wie sie der Spätstufe Baumgartners eigen ist.

Baumgartners am wenigsten selbständiges Fresko schmückt das Gewölbe des intimen Gartenpavillons am Meersburger Schloß (Abb. 126). Vorbild war in fast allen Teilen Holzers ebenso berühmtes wie häufig kopiertes Deckenfresko im Gartensaal des Pfefferschen Hauses in Augsburg gewesen[28]. Es ist nur noch durch den Nachstich J. E. Nilsons von 1765 und eine J. G. Bergmüller zuzuschreibende Kopie im Bayerischen Nationalmuseum Münchens erhalten, das Original ging im zweiten Weltkrieg zugrunde. Schon Nilson und die Kopie Bergmüllers betonen die Devise dieses scheinbar unbefangen heiteren Themas. »Eccl. III, Alles hat seine Zeit«, bei Baumgartner: »OMNIA TEMPUS HABENT. Eccle. III«. Nach der Pfeife des Chronos in der Mitte tanzen die Monate im Kreis der Sonne entgegen und verschwinden in der Tiefe des Raumes. Baumgartner hat die ovale Vorlage nicht nur dem gestreckten Querformat seines Deckengemäldes zuliebe nach den Seiten hin erweitert, er veränderte auch einige der Figuren und Motive, setzte über den Monaten die Zeichen der Sternbilder ein und fügte links einen knospenden Kaktus im Topf, rechts einen Obelisken mit einem antiken Porträtrelief und Säulenfragmente hinzu. Während sich bei Holzer Chronos auf dem Altar des doppelköpfigen Janus niedergelassen hat, liegen bei Baumgartner neben dem Beherrscher der Zeit eine Palette mit Malstock und Pinsel, Farbnäpfe, ein illustriertes Buch, ein Glas mit Wein und eine jugendliche Porträtbüste.

Analog zu diesen Emblemen der Kunst erscheint unten das Wappen des Auftraggebers mit Fürstenkrone und dem Kardinalshut auf dem Patriarchenkreuz. Der Bischofsstab ist parallel zu der Sense des Chronos darüber angeordnet.

Man mag diesen Veränderungen einen tieferen Sinn unterlegen oder nicht, auf jeden Fall ist der Künstler ebenso nachdrücklich in den Kreislauf der Vergänglichkeit einbezogen wie der Fürst, die Natur nicht weniger als die Schönheit oder die Häßlichkeit. Nicht zu vergessen ist der Ort des Gemäldes: Dieses Sinnbild beherrscht einen Raum, dessen Fenster auf den schönsten Teil der Bodenseelandschaft hinausblicken und, als ob damit noch nicht genug, auf der gegenüberliegenden Wand denselben Blick abermals unter einer schattigen Markise als Malerei zeigen. So mischen sich Nachdenklichkeit und Betroffenheit in das allgemeine Thema. Holzers Fresko mag einheitlicher, stimmungsvoller und zeitloser gewesen sein, Baumgartner will zum aktuellen Kern durchstoßen, ohne die Allgemeingültigkeit des Themas aufzugeben.

Mit dem dritten Auftrag, der Freskoausstattung des Neuen Meersburger Schlosses[29], darf mit großer Sicherheit eine stattliche, oben beschnittene Zeichnung in Nürnberg[47] verbunden werden (Abb. 128). Dargestellt sind, vor einer umlaufenden Säulenarchitektur, drei Szenen aus dem Leben eines geistlichen Würdenträgers. Die Mittelszene an der Hauptseite deutet A. Petermann-Geissler als Teilnahme des Kardinals von Rodt an der Wahl des Papstes Clemens XIII. (1758), die ein Höhepunkt seiner geistlichen Laufbahn gewesen sei. Die rechte Schmalseite könnte demnach seine Ernennung zum Bischof (1750), die linke die Erhebung zum Kardinal (1756) anzeigen. In der Höhe erscheint die Taube des Hl. Geistes, umgeben von Engeln. Joseph Appiani, der nach Baumgartners Tod 1761 Treppenhaus und Festsaal des Schlosses ausmalte, hielt sich freilich nicht an diesen Entwurf, sondern begnügte sich mit einer allegorisch-mythologischen Verherrlichung der Herrschertugenden des fürstlichen Auftraggebers. Allenfalls das Motiv der Rahmenarchitektur könnte auf Baumgartner zurückgehen.

In diese letzten Jahre, wenngleich kaum zum Meersburger Auftrag, gehört eine ebenfalls großformatige Zeichnung in Ellwangen[48]. Sie ist für das Gemälde einer offenbar flachen Kuppel bestimmt (Abb. 132), deren Ränder durchbrochen und mit Wappenkartuschen und mit Putten besetzt sind. Das leere Wappen rechts trägt eine vielzackige Krone, das linke zeigt drei Schilde. Anzahl der Wappen und das Thema, Juno und Jupiter auf Wolken, darunter der Gigantensturz, deuten auf einen weltlichen Auftrag, etwa Treppenhaus oder Schloß eines adeligen Standesherrn und seiner Frau. In der prallen Festigkeit der Akte, der sicheren Zeichnung und der großzügigen Anordnung erweist sich das Blatt als meisterhaftes Zeugnis für Baumgartners Spätstil. Appiani scheint es gekannt zu haben, denn seine Bacchus-Ceresgruppe im Festsaal des Meersburger Schlosses folgt der Hauptgruppe der Zeichnung mit geringen Abänderungen.

Den Abschluß seines Lebenswerkes dürften drei Leinwandbilder an der Empore der Pfarrkirche in Winkel bei Landsberg[49] machen, auf die mich K. Kosel liebenswürdigerweise hingewiesen hat. Zwei von ihnen nehmen bekannte Themen auf: Berufung Petri (Abb. 129) und Sturm auf dem Meere (Abb. 130), das dritte stellt die Schlüsselübergabe an Petrus (Abb. 131) dar. Die Spätdatierung der Reihe ergibt sich aus dem Vergleich des ersten Bildes mit dem Augsburger Gemälde gleichen Themas. Daß die rahmenden Nebenszenen und Symbole entfallen sind, mag durch die andere Bestimmung der Bilder begründet werden. Entscheidend ist der grundsätzlich verschiedene Aufbau und die Veränderung im Figürlichen. Die raumschaffende Staffelung der Gruppen schräg in die Tiefe ist ebenso aufgegeben wie die beherrschende Diagonalachse links vorn nach rechts hinten. Jetzt ordnen sich die Gestalten und die Architektur in horizontalen Streifen übersichtlich hintereinander. Die betonte Vertikale der Körper, Masten, Türme und Mauerkanten sorgt für Ausgleich und für Harmonie. Das dramatische Helldunkel ist einer zonenweisen Abstufung von Licht- und Schattenpartien gewichen. Die Gestalten stehen fest auf dem Boden, greifen sicher aus im Schritt oder sitzen und knien breit, während sie zuvor tänzelten, abglitten oder sich krümmten. Die Köpfe und Körper sind voller und muskulöser geworden, schwerer, in Umriß und Binnenzeichnung betont und im Ausdruck differenzierter charakterisiert. Dieser Stilwandel liegt nicht nur auf der Linie der Entwicklung von Gersthofen über Bergen zu Baitenhausen, sondern führt sogar darüber hinaus in Richtung auf eine allgemeine Beruhigung und Verfestigung der Malerei, die das Ende des Rokoko einleitet.

Die Gesamtkomposition und der unvermittelte Abbruch wichtiger Details wie der Schiffsmasten deuten darauf hin, daß die beiden letzten Bilder ursprünglich rechteckig waren, also nachträglich erst auf ihre heutige Vierpassform reduziert worden sind. Die »Schlüsselübergabe« dagegen fügt sich zwanglos diesem Format ein, als sei sie bereits von Anfang an für den Platz an der Emporenbrüstung vorgesehen gewesen. Auch die schweren gestreckten Apostelfiguren, die sentimentalen Gesichter, die diffuse Lichtführung, der glatte Farbauftrag sprechen für eine andere Hand. Der Entwurf freilich stammt von Baumgartner, denn die Graphische Sammlung München besaß eine Federzeichnung[50], die nicht nur exakt dem Stil der Vorzeichnung für das Theodosiusbild in Wien entsprach und die wie dieses damals Matthäus Günther zugeschrieben war, sondern das Bild für ein geschlossenes Rechteckformat vorsah (Abb. 133). Wieder ist die Komposition streifenhaft angelegt, sind die Vertikalen und Horizontalen gegenüber den Diagonalen herausgehoben, verleiht die flotte Zeichnung den Gestalten Standfestigkeit und Fülle. Selbst die Vorzeichnung in Augsburg[51] für den »Sturm auf dem Meere«, die vom Thema her schon lebhafter und dramatischer angelegt sein mußte als die anderen Szenen (Abb. 134), ordnet das Schiff entschiedener in das Koordinatennetz des Rechtecks und der Fläche ein als die frühere Fassung in Münchener Privatbesitz.

Aus diesen Anhaltspunkten – die Emporenbilder sind weder signiert noch datiert – ergibt sich, daß Baumgartner diese Serie zwar vorbereitet, aber nicht mehr zum Abschluß gebracht hat. Ob sie von Anbeginn an für den jetzigen Aufstellungsort bestimmt war, bleibt offen. Komposition und das dritte Bild freilich legen die Annahme nahe, daß eine ursprünglich als rechteckige Historienbilder gedachte Reihe nachträglich fertiggestellt und für den neuen Verwendungszweck formatisiert wurde. Als Maler des dritten Bildes wird, aus stilistischen Gründen, der Tiroler Josef Haller[52] vorgeschlagen, dessen Werk nicht nur die Mitarbeit bei Baumgartner voraussetzt, sondern auch ähnliche Figurentypen und Farbzusammenstellungen aufweist. Ein vergleichbarer Fall scheint in Baitenhausen vorzuliegen. Hier wurden die – als Fresken gemalten – Emporenbilder nach Baumgartners Tod 1762 von Tiberius Wocher aus dem nahen Mimmenhausen[27] ausgeführt, ähnlich wie Josef Appiani in Meersburg und vielleicht sogar in Vierzehnheiligen Baumgartners Erbe antreten konnte. Freilich sind weder Wocher noch Appiani als Schüler Baumgartners anzusprechen. Die Namen seiner Mitarbeiter sind ebensowenig bezeugt wie die seiner zahlreichen Nachahmer. Daß er mehrere unvollendete oder projektierte Arbeiten hinterließ, steht jedoch außer Zweifel.

Würdigung

Baumgartners Kunst ist im Laufe der Jahrhunderte nie dem Mißkredit anheimgefallen, wie die deutsche und speziell augsburgische Malerei seiner Zeit, sie ist aber auch nie in hohen Tönen gepriesen worden, wie etwa die seines jung verstorbenen Südtiroler Landsmannes Johann Evangelist Holzer. Kilian[53], der ihn noch gekannt hatte, setzt ihm zum Ruhm, daß er es, trotz unzureichender Lehre »sehr weit gebracht, sonderlich in reicher Invention und guten Gedanken zu Vorstellung der Malereien«. In Ölfarben habe er sich zuletzt eine gelinde, doch kräftige Manier angewöhnt. Ikonologische Gedanken hätten ihn notwendigerweise wegen der Vielheit der Vorstellungen »zu den irregulairen Grodesquen und Architektur« veranlaßt, doch ohne dergleichen Thema habe er auch Stücke gemacht, »darinn er eine Grossheit schön vorstellte«. Die Kritik an der ornamentalen Einbindung der Themen, an dem scheinbar sinnlosen Zusammenspiel mehrerer Szenen in einem Bild ist hier ebenso unüberhörbar wie die Zurückhaltung gegenüber dem Malstil der Frühzeit.

Noch weiter geht Paul von Stetten d.J., der sich im Zeichen der allgemeinen »Verfeinerung des Geschmacks« aktiv um die Erneuerung der Augsburger Kunst bemühte[54]. Er rechnete Baumgartner zu denjenigen Malern, die ihre Zeitgenossen an Größe zwar nicht erreichten, denen man jedoch ihre Verdienste keineswegs absprechen könne. Er sei ein fester Zeichner und glücklich in Erfindungen gewesen, »nur liebte er zu sehr das Groteske, es war aber der Geschmack seiner Zeiten«. Die späteren Autoren nennen Baumgartners Namen nicht mehr, selbst die Lokalliteratur beachtet ihn nicht. Erst A. Hämmerle gab ihn der Kunstgeschichte zurück, freilich zunächst ohne sichtbare Auswirkung auf die Forschung. A. Feulner[55] räumt ihm zwar wieder einen ehrenvollen Platz unter den süddeutschen Freskanten ein, ordnete ihn aber den Meistern zweiten Ranges zu. Das positivste Urteil fällte H. Tintelnot[56]: Baumgartners Kunst habe etwas ursprünglich Frisches und dennoch Gewähltes. Seine Eigenart, die Szenerien aus Kartuschen der Stukkatur oder gemalten Rocaillen zu entwickeln, sei sehr persönlich und phantasievoll. Sein Stil erhalte dadurch etwas unverbindlich Leichtes, im edelsten Sinn Kunstgewerbliches.

Zweifellos können Begriffe wie Erfindungskraft, Sicherheit der Gestaltung, Phantasiereichtum, Leichtigkeit, Frische, Beschwingtheit oder duftige Farbigkeit einiges über Baumgartners Kunst aussagen. Sie geben aber wenig her für die Frage nach Baumgartners Stellung in der Malerei seiner Zeit, denn auch Holzer, Göz oder Günther lassen sich ähnlich charakterisieren. Eher für ihn allein bezeichnend ist die Bindungslosigkeit seiner Bilder. Außer dem Mittelschifffresko in Bergen und den beiden späten Freskoentwürfen ist keines von ihnen auf einen bestimmten Platz, ja nicht einmal eine bestimmte Technik oder Größe festgelegt. Sie können ebensogut als Historienbilder wie als Kupferstiche, als Altarblätter wie als kleine Kabinettbilder, selbst als Dekor auf Porzellan ausgeführt sein. Die für das Fresko der vorausgehenden und noch für Baumgartners eigene Generation traditionelle Bindung an die Architektur ist aufgegeben, ebenso der Illusionscharakter des Freskos als Mittel zur Raumerweiterung oder zur Verschmelzung von Diesseits und Jenseits.

Diese Gemälde tragen ihre Erfüllung in sich selbst, sie bedürfen dazu nicht einmal des abschließenden Rahmens. Das Gegenständliche verbindet sich mit dem vegetabilischen oder abstrakten Ornament zu Gebilden eigener Art, die die Empfindungsfähigkeit des Betrachters ansprechen. Nicht das Wunderbare und Übernatürliche soll anschaulich gemacht werden, sondern die Regungen der menschlichen Seele. Landschaft und Tiere finden hier ebenso ihren Platz wie die Menschen aus dem Volk, denen jene Zeit unverbildete Gefühle zuzugestehen bereit war. Wohllaut der Formen, Linien und Farben, einfache Erzählungen, schlichte Gebärden- und Mienensprache sind die Mittel, mit denen Baumgartner dieses Anliegen vorträgt. Was in Literatur und Musik als Rokokosentimentalität bezeichnet zu werden pflegt und sich als Station der Erneuerungsbewegung des 18. Jahrhunderts seinen festen Platz in der Geschichte geschaffen hat, das vertritt Baumgartner in seinen Bildern. Gerade die konsequente Entwicklung innerhalb des verhältnismäßig kleinen Œuvre beweist, auf welch breiter Basis Baumgartner dieses Ziel zu verwirklichen suchte. Anregungen dazu fand er sowohl in der süddeutschen Freskotradition, bei Asam und Holzer vor allem, als auch in der Rembrandtrezeption seiner Zeit. Asam verdankte er einzelne Figuren und Figurengruppen, Holzer – außer dem Vorbild für das Fresko des Gartenpavillons – das rahmenlose, freigestaltete Gemälde, wie es dieser an den längst verblichenen Fassadenfresken in Augsburg zur Vollendung geführt hatte. Rembrandt nachzuahmen, seine Figurentypen zu kopieren oder sein Helldunkel mit bunter Farbe zu füllen, gehörte seit der Jahrhundertmitte zu den üblichen Praktiken der moderneren Maler. Welches Aufsehen Baumgartners Kunst erregte, ist aus den überraschend zahlreichen Nachahmern und Nachahmungen zu ersehen. Wohl 1754 war der jungverstorbene Freskant Andreas Dahlweiner aus Weißenhorn sein Schüler[57]. In Bergen schloß sich Johann

Chrysostomus Wink[58] ihm so eng an, daß einige seine Bilder im Kunsthandel unter dem Namen seines Lehrers angeboten wurden. In Baitenhausen war Tiberius Wocher, in Meersburg und wohl Vierzehnheiligen Josef Appiani sein Erbe. Ab 1756, vielleicht bis zu Baumgartners Tod, arbeitete der Passeier Maler Josef Haller bei ihm[52]. Thomas Christian Wink, Josef Mages, Franz Josef Herrmann[59] übernehmen Anregungen oder ganze Figurengruppen aus seinem Werk. Sein künstlerischer Nachlaß wurde durch Generationen hindurch als Vorbildmaterial aufbewahrt. Seine Zeichnungen und Skizzen, als autonome Kunstwerke gesammelt und geschätzt, haben den Geschmackswandel der Jahrhunderte überlebt.

»Kunst- und Historienmaler« nennt sich Baumgartner im Brief vom 7. Februar 1759 an P. Auffenberg. Das Urteil der Kunstverständigen in Augsburg ist der Maßstab, auf den er sich bei seinen Arbeiten beruft. Als es bei der Beerdigung seiner Tochter im gleichen Jahr zu Zwistigkeiten mit der Zunft kam[60], entschuldigt ihn seine Frau mit dem Hinweis, er sei ein Künstler. Daß er ein starker Cholericus gewesen sei, berichtet auch Kilian. Vielleicht darf man in diesen spärlichen Zeugnissen zu seiner Person den Schlüssel zu seiner Kunst suchen, zu seiner Anerkennung sowohl als zu seinen Schwierigkeiten. Wie er als Individuum an der Enge der zünftischen Verfassung der Künstler zu leiden hatte, um desto nachdrücklicher seine Stellung als freier Kunst- und Historienmaler zu betonen, so führt sein Werk über die Grenzen der Tradition hinaus in das Gebiet der freien künstlerischen Schöpfung im Sinne der Erneuerung der Kunst aus dem subjektiven Gefühl heraus.

Nachtrag

Nach der Drucklegung des Beitrags wurden zwei weitere Arbeiten Baumgartners benannt. Sie bestätigen die bisherigen Ergebnisse und die Hoffnung, daß eine gezielte Forschung noch beträchtlich viel unbekanntes Material ans Tageslicht bringen wird.
Aus Pariser Kunsthandel erwarben die Städtischen Kunstsammlungen Augsburg vor kurzem (1981) ein Kleinbild (Abb. 135) für die Deutsche Barockgalerie, das »Die Rache der Israeliten an den Midanitern« (4. Moses, 31) darstellt[61]. Die jähen Helldunkelkontraste, die flackernden Farben, die scharfknitternden Gewänder und der stechende Ausdruck der Gesichter verweisen es in die frühe Schaffensperiode vor oder um 1754/55. Möglicherweise handelt es sich, auch den Nebenszenen am Rand und den Rokokoornamenten der Basis zufolge, um die gemalte Vorlage für eine graphische Reproduktion.

Aufschlußreicher ist die Bestimmung einer in der Nationalgalerie Oslo[62] aufbewahrten aquarellierten Bleistift- und Federzeichnung als Ausführungsvorlage für Baumgartners Fresko im Gartenpavillon des Neuen Schlosses in Meersburg (Abb. 136, vgl. Abb. 126). Das Blatt zeigt bereits die genannten Abweichungen gegenüber Holzers bzw. Nilsons Vorbild: Kaktustopf und Pyramide, Palette, Pinsel und jugendliche Büste neben Chronos, die (leere) Wappenkartusche unten sowie die veränderte Haltung einiger Monatsallegorien. Die anonyme, bald J. G. Bergmüller, bald G. B. Göz zugeschriebene Kopie im Bayerischen Nationalmuseum München[63] ordnet sich zwischen Nilsons Nachstich und Baumgartners Zeichnung in Oslo ein. Ob sie als Konkurrenzentwurf, etwa von Göz, oder als freie Kopie anzusprechen ist, ob Baumgartner sie gekannt oder gar für seine Zeichnung verwendet hat, muß offenbleiben. Jedenfalls ergibt der Vergleich mit den drei möglichen Vorlagen, daß das Osloer Blatt der Ausführung im Fresko unmittelbar vorausgegangen sein muß. Auch das darüber gezeichnete und numerierte dichte Netz der Quadrate bezeugt die Vorbereitung zur Übertragung im Fresko.
Umso merkwürdiger mutet die Feststellung an, daß Baumgartner die bauliche Situation offenbar nicht berücksichtigte, als er die Zeichnung anfertigte. Weder das Queroval des Deckenfeldes, noch die Wandgliederung samt Fenstern stimmen mit der bestehenden, wahrscheinlich zwei Jahrzehnte älteren Form des Bauwerkes überein. Zahlreiche kleinere Unterschiede gegenüber der Ausführung – verwiesen sei z. B. auf die Blumenvase neben der Wappenkartusche, den deutschen Text der Devise, den weitausschwingenden Vorhang über Chronos oder die Schrägstellung der äußersten Monatsfiguren links und rechts – zeigen, daß der Maler, wie bei der »Pestprozession des hl. Carl Borromäus« in Bergen, seine Vorlage an Ort und Stelle den vorgefundenen Gegebenheiten zuliebe rasch und frei ins Fresko umzusetzen verstand. Auffällig ist der Qualitätsabfall zwischen Vorlage und Fresko. Davon wurde nicht nur die Ausgewogenheit der Komposition betroffen, sondern auch die Präzision und Ausgewogenheit der Details, vor allem aber die Einheit von Figur und Raum. Die künstlerische Leistung Baumgartners gegenüber dem Vorbild Holzers und dessen Kopien kommt jedenfalls in der prachtvollen Osloer Zeichnung überzeugender zum Ausdruck als in dem – vielleicht unter Zeitdruck oder ungünstigen örtlichen Bedingungen geschaffenen – Fresko.

Anmerkungen

[1] A. Hämmerle, Die ehem. Kloster- und Wallfahrtskirche zu Bergen bei Neuburg a. D., ihre Geschichte und Beschreibung, Sammelblatt des Historischen Vereins Eichstätt, XXI, 1906, S. 3 ff. – Derselbe, Nachtrag zur Geschichte der Kirche in Bergen bei Neuburg a. D., ebenda XXII, 1907, S. 77 ff.
[2] J. J. Winckelmann, Briefe I, Berlin 1952, S. 353, sowie W. Heinse, Sämtliche Werke, 7, Leipzig 1909, S. 278'
[3] Malerei und Plastik des 18. Jahrhunderts in Bayern und Grenzlanden, München 1913 (mit Katalog), sowie: Jahrhundert-Ausstellung Deutscher Kunst 1650–1800, Darmstadt 1914
[4] Vgl. die Literaturzusammenstellung im Kunstdenkmälerinventar Stadt- und Landkreis Neuburg an der Donau (A. Horn u. W. Meyer), München 1958, S. 360 ff
[5] A. Geissler-Petermann, J. W. Baumgartner, Diss. Heidelberg (in Vorbereitung)
[6] A. Hämmerle, a. a. O., S. 46
[7] Siehe Dokument II
[8] A. Hämmerle a. a. O., S. 48
[9] Siehe Dokument III
[10] Kunstdenkmälerinventar, S. 378, 379, Abb. 326, 329
[11] A. Hämmerle, a. a. O., S. 62
[12] Ellwangen, Schloßmuseum. Bleistift auf Papier, beiderseitig beschnitten, 40,0 : 16,8 cm. Vorderseite: Hl. Gregor, Anton Wintergerst zugeschrieben. Vgl. B. Bushart, Meisterzeichnungen des Barock im Schloßmuseum Ellwangen, Das Münster, 6, 1953, S. 84, Nr. 2
[13] Ellwangen, Schloßmuseum. Feder, laviert, auf blauem Papier, weißgehöht; 22,0 × 39,5 cm. Vgl. B. Bushart (1953) a. a. O., Nr. 3. – Derselbe in Kat. »1200 Jahre Ellwangen«, Ellwangen 1964, S. 128, Nr. 309
[14] Staatsarchiv Neuburg a. D. Bleistift, Ornamente unten mit farbigem Stift leicht nachgezogen. Beide Zeichnungen auf einem Doppelblatt, 36 × 43,7–43,0 cm, Kopf an Kopf gestellt (Frdl. Mttlg. von Archivdirektor Dr. Reinhard H. Seitz, Neuburg a.D.)
[15] Ellwangen, Schloßmuseum. Feder, laviert, weiß gehöht, blaugrünes Papier. Hubertus 34,8 × 27,7 cm, Eustachius 35,6 : 27,8 cm. Vgl. B. Bushart (1953), a. a. O. Nr. 5,6
[16] Ellwangen, Schloßmuseum. Feder, laviert, weiß gehöht, grünes Papier. Rückseitig Armstudie (Bleistift). 26,2 : 43,8 cm. Vgl. B. Bushart (1953), a. a. O. Nr. 4 – Derselbe (1964) a. a. O. Nr. 308
[17] Wien, Gemäldegalerie der Akademie der bildenden Künste. Öl auf Leinwand. 105,5 : 71 cm. Vgl. Katalog der Gemäldegalerie, 1972, S. 83 ff, Nr. 140. Der »Schwerkranke« der Ölskizze ist, wie im Fresko, eindeutig als Frau zu erkennen.
[18] Nürnberg, Germanisches Nationalmuseum. Feder und Bleigriffel, schwarzgrau laviert, weiß gehöht, hellblaues Papier. 54,0 × 38,7 cm. Durch Faltung in Quadrate geteilt. Vgl. Kataloge des Germanischen Nationalmuseums Nürnberg, IV, 1969 (M. Heffels), S. 25, Nr. 11 – B. Bushart, Die deutsche Ölskizze des 18. Jahrhunderts als autonomes Kunstwerk, Münchner Jahrbuch der bildenden Kunst, III. Folge, XV, 1964, S. 149 ff, Abb. 1–3.
[19] Nürnberg, Germanisches Nationalmuseum. Feder über Graphit, grauschwarz laviert, weiß gehöht, blaugrünes Papier. 57,2 × 41,5 cm. Faltspuren. Vgl. Katalog a. a. O. S. 24, Nr. 10
[20] H. Bauer–B. Rupprecht, Corpus der barocken Deckenmalerei in Deutschland I, München 1976, Farbtaf. S. 135

[21] B. Rupprecht, Die Brüder Asam, Regensburg 1980, S. 242 ff mit Abb.

[22] siehe Dokument III

[23] P. v. Stetten d. J., Erläuterungen der in Kupfer gestochenen Vorstellungen aus der Geschichte der Reichsstadt Augsburg, Historische Briefe an ein Frauenzimmer, Augsburg 1765, S. 216 ff

[24] Auszüge des Taufregisters in der Kartei der Städt. Kunstsammlungen Augsburg

[25] A. Hämmerle, a. a. O., S. 82 ff

[26] Baumgartner erhielt den Auftrag 1745; Druck und Verlag besorgten die Brüder Klauber in Augsburg. Baumgartner reiste aus diesem Anlaß nach Meersburg. Die Ansichten von Meersburg und des Konstanzer Münsters auf dem Wappenkalender stimmen weitgehend überein mit denen in Baitenhausen. Vgl. J. Hotz, Die barocken Wappenkalender des Hoch- und Domstiftes Konstanz, Jahrbuch der Staatlichen Kunstsammlungen in Baden-Württemberg, 10, 1773, S. 32 ff, Abb. 7

[27] E. Schulze-Battmann, Baitenhausen, Kunstführer 923, München-Zürich 1969, S. 4

[28] E. Schulze-Battmann, OMNIA TEMPUS HABENT, Johann Wolfgang Baumgartners Fresko im Gartenpavillon des Neuen Meersburger Schlosses, Jahrbuch der Staatlichen Kunstsammlungen in Baden-Württemberg, 15, 1978, S. 61 ff

[29] Baumgartners Name wird in dem Urkundenmaterial für das Meersburger Schloß nicht genannt, dürfte aber identisch sein mit dem Maler, mit dem laut Schreiben vom 5. Juli 1760 verhandelt werden sollte. G. B. Götz hatte sich am 2. Mai 1759 ebenfalls um die Ausmalung des Schlosses beworben. J. Appiani erhält 1761 und 1762 je 500 fl für das Fresko im Treppenhaus und das im Festsaal. Sein Lohn für eines dieser großen Fresken entspricht Baumgartners Bezahlung für Baitenhausen. Vgl. J. Hotz, Das Neue Schloß in Meersburg, Jahrbuch der Staatlichen Kunstsammlungen in Baden-Württemberg, 2, 1965, S. 213 ff

[30] Domkapitels-Protokolle, Bayer. Hauptstaatsarchiv München, Hochstift Augsburg, Neuburger Abgabe Nr. 5665. Karteinotiz von N. Lieb in den Städt. Kunstsammlungen Augsburg

[30a] Augsburg, Städt. Kunstsammlungen, Leihgabe der Kath. Pfarrkirche St. Jakob in Gersthofen. Stiftungen des Pfarrers Anton Mack, dessen Wappen und Initialen AMPG = Antonius Mack Parochus Gersthofensis auf dem Muttergottesbild angebracht sind. Öl auf Leinwand, je 140:99 cm, geschweifter Umriss. Vgl. E. v. Knorre, Katalog der Deutschen Barockgalerie, Augsburg 1970, S. 29

[31] Wien, Österreichisches Barockmuseum (Leihgabe an die Gemäldegalerie der Akademie der bildenden Künste, Wien); Öl auf Leinwand, 55 × 53,5 cm. Vgl. Katalog der Gemäldegalerie, Akademie der Bildenden Künste in Wien, Wien 1972, S. 84, Nr. 141. – E. Baum, Katalog des Österreichischen Barockmuseums im Unteren Belvedere in Wien, Wien-München 1980, S. 54 ff, Nr. 17

[32] Ellwangen, Schloßmuseum. Feder, laviert, wenig Weißhöhung, grünblaues Papier. 52,0:59,4 cm. Vgl. B. Bushart (1953), a.a.O, Nr. 10. – derselbe (1964) a.a.O., S. 128, Nr. 6

[33] Ehem. Kunsthandel München, Öl auf Leinwand; 31 × 21,5 cm

[34] 1971 Privatbesitz München; Öl auf Leinwand; 29 × 42 cm

[35] Wien, Österreichisches Barockmuseum; Öl auf Leinwand; 45,5 : 51,5 cm. Vgl. E. Baum (Katalog), a. a. O. S. 56, Nr. 18

[36] Friedrichshafen, Bodenseemuseeum. Öl auf Leinwand, 53 × 71 cm, Inv. Nr. d41.

[37] Augsburg, Städt. Kunstsammlungen. Öl auf Leinwand; 57:74 cm. Unveröffentlicht

[38] Salzburg, Salzburger Barockmuseum, Sammlung K. Rossacher. Öl auf Leinwand; 40,2:31 cm. Vgl. Ausstellungskatalog: Visionen des Barock, Sammlung Kurt Rossacher, Residenzgalerie Salzburg 1966, S. 8, Nr. 1

[39] N. Lieb, Wallfahrtskirche St. Maria von Loreto auf dem Kobel bei Augsburg, Kleiner Kirchenführer 571, München 1952, S. 4, 12

[40] Wien, Österreichisches Barockmuseum. Beide Öl auf Leinwand; 68:90,5 cm. Vgl. E. Baum (Katalog) a. a. O. S. 53 ff, Nr. 15, 16

[41] Ehem. München, Staatl. Graphische Sammlung (Sammlung Halm-Maffei)

[42] Düsseldorf, Kunstmuseum, Graphische Sammlung. Feder über Bleistift, laviert, weiß gehöht, blaugrünes Papier. 17,6:24,5 cm. Vgl. Katalog German Baroque Drawings, Heim Gallery London 1975, Nr. 12

[43] Jacobus de Voragine, Legenda aurea, ed. Richard Benz Heidelberg o. J., S. 565 ff

[44] München, Bayerisches Nationalmuseum, Slg. Reuschel. Öl auf Karton (!), 37,5:47,5 cm. Vgl. G. P. Woeckel, Katalog: Die Sammlung Wilhelm Reuschel, München 1963, S. 16, 17. – Bildskizzen (Bildführer 5, Bayer. Nationalmuseum), München 1978, S. 12: »Wohl Entwurf für das 1760 datierte Chorfresko der Wallfahrtskirche in Baitenhausen bei Meersburg am Bodensee«

[45] Ellwangen, Schloßmuseum. Feder, laviert, weiß gehöht, blaugrünes Papier. 42,6:34,7 cm. Rückseite (gedoppelt), Sitzender Sklave (anonym). Vgl. B. Bushart (1953), a. a. O., Nr. 7. – Ders. (1964) a. a. O. S. 128, Nr. 305

[46] Ellwangen, Schloßmuseum. Feder, laviert, weiß gehöht, grünblaues Papier. 34:48,4 cm. Vgl. B. Bushart (1953), a. a. O., Nr. 8 – Ders. (1964), Nr. 311

[47] Nürnberg, Germanisches Nationalmuseum. Feder über Bleistift, laviert, weiß gehöht, graugrünes Papier. 57,2:41,5 cm. Von A. Geissler-Petermann auf den Meersburger Auftrag bezogen. Vgl. Katalog a. a. O. S. 27 ff, Nr. 12

[48] Ellwangen, Schloßmuseum. Feder laviert, weiß gehöht, blaues Papier. 46,5:54,7 cm. Vgl. B. Bushart (1953), Nr. 11. – Ders., Katalog: Barock am Bodensee/Malerei, Bregenz 1963, S. 34, Nr. 15: »möglicherweise für ein Deckenfresko im Meersburger Schloß«. – Ders. (1964), S. 129, Nr. 310

[49] Die St. Peter und Paul geweihte Kirche (Gem. Prittiching, LKrs. Landsberg) gehörte den Landsberger Jesuiten. Sie war 1748 von Wolcker aus Augsburg ausgemalt worden. Vgl. H. Bauer–B. Rupprecht, Corpus der barocken Deckenmalerei in Deutschland, I, München 1976, S. 282 (Ohne Erwähnung der Emporenbilder)

[50] München, Staatl. Graphische Sammlung (Halm-Maffei-Sammlung, Kriegsverlust, Feder, laviert, weiß gehöht

[51] Augsburg, Städt. Kunstsammlungen, Graphische Sammlung. Feder, laviert, weiß gehöht, grüngraues Papier. 18,7 × 32,4 cm.

[52] J. Ringler, Der Passeier Maler Josef Haller, Der Schlern, 34, 1960, S. 344 ff, besonders S. 345

[53] Vgl. Dokument I

[54] P. v. Stetten d. J., Kunst- Gewerb- und Handwerks-Geschichte der Reichs-Stadt Augsburg, Augsburg 1779, S. 325 ff

[55] A. Feulner, Süddeutsche Freskomalerei in: Münchner Jahrbuch der bildenden Kunst, X, 1916–18, S. 74. – Ders., Skulptur und Malerei des 18. Jahrhunderts in Deutschland, Handbuch der Kunstwissenschaft, Wildpark-Potsdam 1929, S. 183

[56] H. Tintelnot, Die barocke Freskomalerei in Deutschland, München 1951, S. 148

[57] A. Kaspar OSB, Der Maler der Fresken im Zehnthof zu Nordheim Andreas Dahlweiner aus Weißenhorn, in: Mainfränkisches Jahrbuch für Geschichte und Kunst, 12, 1960, S. 114 ff

[58] E. v. Knorre, Katalog der Deutschen Barockgalerie, Augsburg 1970, S. 200 ff

[59] Vgl. Th. Ch. Wink in den Fresken zu Loh bei Deggendorf (1768); J. Mages in Oberschönenfeld (1769); F. L. Hermann (?) in Todtmoos (1778)

[60] A. Hämmerle, a. a. O., S. 64

[61] Augsburg, Städt. Kunstsammlungen, Inv. Nr. 12490, Öl auf Leinwand, 21×35,5 cm (Stiftung der Gesellschaft zur Erhaltung Alt-Augsburger Kulturdenkmale e.V.)

[62] Oslo, Nationalgalerie, Inv. Nr. B 15856, Feder über Bleistift, farbig laviert, auf Papier. 34,3 : 46 cm.

[63] E. Schulze-Battmann (vgl. Anm. 28, Abb. 8) und E. Neustätter (Johann Evangelist Holzer, Diss. München 1933, S. 36, Anm. 76) weisen die Skizze G.B. Göz, B. Bushart (in: Katalog: Barock am Bodensee/Malerei, Bregenz 1963, S. 78) J. G. Bergmüller zu.

Dokument III

Herr Johann Wolffgang Baumgartner ware Ao. 1712 zu Kufstein im Tyrol gebohren, sein Vatter ware ein Schmidt, bey welchem er auch das Handwerk erlernete und auf Salzburg reißte, da er bey einem Musico so auch auf Glaß mahlen konnte bekannt wurde; weilen ihn nun das Schmidts-Handwerk nicht freuete, so verdüngte er sich zu diesem Musico als Famulus, und lernete von ihm das Glaßmahlen, zeichnete fleißig, und bekame nach seinem Kunst Naturel gar bald eine große Geschicklichkeit mit Wasser-farben auf Glaß schöne Prospect von Architectur zu mahlen, auf welches er auch Ao 1731 sich allhier verheurathete; obwohlen Er viel machte, so sind sie doch schon rar und meistens auswärtig versandt worden, Er hatte eine artige Manier dem Umriß nach dem mahlen mit der Nadel hinein zu raddieren und schwarz Papier darhinter zu legen. Er liese sich aber mit diesem nicht begnügen, sondern studierte auf das emsigste nach dem Runden und der Natur, besuchte fleißig die Mahler Academie und legte sich auf das Zeichnen vor Kunst-Verleger auf blau Papier, wie Er dann eine Menge solcher fast vor alle verfertigte, und einer der stärcksten Inventoren hier wurde, und in gar billigem Preiß arbeitete, endlich applicirte Er sich auch auf das Oel-mahlen und zuletzt auf Fresco-Arbeiten, wie Er dann die hier benachbarte Kobel, Gersthoffer und Eggenhaußer Kirchen gar hübsch mahlte, wodurch er so berühmt wurde, daß Ihn der Cardinal und Bischoff von Constanz berufen, und Seine Sommer Residenz zu Mörseburg als auch die Kirch zu Peitenhausen mahlen mußte, so auch beyde gar wohl ausgefallen. Allein da Er stät in den Herbst hinein mahlte, ihm auch dasige Lufft und Wein nicht austehen wollte, so kam er kranck nach Hauß, und konnte sich nicht mehr erhohlen, so daß er eine Schwindsucht verfiele, so ihme Ao. 1761 im September das Leben kostete. Er ware ein starcker Cholericus, sonst aber ein ehrlicher brafer Mann, der auch einen guten Lebens-Wandel führte, besonders ist Ihm zum Ruhm zu sezen, daß da Er ohne einen rechten Lehrmeister gehabt zu haben, aus eignem Trieb und Fleiß es sehr weit gebracht, sonderlich in reicher Invention und guten Gedankken zu Vorstellung der Materien, in Oel-farben hatte er eine gelinde doch kräfftige Manier sich auf die lezt angewöhnet, nur Schade daß Er schon im 49. Jahr den Schauplatz der Kunst verlassen mußte. Er zeichnete gar vieles nach des berühmten Pat: Probst S. J. und auch D. L. B. Iconologischen Gedancken, welche ihm nothwendig, wegen der Vielheit der Vorstellungen, zu den irregulairen Grodesquen und Architectur veranlasseten, doch ohne dergleichen Thema machte er auch Stücke, darinn er eine Großheit schön vorstellte. In Martin Engelbrechtisch, Klauberisch, Herzisch und Kilianischen Verlägen sind eine Menge groß und kleiner Stücke nach seinen inventierten Zeichnungen gemacht worden

Augsburg, Staats- und Stadtbibliothek, cod. H. 31, aus Slg. von Halder, verfaßt von Georg Christoph Kilian, o. J., S. 111–113

Epilog

Auf verschiedenen Wegen haben wir uns in diesem Buch der geschichtlichen Entwicklung und dem Erscheinungsbild der Rokoko- Kirche Bergen zu nähern versucht.
Es ist der rationale Weg des Forschens und Begründens, wie ihn der moderne Mensch seit den Zeiten der Aufklärung begeht. Eine Rechtfertigung bedarf diese Form der Erfassung nicht, ihre Erfolge bestimmen das Bild der Gegenwart.
Man sollte bei aller Vernunft jedoch nicht vergessen, daß die Triebfeder für die Erbauung der Kirche geistlicher Art war; der Glaube war es, der die Menschen trotz mannigfacher Schwierigkeiten solches schaffen ließ.
Man muß hier also auch mit der Seele suchen, um Sinn und Inhalt voll zu ergründen.
Zweifach ist folglich der Weg zum Verständnis des Kunstwerkes. Damit auch die Sinne das ihre finden, soll der Bildteil dienen, werden doch Herz und Gemüt wesentlich durch das Bild bestimmt und beeinflußt.
Der Wunsch der Autoren ist es, mit diesem Buch ein Werk geschaffen zu haben, das diese bedeutende Kirche würdig darstellt.
Es ist uns eine angenehme Pflicht, allen zu danken, die zum Gelingen des Buches beigetragen haben. Besonderen Dank möchten wir denen sagen, die es durch einen Druckkostenzuschuß ermöglichen, das Werk in dieser ansprechenden Form zu gestalten. Dank also
dem Bezirk Oberbayern
H. H. Klemens Bigler, Frau Rosa Bigler
der Diözese Eichstätt
dem Landkreis Neuburg-Schrobenhausen
der Stadt Neuburg a. d. Donau
der Stadtsparkasse Neuburg
dem Studienseminar Neuburg.　　　　　F. K.

Inhalt

Reinhard H. Seitz	Das Benediktinerinnenkloster Bergen und die Bergener Klosterkirche	5
Walter Pötzl	Die Wallfahrt zum Kreuzpartikel in Bergen	39
Erich Steingräber	Ein illuminiertes fränkisches Psalterium des 13. Jahrhunderts	59
Bruno Bushart	Das malerische Werk des Augsburger »Kunst- und Historienmalers« Johann Wolfgang Baumgartner und seine Fresken in Bergen	61
	Register	79
	Bildteil Tafelabbildungen 1–136	

Register

Aufgenommen wurden nur Orts-, Natur- und Personennamen, jedoch keine Namen in ikonographischem Zusammenhang. Bei Ortsnamen sind in Klammern beigefügt, bei bayerischen Orten: Landkreis und Regierungsbezirk, bei außerbayerischen deutschen Orten: das Bundesland, bei außerdeutschen Namen: der Staat.
Zur leichteren Auffindung wurde bei den Seitenangaben auf die Spalten verwiesen (links = l, mitte = m, rechts = r). Die Beifügung K weist darauf hin, daß sich der Ortsname auf einer Karte findet (bei der Karte auf Seite 45 werden in Klammern die Kennziffern beigefügt).

v. Achalm, Grafen, Kuno und Luitold 40 m
Adelschlag (Eichstätt OB) 45 K (38)
Adelshausen (Neuburg-Schrobenhausen OB) 45 K (87)
Adlersberg (Regensburg OPf), Kloster 23 r
Admont (Österreich) 12 lm 13 r 35 l
- Abt 42 r - Abt Gottfried 12 lm 13 m
Afra hl. 39 l
Agner Andreas 55 l
Aislingen (Dillingen a. d. Donau Schw.) 45 K
v. Albersdorf, Herren 19 r
Alberthal Johann 25 r
Albrecht IV., Herzog von Bayern 19 lr
Alexander VI., Papst 17 m
Alexander VII., Papst 24 r
Allersberg (Roth Mfr.) 46 r
Alsmoos (Aichach-Friedberg Schw.) 45 K 94
Alte Burg (Neuburg-Schrobenhausen OB) 8 l
Alte Pfalz s. Pfalz, alte
Altendorf (Eichstätt OB) 45 K (70)
Altisheim (Donau-Ries Schw.) 45 K (52)
Altmühl 5 l 15 lr 44 m 48 r 54 Anm. 79
Altmühltal, Naturpark 5 l
Altötting (OB) 54 Anm. 121
Amberg (OPf) 18 l

Ammerfeld (Neuburg-Schrobenhausen OB) 45 K (62) 48 r
Andechs (Starnberg OB) 43 l - Graf Rad 42 r - Haus 14 l 40 l
- hl. Schatz 43 lm - Missale 43 l
- Andechs-Meranier-Fehde 14 l
Anianus, hl. 39 m
Antiochien, Patriarch von 54 Anm. 114
Appiani Josef 69 l 73 m 74 r 75 l 76 Anm. 29
v. Arberg, s. Schenk v. Arberg
Arnsberg (Eichstätt OB) 45 K (15)
Arnulf, Herzog von Bayern 6 7 l 41 l 42 r 43 mr
Arnulf, Pfalzgraf 41 l
Arsatius, hl. 39 r
Artzt Magdalena, Nonne in Bergen 18 r 20 m - Ulrich, Bürgermeister in Augsburg 18 r
Asam Cosmas Damian 66 r 67 l 71 l 74 r
Attenfeld (Neuburg-Schrobenhausen OB) 37 K
Auffenberg P. Karl 62 lmr 63 r 69 l 75 l
Augsburg (Schw.) 18 r 26 r 28 m 30 m 35 m 39 l 43 l 63 r 65 m 67 r 68 lmr 69 l 70 l 71 lr 73 l 75 l
- Bischöfe: Alexander Sigismund 44 m
- Burkard 17 r - Embrico 40 l - Ulrich 39 l 40 l
- Bistum/Diözese 17 r 20 l 24 r 27 l 31 r
- Bürgermeister 18 r
- Deutsche Barockgalerie 71 l 74 l 75 m
- Dom 40 l 42 m
- Domdekan 69 l
- Domherr 69 l
- Dompfarrei 70 r
- Generalvikar 24 r
- Hl. Kreuz 51 m
- Klöster: St. Nikolaus 16 mr
- St. Ulrich und Afra 16 r
- Kunstakademie 68 m
- Malerzunft 68 m
Aventin 43 lm
Avignon (Frankreich) 41 m

Baar (Pfaffenhofen a. d. Ilm OB) 45 K
Bachhausen (Neumarkt i. d. OPf.) 20 l
Bäckermühle (Neumarkt i. d. OPf.) 23 l
Baeyrin Regina 44 r
Baierfeld (Donau-Ries Schw.) 45 K (59)
Baiern (Neuburg-Schrobenhausen OB) 45 K (112)
Baitenhausen (Baden-Württemberg) 66 mr 70 l 71 m 72 l 73 l 73 r 74 r 75 l 76 Anm. 29
Ballersdorf (Neuburg-Schrobenhausen OB), Balmerstorff 45 K (115) 51 r
Bamberg (OFr.)
- Bischöfe: Eberhard II. 12 lmr 42 l - Gunther 11 m 15 r 40 l 42 m - Hartwig 11 m 42 m - Hermann I. 11 m
- Bistum 6 11 lr 13 l 15 r
- Buchmalerei 59 r
- Dom 39 l 42 m
- Domkapitel 11 m
- Hochstift 42 m
- Kloster Michelsberg 13 m
Barbieri Johann Dominicus 25 r 26 l 30 m 61 l
Baringa (Bergen) 32 Anm. 2
de Batt siehe v. Watt
Bauchenbergermühle (abgegangen, Neuburg-Schrobenhausen OB) 15 m 37 K 44 m
Baumgartner Anna Maria Ludovica 68 m
- Johann Wolfgang 26 r 27 mr 28 lr 29 m 30 mr 31 l 61 l - 77 - r - Maria Catharina 70 r
Bayerdilling (Donau-Ries Schw.) 14 l 45 K (101)
Bayern, Herzöge 13 l - 14 r
Bayern-Ingolstadt, Herzogtum 14 r
Bayern-Landshut, Herzogtum 13 m 14 r 16 l 19 lm
Bechtal (Weißenburg-Gunzenhausen MFr.) 45 K (84)
Behrwanger Maria 34 Anm. 171
Belgien 7 r
Beilingries (Eichstätt OB) 45 K (4)

Benediktbeuern (Bad Tölz-Wolfratshausen OB), Abt Megingos 40 l
Berching (Neumarkt i. d. OPf.) 18 r 21 r 35 r 45 K (1)
Berckhausen s. Berghausen
Berg, Herzogtum 51 l
Berg in Gau (Neuburg-Schrobenhausen OB) 45 K (90) 51 m
Bergen (Neuburg-Schrobenhausen OB)
- Administrator 24 r 25 l 30 l 52 l
- Amtsknecht 44 m 47 l
- Andachtsbildchen 46 r 50 l
- Bauhof (Mayerhof) 15 lm 30 l
- Bruderschaft 28 r 52 l 56 lr 57 lr
- Burganlage 8 mr 10 l
- Forsthaus 30 lm
- Gemeinde 34 Anm. 192
- Gerichtsdienerwohnung 30 l
- Handwerker 26 r 30 r
- Herrenreliquien s. Kreuzpartikel
- Hofmark 15 mr 37 K
- Hüll 8 m
- Kaplanei 17 lr 29 r 47 m
- Kaplanshaus 30 l
- Kloster:
  Ablässe 41 m
  Äbtissinnen 10 r 11 m 12 lmr 14 m 17 m - Adelheid (I.) 35 l - Adelheid (II.) 35 m - Adelheid (III.) Schenk v. Arberg 18 r - 35 m - Anna (I.) v. Schwumedach (=Schwinnen-/Schwennenbach) 35 l
  - Anna (II.) 35 m - Anna (III.) 35 m
  - Anna (IV.) v. Gailsheim 16 lmr 35 m
  - Barbara Ekkerin (Eckherin) 16 m 17 l 18 l 35 m - Berthildis 35 l - Bertrada 35 l - Catharina Haberrain 18 r 20 r 21 r 22 lm 35 l 42 lm - Chriemheldis 35 l - Chunigundis (I.) 35 l - Chunigundis (II.) 35 l - Elisabeth Steurer (Steyrer) 16 lm 17 m 35 m - Euphemia (I.) v. Mur 15 l 18 r 35 l - Euphemia (II.) Pirckheimer 18 r 20 mr 21 lr 35 r 42 l - Heilika 35 l - Hiltburgis 35 l
  - Margaretha (I.) 35 l - Margaretha (II.) v. Mur 18 r 35 m - Margaretha (III.)

Bergen, Kloster
Probst (Pröbstin) 35 m 41 r - Reginlind 12 lmr 13 r 14 l 15 l 16 m 35 l
- Richinza 35 l - Sabina Pirckheimer 14 m 17 m 18 r 19 m 35 mr
Ämter 18 m
Anlage 10 lm
Archiv 5 r 7 r 8 l 14 r 18 m
Aufhebung 20 m - 23 m
Bauhof 15 m 30 l
Chronik 5 m 7 lr 11 mr 12 lmr 13 r 17 l
Doppelkloster 13 m
Erstnennung 5 r 6
Forst 15 m
Gebäude 10 lm 11 r 16 m 18 m 19 r 30 lm
Gründung 7 l 8 lm
Grundherrschaft 14 l - 15 r
Kirche 10 lm 11 r 12 l - 13 r 17 lr 18 l 19 r 25 r - 31 r 41 l 42 m 44 lm 52 l 61 l - 68 r
Klosterhaus 27 m
Klosterleben 18 lr
Klostermauer 8 r 16 m 18 m 19 r 30 m
Klosterordnung 18 lm 22 m 35 l - 38 r
Konvent 10 l 11 mr
Kreuzgang 21 r 27 m 35 mr
Patrozinium 41 m 42 l
Priorin: Anna Grünbacher 21 l
Privilegien 19 l
Psalterium 41 r 59 l - 60 m
Reform 12 lmr 16 lr
Reformstatuten 22 m
Siegel 41 m
Verwalterinnen: Benigna v. Leonrod 21 r 23 l - Brigitta v. Mur 18 r 23 l - Margaretha v. Mur 18 r 20 r 21 r 22 r 23 l
Vogtei 10 r 11 l 14 lm 19 l 41 l
Wiederherstellung 21 r
Bergen
- Kreuzpartikel und Herrenreliquien 17 lr 25 m 31 r 33 Anm. 92 39 m 41 lmr 42 lr 43 l 44 lmr 45 l 46 mr 47 l 48 m 49 r 50 lmr 61 m 65 lm
- Lage 5 l
- Landesschulsitz 24 l
- Mirakelbuch 43 mr 46 lr 47 mr
- Ortsname 5 l 8 mr
- Pfarrei, Pfarrer 17 lr 20 m 22 l 24 m 25 l 31 m 46 lr 50 l 51 m 52 l
- Propst 20 m 22 r 24 mr
- Salvatorkirche 17 lm
- Schulmeisterwohnung 30 l
- Sommerkeller 30 l
- Wallfahrt 25 lm 28 r 41 l 44 l - 52 m
- Wallfahrtsmedaille 46 r 50 l
- Weinbau 13 r
- Zehnstadel 30 l
- Ziegelstadel 15 m
- Ziegler 26 l 30 r
Berghausen, Groß-/Klein- (Neumarkt i. d. OPf.) 44 r

Bergheim (Neuburg-Schrobenhausen OB) 37 K 45 K (27)
Bergmüller Johann Georg 68 m 69 l 73 l 75 m
Bernhard von Waging 16 m
Berthold, Herzog von Bayern 6 7 lmr 8 r 43 r
Bertoldsheim (Neuburg-Schrobenhausen OB) 45 K (48)
Bettbrunn (Eichstätt OB), Groß Salvator 44 r 54 Anm. 73
Bettmess s. Pöttmes
Beyer (Bayer) Adam 69 l
Biberbach (Augsburg Schw.) 25 r
Bieswang (Weißenburg-Gunzenhausen MFr.) 45 K (73)
Biesenhard (Eichstätt OB) 45 K (40)
Biletrud, Gemahlin von Herzog Berthold von Bayern, Gründerin von Kloster Bergen 6 7 lmr 8 lm 10 lmr 11 lm 14 l 17 l 31 l 35 l 41 lm 42 l 43 mr
Biltrudis, Gründerin von Kloster Hohenwart 40 l
Bittenbrunn (Neuburg-Schrobenhausen OB) 15 l 34 Anm. 192 37 K 47 l
Bittner Josef 31 l
Blossenau (Donau-Ries Schw.) 45 K (61)
Bodensee, Untersee 72 r
Böhmen 68 l
Bogner Augustin 46 m
Bonsal (Neuburg-Schrobenhausen OB) 45 K (109)
Brandel Peter 54 Anm. 79
Brandenburg-Ansbach, Markgraf 15 l - Markgraf Friedrich 32 Anm. 57
Breitenbrunn (Neumarkt i. d. OPf.) 17 r
Breitenegg, Herrschaft 17 r
Breitenfurt (Eichstätt OB) 15 l 37 K
Brenzinger Barbara, Äbtissin von Hohenwart 22 m
Bruck (Neuburg-Schrobenhausen OB) 45 K (116)
Bruschius Caspar 7 r 11 r 16 m 17 l 42 lmr
Buchbrunn (Kitzingen UFr.) 15 l 32 Anm. 56
Buchenhüll (Eichstätt OB) 45 K (18)
Buchtler Martin 26 m 30 m
Burckhart Cordula, Nonne z. Bergen, dann Priorin und Äbtissin zu Hohenwart 22 l
Burgheim (Neuburg-Schrobenhausen OB) 21 r 45 K (104) 47 l
Burgmannshofen (Donau-Ries Schw.) 52 l
Buttmann Hans Georg 27 m 30 m
Buxheim (Eichstätt OB) 45 K (32) 48 r

Castulus hl. 39 r
Clemens VII., Papst 20 r
Clemens X., Papst 24 r
Clemens XIII., Papst 28 r 73 m
Clemens XIV., Papst 30 m
Cluny (Frankreich) 12 l
- Hirsauer-Reform 12 lm 13 m
Conrad Thomas 28 m 30 m
Creusin Beatrix, Nonne zu Bergen 18 r

Dachau-Meranien, Herzoge: Konrad II. 40 r - Konrad III. 40 r 42 r
Dahlweiner Andreas 71 l 75 l
Daiting (Donau-Ries Schw.) 45 K (60)
Deimhausen (Pfaffenhofen a. d. Ilm OB) 45 K (89)
Deining (Neumarkt i. d. OPf.) 45 K
Deinschwang (Neumarkt i. d. OPf.) 45 l 45 K 48 l 50 r
Demling (Regensburg OPf.) 37 K
Diessen a. Ammersee (Landsberg a. Lech OB), Nekrolog 43 l
Dillingen a. d. Donau (Schw.) 27 l 30 m
- Jesuitenkirche 25 r 34 Anm. 165
- Universität 23 r 25 m
Dittenfeld (Neuburg-Schrobenhausen OB) 34 Anm. 192
Dionysius 39 r
Dirschhofen (Neuburg-Schrobenhausen OB) 52 l
Dollnstein (Eichstätt OB) 6 15 lr 27 m 30 m 37 K 45 K (74)
- Altmühlbrücke 15 r
- Marktgründung 15 r
- Marktmauer 15 r 32 Anm. 69
- Mayerhof 15 r
Donau 5 l 8 l 10 l 19 l 20 l 26 l
Donautal 5 l 44 r
Donauwörth (Donau-Ries Schw.) 45 K (54) 47 l 50 m
- Kloster Hl. Kreuz 33 Anm. 92 39 m
- Kreuzpartikel 33 Anm. 92 39 m 40 r
Dürnhausen (Weilheim-Schongau OB) 40 l
Dürrwangen (Ansbach MFr.) 45 K
Düsseldorf (Nordrhein-Westfalen) 51 l 72 l

Ebenhausen (Pfaffenhofen a. d. Ilm OB) 37 K
Eberhard, Herzog von Bayern 6
Eberswang (Eichstätt OB) 44 mr 45 K (75)
Ebrach (Bamberg OFr.) 59 r
Echenbrunn (Dillingen a. d. Donau Schw.)
- Kloster 23 lr
- Tusculum 31 m
Eckherin (Ekkerin) Barbara s. Bergen, Kloster, Äbtissinnen
Eggenhausen (unbestimmt) 68 r
Eggl Stephan 25 l 42 r 44 l 46 lr 47 l 50 lm 51 r 53 Anm. 69
Eglasmühle (Neumarkt i. d. OPf.) 45 K (2)
Eglingen (Baden-Württemberg) 45 K
Egweil (Eichstätt OB) 44 lm 45 K (29) 48 m 50 l
Ehekirchen (Neuburg-Schrobenhausen OB) 23 l 37 K
Ehr(en)bach s. Erbach
Eichstätt (OB) 5 l 8 l 18 r 25 mr 26 l 27 l 28 m 29 m 30 m 31 l 37 K 42 lr 44 mr 45 K 47 l 52 m 64 r
- Bischöfe: Albert I. 17 m - Berthold 8 l 14 m - Christoph 20 m - Eberhard II.

Eichstätt, Bischöfe
22 l 23 l - Erchanbald 6 10 l - Gabriel 17 m - Gundekar II. 11 mr 39 mr - Johann III. 16 l 18 lm - Johann Anton I. Knebel v. Katzenellenbogen 25 m 44 m 46 m - Konrad I. 12 r - Marquard II. Schenk v. Castell 44 m - Megingaud 11 r - Moritz 20 r 21 lr - Otto 13 l - Raymund Anton v. Strasoldo 27 r 52 l - Reginald 42 l - Ulrich I. 11 r - Wilhelm 17 m 22 m
- Bistum/Diözese 8 l 10 l 11 l 12 r 17 r 18 r 20 l 24 l 25 l 27 l 28 l 46 r 47 m 59 r
- Dom 39 mr 42 l
- Dompropst 40 m
- Generalvikar 21 r 46 m
- Hochstift 18 m
- Jesuitengymnasium 46 r
- Klöster: Dominikaner 54 Anm. 79 - Kapuziner 49 r - St. Walburg 16 r 21 l 22 lr 35 r 54 Anm. 120 - Schotten 40 m
- Maß 14 r
- Ordinariat 47 m
- Residenzschloß 54 Anm. 79
- Spitalwaldungen 26 l
Eisen Eucharius 32 Anm. 56
Eitensheim (Eichstätt OB) 45 K (33)
Elisabeth von Bayern-Landshut 19 l
Ellwangen (Baden-Württemberg) 65 lr 66 m 70 l 71 l 72 r 73 lm
Emetzheim (Weißenburg-Gunzenhausen MFr.) 45 K
Enkering (Eichstätt OB) 45 K (7)
Ensfeld (Eichstätt OB) 45 K (65)
Erbach (Hessen), Ehr(en)bach 45 l
Erkertshofen (Eichstätt OB) 45 K
Esch Christian 31 m 34 Anm. 192
Espenlohe (Eichstätt OB) 45 K (41)
Euerwang (Roth MFr.) 45 K (8)
Eugen III. Papst 12 l
v. Eyb Brigitta 33 Anm. 107
Eysenfest Peter 17 m

Faringa 32 Anm. 2
Feichtmayr Gebrüder 69 l
Feldkirchen (Ingolstadt OB) 23 l 37 K 45 K (25)
Fernmittenhausen (Neuburg-Schrobenhausen OB), Mittenhausen 51 m
Fischer Johann Michael 27 lm 28 lm 29 m 30 mr
Forsthof (abgegangen, Neuburg-Schrobenhausen OB) 15 lm 24 r 31 m 34 Anm. 192 37 K 45 K (44)
Franck Jobst 32 Anm. 56
Franckh Apollonia, Nonne zu Bergen bzw. Hohenwart 22 l
Frankfurt a. Main (Hessen) 66 m
Frankhmann Dr. Willibald 21 r
Frankreich 39 r
Freihausen (Neumarkt i. d. OPf.) 45 K
Freystadt (Neumarkt i. d. OPf.) 44 r
Friedrich I., Kaiser 13 r

Friedrich, Pfalzgraf bei Rhein 19 l = II., Kurfürst von der Pfalz 21 m 23 m
Friedrich 43 l
Friedrichshafen (Baden-Württemberg) 71 l
Frose (DDR) 7 r
Fünfstetten (Donau-Ries Schw.) 44 r 45 K (57)
Fürth (MFr.) 8 l
Füssen (Ostallgäu Schw.) 26 l
Fulda (Hessen), Kloster 22 m

de Gabrieli, Gabriel 25 r
v. Gailsheim Anna s. Bergen-Kloster-Äbtissinnen
Gaimersheim (Eichstätt OB) 45 K (31)
Gammersfeld (Eichstätt OB) 37 K
Gansheim (Donau-Ries Schw.) 52 l
- Hofmark 19 mr 20 l 21 mr 23 l 37 K
Gartner Christina, Nonne in Bergen bzw. Hohenwart 22 l
Geiger Johann 28 m 30 m
Geisenfeld (Pfaffenhofen a. d. Ilm OB) 45 K
- Kloster 16 mr 22 m
Gempfing (Donau-Ries Schw.) 16 m
Georg der Reiche, Herzog von Bayern-Landshut 19 l
Gerberga Tochter von König Heinrich I. 6 7 mr
Gerolfing (Ingolstadt OB) 37 K 45 K (26)
Gersdorf (Weißenburg-Gunzenhausen MFr.) 45 K (85)
Gersthofen (Augsburg Schw.) 68 r 70 l 71 l 73 r
Gildedrudis s. Biletrud
Gisela-Judith von Bayern s. Judith von Bayern
Giselbert Herzog von Lothringen 6 7 mr
Gnadenberg (Neumarkt i. d. OPf.), Kloster 22 m
Göz Gottfried Bernhard 67 r 69 l 70 m 74 m 75 m 76 Anm. 29
Gorze (Frankreich) 12 l
Gosheim (Donau-Ries Schw.), Hofmark 19 ml 20 l 37 K
Grafrath (Fürstenfeldbruck OB) 43 lm
Graisbach (Donau-Ries Schw.) 45 K (51)
Graßeckher Johann Paul 30 r
Greding (Roth MFr.) 45 K (9)
Gregor XII., Papst 17 r
Gremertshausen s. Grimolzhausen
Grimolzhausen (Aichach-Friedberg Schw.), Gremertshausen 44 r 45 K
Grossberghausen (Neumarkt i. d. OPf.), Berckhausen 44 r
Grossmehring (Eichstätt OB) 37 K
Grünau (Neuburg-Schrobenhausen OB), Schloß 21 m
Grünbacher Anna, Priorin zu Bergen 21 l
Guadagni Johann Anton, Kardinal 54 Anm. 108 54 Anm. 114
Günther Matthäus 67 r 69 l 71 l 74 lm
v. Gumppenberg 23 l
Gundelsheim (Weißenburg-Gunzenhausen MFr.) 45 K

Gungolding (Eichstätt OB) 45 K (16) 47 l
Gustav Adolf, König von Schweden 24 m

Haberrain Catharina s. Bergen-Kloster: Äbtissinnen
Hadrian IV., Papst 12 l
Hage Friedrich 31 m
Hagen Franz 43 l
Hagenacker (Eichstätt OB) 45 K (71)
Hagenheim (Donau-Ries Schw.) 37 K
Haller Josef 74 m 75 l
Handzell (Aichach-Friedberg Schw.) 45 K (96) 48 m 55 l
Hard (Eichstätt OB) 37 K
Hartmann Concordius 25 m 27 l
Hedwig (Jadwiga) von Polen 19 l
Heideck (Roth MFr.) 45 K
Heideck, Herren von 15 r
Heidelberg (Baden-Württemberg) 19 l 30 l
Heidenfeld (Schweinfurt UFr.), Chorherrenstift 32 Anm. 56
Heidenheim 59 r
Heigl Joseph 26 l 30 r
Heiliges Land 40 m 41 lm 42 lr 43 r
Heilsbronn (Ansbach MFr.) 59 r
Heinrich I., König 6 7 17 l
Heinrich II., Kaiser s. Heinrich IV., Herzog von Bayern
Heinrich IV., König 15 r
Heinrich I., Herzog von Bayern 6 7 m 17 l 42 m
Heinrich II., Herzog von Bayern 6 8 l
Heinrich III., Herzog von Bayern 6 7 r 8 l
Heinrich IV., Herzog von Bayern 6 8 l 10 l 11 r 12 l 15 r
Heinrich XIV., Herzog von Bayern-Landshut 13 m 15 m
Heinrich, Graf im Nordgau 8 m
Heiß Johann Michael 30 r
Hennenweidach (Neuburg-Schrobenhausen OB) 19 mr 37 K
Hepberg (Eichstätt OB) 45 K (21)
Herbst Regina, Nonne zu Bergen bzw. Hohenwart 22 l
Hering Loy 18 r
Herrmann Franz Josef 75 l
Hersbruck (Nürnberger Land MFr.) 7 l 8 l 10 l 11 r 14 lr 15 lr 19 m 20 l
- Klosterkonvent von Bergen 11 mr 12 mr 14 l
- Marktgründung 15 r
- Maß 14 r
- Propstei 19 - Propsteihof 15 r
- Stadtgründung 15 r
Hersbrucker Alb 8 l 14 lr
Hesselohe (Neuburg-Schrobenhausen OB) 23 m 37 K
Heubeck Elisabeth, Nonne in Geisenfeld 16 r
Hirsau (Baden-Württemberg) 12 l
v. Hirschberg, Grafen 15 r
Höchstädt a. d. Donau (Dillingen a. d. Donau Schw.) 28 m 30 m 45 K
Hölzl 26 r 27 r
Hofstetten (Eichstätt OB) 45 K (36) 49 r

Hohenburg = Sainte Odile (Frankreich) 13 r 35 l
Hohenfurch (Weilheim-Schongau OB) 26 l
Hohenried (Neuburg-Schrobenhausen OB) 45 K (88)
Hohenwart (Pfaffenhofen a. d. Ilm OB) 45 K 48 l
- Kloster 21 lr 22 lm 40 l
Hollenbach (Neuburg-Schrobenhausen OB) 45 K (111) 47 l
Holnstein (Neumarkt i. d. OPf.) 45 l
Holzen (Augsburg Schw.), Kloster 21 l 22 m
Holzer Johann Evangelist 67 r 71 l 73 lm 74 lmr 75 m
Holzkirchen (Neuburg-Schrobenhausen OB) 45 K (108)
Hornbach (Rheinland-Pfalz) 23 r
Hosemann Georg 26 l 30 r
v. Hürnheim, Herren 19 r
Hütting (Neuburg-Schrobenhausen OB) 5 l 34 Anm. 192 37 K
- Pfarrei, Pfarrer 17 r 47 l
Hufnagel 51 m
Hugeburc 39 l

Igstetterhof (Neuburg-Schrobenhausen OB) 37 K
Illdorf (Neuburg-Schrobenhausen OB) 45 K (107)
Ilmmünster (Pfaffenhofen a. d. Ilm OB) 39 r
Inchenhofen (Aichach-Friedberg Schw.) 45 K 49 r
Indersdorf (Dachau OB), Kloster 16 r
Ingolstadt (OB) 29 r 44 mr 45 K 47 l 49 r
- Druckerei Weißenhorn 7 r 42 l
- Kloster Gnadental (St. Clara) 21 l 28 m
- Maß 14 m
- Universität 25 m
Inningen (Augsburg Schw.) 44 m 45 K
Irimbert von Admont 13 mr
Irsching (Pfaffenhofen a. d. Ilm OB) 20 l 37 K
- Kirche 33 Anm. 127
Italien 39 r 68 l
Itzing (Donau-Ries Schw.) 45 K (58)

Jadwiga von Polen 19 l
Jerusalem (Israel) 40 lr 41 l 43 lm 62 lm
- Kirche vom Hl. Grab 40 m 62 l
- Patriarch Fulcherius 40 m
Johann Wilhelm, Kurfürst von der Pfalz 62 m
Johannes XV., Papst 8 m 10 mr 41 m
Judith (Judith-Gisela), Tochter von Herzog Arnulf von Bayern 6 7 m 17 l 41 l 42 lmr 43 lmr
Jungwirt 21 r

Kärnten, Herzöge 7 r
Kaldorf (Eichstätt OB) 45 K (82)
v. Kalendin Heinrich 14 l
Kandler Georg Adam 50 r

Karl IV., Kaiser 5 r 15 r
Karl V., Kaiser 21 mr
Karl (III.) Philipp, Kurfürst von der Pfalz 43 r
Kasimir von Brandenburg-Ansbach-Kulmbach-Bayreuth 19 l
Kastl (Amberg-Sulzbach OPf.) 16 l
Kazbaum Endres 32 Anm. 56
Kelzel s. Ketzl
Ketzl (Kelzel) Christina, Nonne in Bergen 18 r - Ursula, Nonne in Bergen 18 r
Kilian Georg Christoph 68 lmr 70 r 74 l 75 l
Kinding (Eichstätt OB) 45 K (6)
Kipfenberg (Eichstätt OB) 45 K (14) 48 m 49 r
v. Kirchberg, Grafen: Hartmann und Otto 40 m
Kirchhaslach (Unterallgäu Schw.) 54 Anm. 73
Kitzingen (UFr.) 15 l 32 Anm. 56
Klauber Gebrüder 69 l 76 Anm. 26
Klein A. 66 m
Kleinberghausen (Neumarkt i. d. OPf.), Berckhausen 44 r
Klingin Ursula 51 l
Klosterlangheim (Lichtenfels OFr.) 69 l
Klosterlechfeld (Augsburg Schw.) 54 Anm. 73 54 Anm. 101
Knodorf (Pfaffenhofen a. d. Ilm OB) 20 l 37 K
Kobel (Augsburg Schw.) 68 r 71 m
König 29
Köpf Joseph 26 r 27 r 30 m 34 Anm. 169 61 l
Kösching (Eichstätt OB) 45 K (23)
Komburg (Baden-Württemberg) 59 r 60 l
Konrad II., Kaiser 20 l 39 m
Konstanz (Baden-Württemberg)
- Bischöfe: Franz Konrad v. Rodt 69 l 72 l 73 l - Marquard Rudolf v. Rodt 70 l
- Münster 76 Anm. 26
Konstein (Eichstätt OB) 45 K (64)
Kraiburg a. Inn (Mühldorf a. Inn OB) 48 l
Kreuzlingen (Schweiz), Kloster 39 l
Kruppach (Neumarkt i. d. OPf.) 20 l
Kühbach (Aichach-Friedberg Schw.), Kloster 22 m
Kürsch Antoni 26 r 27 l 30 r
Kufstein (Österreich) 68 l
Kunding (Neuburg-Schrobenhausen OB) 45 K (106)

Labermühle (Neumarkt i. d. OPf.) 23 l
Laisacker (Neuburg-Schrobenhausen OB) 34 Anm. 192 45 K (43)
Lamberg-Spritzenstein Anton Graf 66 m
Landsberg a. Lech (OB) 66 lr
Landshut (NB) 44 m 45 K 47 l 48 m 50 m - s. a. Bayern-Landshut
- Erbfolgekrieg 19 lm
Langenmantel Charitas, Äbtissin zu Marienstein 21 l - Wolfgang Anton v. 68 r
Langenmosen (Neuburg-Schrobenhausen OB) 45 K (91)
Langenzenn (Fürth MFr.), Kloster 16 r

Langheim s. Klosterlangheim
Lauf a. d. Pegnitz (Nürnberger Land MFr.) 19 m
Lauingen (Donau) (Dillingen a. d. Donau Schw.) 45 K
- Klöster 23 r
- Landesdruckerei 23 r 24 l 34 Anm. 155
- Landesschule 23 r - 24 m 31 r 34 Anm. 155
- Seuche 24 l 34 Anm. 155
Lech 26 l
Lechbruck (Ostallgäu Schw.) 26 l
Lechfeld s. Klosterlechfeld
- Schlacht 6 7 m 10 l
Leipzig (DDR) 20 m
Lenck(h) Simprecht 21 m 23 l
Lenting (Eichstätt OB) 44 r 45 K (22)
v. Leonrod Afra 33 Anm. 107 - Benigna 31 r 23 l
Lichtenau (Neuburg-Schrobenhausen OB) 45 K
v. Lichtenau Freiherr 45 l 46 l
Lippertshofen (Eichstätt OB) 45 K (34) 48 r 49 r 50 l
Litzlohe (Neumarkt i. d. OPf.) 45 l
Liudolf, Herzog von Schwaben 6
Liudolfinger 6 7 lr
Liudprand, Bischof von Cremona 7 m
Lobsing (Eichstätt OB) 44 r 45 K
Lothringen 7 r
Ludwig IV., König von Westfranken 6 7 m
Ludwig IX., Herzog von Bayern-Landshut 16 lm
Luitpold, Markgraf 6 7 l
Luitpoldinger 7 l 41 l - Aufstand 6 7 m
Luther Martin 20 l

Mack Anton 76 Anm. 30 a
Mages Josef 75 l
Maihingen (Donau-Ries Schw.), Kloster 16 r
Mailing (Ingolstadt OB) 23 l 37 K
Maillinger Sebastian 30 r
Mainz (Rheinland-Pfalz) 45 l
- Bischof Siegfried 40 l
- Kirchenprovinz 20 l
- Kloster St. Viktor 16 r
Malzhausen (Neuburg-Schrobenhausen OB) 45 K (92)
Manching (Pfaffenhofen a. d. Ilm OB) 45 K
Mantlacher Anna, Nonne zu Bergen, Priorin und Äbtissin zu Hohenwart 22 lm
Maria Buchen (Main-Spessart UFr.) 54 Anm. 73
Maria Medingen (Dillingen a. d. Donau Schw.) 23 l 24 l
Marienstein (Eichstätt OB) 21 l 33 Anm. 86
Marinus hl. 39 m
Martin V., Papst 17 r
Marxheim (Donau-Ries Schw.) 45 K (49)
Massa (Italien), Bischof 54 Anm. 108

Massenbach (Weißenburg-Gunzenhausen MFr.) 45 K
Mauritius hl. 39 r
Maximilian I., König 19 l
Maximilian (I.), Kurfürst von Bayern 44 m
Mayer Felizitas, Nonne in Bergen 18 r
Mayr Anna Katharina 68 l
Meersburg (Baden-Württemberg) 69 l 70 lm 71 mr 72 l 73 lm 74 l 75 lm 76 Anm. 26 76 Anm. 29
Meginward 39 r 42 l
Meilenhart (Eichstätt OB) 47 l
Meilenhofen (Eichstätt OB) 37 K
Melanchthon 23 m
Melk (Österreich) 16 l - Reform 16 lm
Mendorf (Eichstätt OB) 45 K
Mertingen (Donau-Ries Schw.) 34 Anm. 169
Mimmenhausen (Baden-Württemberg) 74 r
Mittenhausen, Fern-/Näher- (Neuburg-Schrobenhausen OB)
Mittermühle (Donau-Ries Schw.) 19 r
Möckenlohe (Eichstätt OB) 45 K (39)
Mödingen s. Maria Medingen
Monheim (Donau-Ries Schw.) 45 K (68) 48 l
- Kloster 20 r 21 m 23 l 24 r
Moosburg a. d. Isar (Freising OB) 39 r
Moritz von Sachsen 21 r
Müller v. Gnadenegg Niklas 24 r
München (OB) 30 r 71 lr 72 l 73 l 74 l 75 m
Münchsmünster (Pfaffenhofen a. d. Ilm OB) 40 m 42 m 45 K
Münsterschwarzach (Kitzingen UFr.) 16 r 71 l
v. Mur Brigitta, Verwalterin zu Bergen 18 r 23 l - Euphemia s. Bergen-Kloster: Äbtissinnen - Gilg 18 r 33 Anm. 107 - Margaretha s. Bergen-Kloster: Äbtissinnen - Margaretha, Verwalterin zu Bergen 18 r 20 r 21 r 22 r 23 l - Wilhelm 18 r
Nähermittenhausen (Neuburg-Schrobenhausen OB), Mittenhausen 51 m
v. Nellenburg Graf Eberhard 40 l
Neuburg a. d. Donau (OB) 5 l 8 l 14 l 21 m 26 lr 27 l 28 m 30 mr 44 m 47 l 48 l 49 l 51 r
- Bistumsplan 24 m
- Druckerei, Drucke 24 l 42 r 46 m
- Gymnasium 30 m 31 r 51 r, s. a. Landesschule
- Herzogshof 8 l 31 m
- Kirchen: Hl. Geist 25 mr - Hofkirche 24 lm
- Klöster: Barmherzige Brüder 24 mr 44 r - Benediktinerinnen 8 l 10 l 11 l 14 m 16 l 20 l 23 l 24 lmr - Franziskaner 47 m - Jesuiten 24 lr 25 m 43 m 44 m 47 m 51 lr 52 l - Karmeliten 47 l - Ursulinen 25 r 30 m

Neuburg a. d. Donau
- Kollegium, akademisches 30 l
- Landesschule 24 l 31 r
- Landvogtamt 14 m
- Lateinschule 24 l
- Malteserordensgroßballei 31 m
- Pfalz(kapelle) 8 l 10 l 25 m 31 l
- Pfarrer 47 l - Pfarrhof 25 m
- Provinz 30 l
- Rentschreiber 44 r
- Schloß 21 m
- Seminar 24 mr 25 lr 27 l 28 r 29 lr 30 lmr 31 lr 62 l
Neuhäder (Augsburg Schw.) 54 Anm. 121
Neustadt a. d. Donau (Kelheim NB) 45 K
Niederaltaich (Deggendorf NB) 39 r
Niederschönenfeld (Donau-Ries Schw.) 21 l
Nilson J. E. 73 l 75 m
Nonnberg s. Salzburg, Kloster
Nordgau 7 lr 8 lm 11 lr 14 lm
Nürnberg (MFr.) 18 r 19 m 20 m 21 r 35 mr 66 lm 73 m

Oberbayern-München, Herzogtum 14 r
Obereichstätt (Eichstätt OB) 45 K (77)
Oberfranken 11 l
Oberhaidmühle (Eichstätt OB) 37 K
Oberhausen (Augsburg Schw.) 45 K
Obermedlingen (Dillingen a. d. Donau Schw.) 23 r
Oberndorf (Neumarkt i. d. OPf.) 20 l
Oberndorf (Eichstätt OB) 45 K (3)
Oberpfalz 12 l 19 l - s. a. Pfalz, Alte
Oberstimm (Pfaffenhofen a. d. Ilm OB) 45 K
Oberzell (Eichstätt OB) 45 K (35)
Ochsenfeld (Eichstätt OB) 52 l
Österberg (Roth MFr.) 45 K (12)
Österreich 68 l
Ohnsorg Bernhard 47 r
Ortlfing (Neuburg-Schrobenhausen OB) 45 K (105)
Ortulf Graf 40 l
Oslo (Norwegen) 75 mr
Osterhofen (Deggendorf NB) 46 r
Ott Carl 26 l
Ottheinrich, Pfalzgraf bei Rhein und Kurfürst von der Pfalz 19 lmr 20 lr 21 lr 22 l 23 m 44 l
Ottilienberg, Sainte Odile (Frankreich) 13 r 35 l
Otto I., Kaiser 6 7 mr 17 r
Otto II., Kaiser 6 7 lm
Otto III., Kaiser 6
Otto I., Herzog von Schwaben und Bayern 6
Otto II., Herzog von Bayern 14 l

Pacher Joseph 28 m 30 m
Palästina 39 l 40 l 42 lm 43 l
v. Pappenberg (Pappenberger), Scholastika, Nonne zu Bergen und Äbtissin zu Hohenwart 22 l
Pappenheimer 14 l

Passau (NB), Vertrag 22 m
Passei (Österreich) 75 l
Paulushofen (Eichstätt OB) 45 K
Paur Franz 26 l
Peringer, Graf 11 l
Perletzhofen (Kelheim NB) 20 l
Pessenburgheim (Donau-Ries Schw.) 45 K (100)
Petersbuch (Eichstätt OB) 45 K (81)
Petersdorf (Aichach-Friedberg Schw.) 45 K (95)
Petrus von Rosenheim 16 l
Pettendorf (Regensburg OPf.), Kloster 23 r
Pettenhofen (Ingolstadt OB) 37 K
Petting (Eichstätt OB) 37 K
Pfahldorf (Eichstätt OB) 45 K (13)
Pfalz, Alte (= Oberpfalz) 44 r 45 l 50 r
Pfalz-Neuburg, Fürstentum 19 l/r
- Gegenreformation 21 m 24 l
- Kirchenordnung 20 mr 21 l 22 lm 23 lm
- Kirchenpolitik 24 m
- Kirchenrat 24 l
- Klosterpolitik 24 lr
- Landesdruckerei 23 r 24 l
- Landesschule 23 r - 24 l
- Landobristleutnant 47 l
- Landschaft, Landstände 21 m 23 l 24 r
- Landtag 23 m
- Reformation 20 m
- Statthalter 20 r 21 mr
Pfalz-Zweibrücken 23 m
Pförring (Eichstätt OB) 32 Anm. 2
Pfrauenfeld (Weißenburg-Gunzenhausen MFr.) 45 K (86)
Philipp, Kurfürst von der Pfalz 19 l
Philipp, Pfalzgraf bei Rhein 19 lr 21 m 23 m
Philipp Ludwig, Pfalzgraf bei Rhein 24 l
Philipp Wilhelm, Pfalzgraf bei Rhein und Kurfürst von der Pfalz 24 r 44 m
Pielenhofen (Regensburg OPF.), Kloster 23 r
Pietenfeld (Eichstätt OB) 45 K (37)
Pirckheimer Charitas, Äbtissin zu Nürnberg 18 r - Charitas, Nonne zu Bergen 18 r 20 m 21 lr - Euphemia und Sabina s. Bergen-Kloster: Äbtissinnen - Willibald 18 r
Plankstetten (Neumarkt i. d. OPf.), Kloster 16 r
Pörnbach (Pfaffenhofen a. d. Ilm OB) 45 K
Pöttmes (Aichach-Friedberg Schw.) 21 m 23 l 37 K 44 r 45 K (97) 48 l
v. Polheim und Wartenberg, Wolfgang Friedrich 48 l 50 r 55 m
Prag (Tschechoslowakei) 54 Anm. 108
Pressburg (Tschechoslowakei), Schlacht 7 l
Probst (Pröbstin), Margaretha s. Bergen-Kloster: Äbtissinnen

Quedlinburg (DDR) 7 r

Rain (Donau-Ries Schw.) 21 l 44 mr 45 K (102) 49 r 51 m
Rasso hl., Graf 41 l 43 lm
Rebdorf (Eichstätt OB) 45 K (78) 47 m
Rednitz 8 l
Regensburg (OPf.) 8 r 13 l 16 l 35 m 39 r
- Bischof Otto 40 l
- Diözese, Bistum 13 l 20 l 24 m
- Klöster: Niedermünster 41 l 42 r 43 lr
- Schottenkloster St. Jakob 13 m 14 r
Reichenau (Baden-Württemberg) 39 l
Reicheneck, Schenke von 15 r
Reichertshofen (Pfaffenhofen OB) 45 K 48 r
Rembrandt 75 l
Rennertshofen (Neuburg-Schrobenhausen OB) 45 K (106) 47 l
Reuth a. Wald (Weißenburg-Gunzenhausen MFr.) 45 K (83)
Rhein 51 l
Ried (Neuburg-Schrobenhausen OB) 15 l 31 r
Riedensheim (Neuburg-Schrobenhausen OB) 34 Anm. 192
Riedheim (Donau-Ries Schw.) 37 K 45 K (99)
Riedlingen (Donau-Ries Schw.) 45 K (55)
Riedt Augustin 26 l
Riedtgau 45 l
Ries 44 r
Rieshofen (Eichstätt OB) 45 K (17) 47 l
Rocksdorf (Neumarkt i. d. OPf.) 21 l
v. Rodt Franz Konrad, Kardinal, Bischof von Konstanz 69 l 70 l 71 r - Marquard Rudolf, Bischof von Konstanz 70 l
Rögling (Donau-Ries Schw.) 45 K (66) 47 l
Rohrbach (Neuburg-Schrobenhausen OB) 45 K (63)
Rohrenfels (Neuburg-Schrobenhausen OB) 45 K (113) 51 m
Rom (Italien) 39 l 40 l 54 Anm. 114 62 m
Romanos (III.), Kaiser von Byzanz 39 m
Rosenzweid Rosina, Nonne zu Bergen 18 r
Roth (MFr.) 8 l
Rührin Barbara 54 Anm. 79
Rupertsbuch (Eichstätt OB) 45 K (80)
Ruprecht, Pfalzgraf bei Rhein 19 l

Sachsen 44 r
Sächenfartmühle (Eichstätt OB) 15 m 37 K
Säckingen (Baden-Württemberg) 69 l
Säntis 72 r
Sainte Odile (Frankreich) 13 r
Salier 13 r
Salle Dominikus 30 m
Saller 28 m 30 m
Salzburg (Österreich) 16 l 68 l 71 m
- Kirchenprovinz 20 l
- Kloster: Nonnberg 16 lmr 35 m - St. Peter 16 l
Sandersdorf (Eichstätt OB) 45 K

Sandizell (Neuburg-Schrobenhausen OB) 45 K (93)
Schänis (Schweiz) 39 l
Schaffhausen (Schweiz), Kloster Allerheiligen 40 m
Schamhaupten (Eichstätt OB), Kloster 16 r
Scheffler Christoph Thomas 66 l 67 lm
Schelldorf (Eichstätt OB) 45 K (19)
Schenk v. Arberg Adelheid s. Bergen-Kloster: Äbtissinnen
Schenk v. Geyern Sibilla, Nonne in Bergen 20 m - Walburga 18 r
Schenk v. Reicheneck 15 r
Schernfeld (Eichstätt OB) 45 K (76)
Scheyern (Pfaffenhofen a. d. Ilm OB) 45 K
- Burg 41 l
- Grafen v. 41 lm 42 r
- Kloster 10 l 16 r 40 mr
- Kreuzpartikel 40 mr
Schindele Xaver 28 m
Schlirff Conz 20 l
Schmalkalden (DDR), Schmalkaldischer Bund, Schmalkaldischer Krieg 21 m
Schneberger 29 r
Schönesberg (Neuburg-Schrobenhausen OB) 45 K (110)
Schönfeld (Eichstätt OB) 44 m 45 K (72)
Schöpfer Wolf 30 m
Schrezheim (Baden-Württemberg) 66 m
Schrobenhausen (Neuburg-Schrobenhausen OB) 45 K
Schutter 10 l 15 m
Schuttertal 5 l
Schutzendorf (Roth MFr.) 45 K (10) 48 m 50 m
Schweinkofen (Neumarkt i. d. OPf.) 20 l
Schweinspoint (Donau-Ries Schw.) 45 K (50)
Schweiz 39 r
v. Schwumedach (= Schwennenbach?) Anna s. Bergen-Kloster: Äbtissinnen
v. Seibelstorff Johanna Cecilia 55 r
Seyringer Nikolaus, Abt von Melk 16 l
Siglohe (Neuburg-Schrobenhausen OB) 45 K (47)
Sinning (Neuburg-Schrobenhausen OB) 45 K (114)
Sippelmühle (Neumarkt i. d. OPf.) 23 l
Sixtus IV., Papst 17 m
Snäckler Barbara, Äbtissin von Geisenfeld 16 r
Sollern (Eichstätt OB) 45 K
Sornhüll (Eichstätt OB) 45 K 51 m
Spiegler Franz Joseph 69 l
Stammham (Eichstätt OB) 45 K (20) 48 m 50 m 51 r
Staufer 13 r 14 l
Staufersbuch (Neumarkt i. d. OPf.) 45 K
Stegmayr Franz 26 r 30 r
Steiermark 68 l
Steinle Jakob 27 lm 28 l 29 m 30 r 34 Anm. 171
Stephan III., Herzog von Bayern-Ingolstadt 17 r

Stepperg (Neuburg-Schrobenhausen OB) 20 l 26 l 37 K 45 K (45)
Ster Simon 27 l 29 m 30 r
Sternberg (Neumarkt i. d. OPf.) 23 l
v. Stetten Paul, d. J. 68 lr 70 r 74 l
Steurer Elisabeth s. Bergen-Kloster: Äbtissinnen - Sabina, Nonne zu Bergen 18 r
Stötten a. Auerberg (Ostallgäu Schw.) 34 Anm. 185
Straß (Neuburg-Schrobenhausen OB) 45 K (103)
Straub: Franz, Hans, Lukas 20 m
Sualafeldgau 7 r 8 l 14 l
Subiaco (Italien) 16 l 18 l
Sulzbürg (Neumarkt i. d. OPf.) 20 l
Sulzdorf (Donau-Ries Schw.) 45 K (56)
Sulzgau 7 l 14 l 20 l
Susanne von Bayern 19 l 23 m
Sutor Christian 31 m 34 Anm. 192 - Johann 31 m

Tapfheim (Donau-Ries Schw.) 44 r 45 K 52 l
Tauberfeld (Eichstätt OB) 37 K
Taxer 30 r
Tegernsee (Miesbach OB), Kloster 16 r - Prior Bernhard von Waging 16 m
Theophano 7 lr
Thierhaupten (Augsburg Schw.), Kloster 14 m
Tholbath (Eichstätt OB) 12 r 13 l
Thurnerin Catharina 44 r
Tiepolo 67 r 71 l
Todtenheim (Donau-Ries Schw.) 37 K
Trautmannshofen (Neumarkt i. d. OPf.) 34 Anm. 169
Trugenhofen (Neuburg-Schrobenhausen OB) 47 l

Ungarn 68 l
Ungarn 6 7 l 10 l 43 l
Unterbachern (Aichach-Friedberg Schw.) 23 l 37 K
Unteremmendorf (Eichstätt OB) 45 K (5)
Unterhaidmühle (Eichstätt OB) 37 K
Unterhaunstadt (Ingolstadt OB) 45 K (24)
Unterliezheim (Dillingen a. d. Donau Schw.), Kloster 20 r 33 Anm. 92
Untermässing (Roth MFr.) 45 K (11)
Unterstall (Neuburg-Schrobenhausen OB) 20 l 37 K 45 K (28)
Urban II., Papst 40 m
Urban IV., Papst 13 l 14 r
Utrecht (Niederland), Bischof Wilhelm 40 l

Velletri (Italien), Bischof Bernhard 40 l
Vierzehnheiligen (Lichtenfels OFr.) 69 l 74 r 75 l
Violau (Augsburg Schw.) 54 Anm. 121
Vohburg a. d. Donau (Pfaffenhofen a. d. Ilm OB) 45 K

Wahlstatt 67 l
Waibel Ferdinand Anton 51 l
Walburga hl. 39 m
Walckh Hans Georg 44 r
Wallerdorf (Donau-Ries Schw.) 37 K
Wallerstein (Donau-Ries Schw.) 66 m
Waltersberg (Neumarkt i. d. OPf.) 23 l
Warching (Donau-Ries Schw.) 45 K (69)
Wasserzell (Eichstätt OB) 45 K (79) 47 l
v. Watt (de Batt) Justina, Nonne in Bergen 18 r
Weingarten (Baden-Württemberg) 59 r
Weinzierl Joseph 30 r
Weißendorf (Eichstätt OB) 12 r
Weißenhorn (Neu-Ulm Schw.) 75 l
Wellheim (Eichstätt OB) 37 K 47 l
- Trockental 5 l
Wels (Österreich) 7 m
Welser Anton 24 r
Wemding (Donau-Ries Schw.) 44 r 45 K 50 r
Werd, Kloster 43 l
Werd v. (= Donauwörth) Manegold I 39 m
Wertingen (Dillingen a. d. Donau Schw.) 26 r 30 m 34 Anm. 169 45 K 48 m
Wiblingen (Baden-Württemberg), Kloster 40 m
Wien (Österreich) 66 lm 70 m 71 lr 72 l 74 l
Wiesenbach (Aichach-Friedberg Schw.) 45 K (98)
Willibald hl. 39 lm
Wilparting (Miesbach OB) 39 l
Wiltrud s. Biletrud
Winck Johann Chrysostomus 29 mr 30 m 64 r 75 l - Thomas Christian 75 l
Winden (Eichstätt OB), Wühnn 44 r 48 l
Winkl (Landsberg a. Lech OB) 73 r - 74 m
Wintergerst Anton 66 m 76 Anm. 12 - Josef 65 l
Wittelsbacher 14 lm 42 r 43 m
Wittesheim (Donau-Ries Schw.) 45 K (67)
Wocher Tiberius 74 r 75 l
Wörth, Kloster 43 l
Wolfgang, Herzog von Bayern 19 l
Wolfgang, Pfalzgraf bei Rhein 23 mr
Wolfgang Wilhelm Pfalzgraf bei Rhein 24 l 44 m
Wolkertshofen (Eichstätt OB) 37 K 45 K (30)
Wolnzach (Pfaffenhofen a. d. Ilm OB) 45 K
Wolpertsau (Neuburg-Schrobenhausen OB) 37 K
Wühnn s. Winden
Würzburg (UFr.) 11 l 59 r 71 l
Wynnebald hl. 39 m

Zirgesheim (Donau-Ries Schw.) 45 K (53)
Zorn v. Bulach Jörg 21 r
Zuchering (Ingolstadt OB) 37 K 45 K
Zwiefalten (Baden-Württemberg) 40 m 42 m 69 l

Bildnachweis

Augsburg Archiv Bushart 95f 99f 105–107 119
  121 132
Augsburg Städtische Kunstsammlungen
  110–112 134f
Düsseldorf Kunstmuseum 118
Friedrichshafen Städt. Bodenseemuseum 109
München Staatliche Graphische Sammlung
  117 133
Nürnberg German. Nationalmuseum 102–104 128
Oslo Nationalgalerie 136
Salzburg Barockmuseum 113
Wien Foto Frankenstein 115f
Wien Foto R. Stepanek 101
Wien Österreichisches Barockmuseum 108

Sämtliche weiteren Aufnahmen von Friedrich Kaeß,
  Neuburg

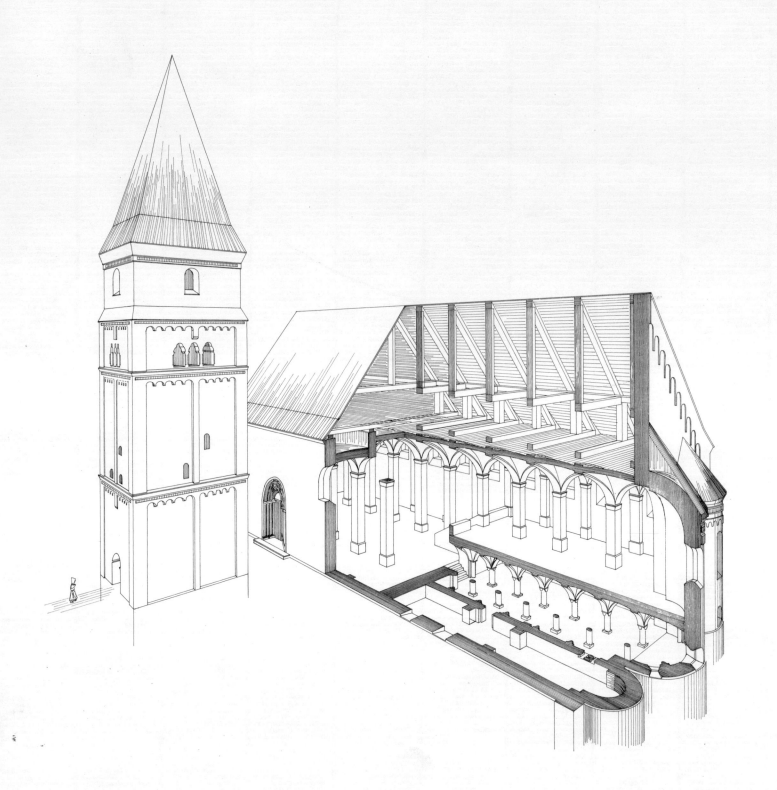